KB249292

산재보상책임과 구상권의 행사

산재보상책임과 구상권의 행사

이 상 국 著

한국학술정보(주)

머 리 말

1) 오늘날 産業災害補償保險法은 산업현장에서 근로자가 업무상 사유로 부상, 질병, 신체장해, 사망한 경우에 대하여 피해근로자와 그 유족의 생존권을 보장하는 社會保障的機能을 하고 있다. 이러한 산재보험은 社會保險의 일종으로 사업주의 위험책임을 社會保險方式으로 전환하여 피해근로자와 그 유족을 보호하는 것으로 일반 보험과 달리 强制性 및 社會保險의 性格을 띤 公的 保險이다. 산재보험은 근로자가 자신의 과실에 의하여 재해를 당하였는가, 아니면 위험한 作業施設, 유해한 作業環境에 피폭되는 등 외부적 원인에 기인하여 발생하였는가에 관계없이 무과실책임원리에 따라 손실된 노동력을 보전하는 기능을 하고 있다.

2) 그러나 산재보험은 사업주로부터 징수한 보험료에 의하여 보험급여를 하게 되므로 일정한 보상한도와 범위를 정하게 되는 결과 보상수준이 민사배상액보다 하회할 수밖에 없다. 물론 사회보험의 특성을 고려할 때, 産災保險給與의 支給對象을 확대 내지 증액하는 것이 바람직하나, 건전한 보험재정을 유지하기 위해서는 산재보험급여의 원리에서 일탈하는 外部的 危險要因을 배제할 필요가 있다.

따라서 가해자에 의한 손해배상책임을 구별하여, 사업주의 위험책임범위 내에서 발생하는 산재보상책임만을 부담하고자 하는 제도가 산업재해보상보험법에 의한 求償權에 관한 것이다.

3) 또한 사업주나 동료근로자, 제삼자의 불법행위와 경합되어 산재사고가 발생될 때에는 손해배상청구가 가능한 것은 물론이나, 가해자의 범위에서 당해 사업장의 근로자와 사업주를 제외하여 순수한 제삼자만을 인정할 것인가에 대해 논의할 필요가 있다. 왜냐하면 사업주는 자신의 사업 내에서 발생하는 위험책임만을 담보하는 수단으로 산재보험에 가입하여 보험료를 부담하고 있기 때문이다.

4) 본 연구에서 구상권을 연구하는 목적은 첫째, 가해자의 손해배상책임과 사업주의 산재보상책임을 명확히 구분하여 부당한 보험급여의 지출을 억제함으로써 산재보험의 재원을 건전하게 보존하고, 둘째, 구상권을 행사하는 과정에서 근로자나 그 유족이 불이익이 없는 한 비효율적인 소송의 남발을 줄이고자 하는 것이다. 이에 따라 산재보상책임이 성립하기까지 과실책임주의, 위험책임주의, 무과실책임주의 등의 이론적 배경과 산재보상책임의 성립요건을 살펴볼 필요가 있다.

또한 산재보험과의 구상관계가 어떻게 행사되는지 살펴보기 위하여 자동차사고, 철도사고, 항공기의 사고, 선박 등 交通事故, 유해물질에의 피폭, 타인의 폭력 등 다양한 事故類型에 대해 因果關係 성립 여부를 법리적으로 규명할 필요가 있다. 이를 위해서는 과실주의에서 무과실주의의 차이 및 과실상계 등의 산재보상책임과 민사배상책임을 비교하여 산재보험의 구상권을 행사하는 데 일정한 한계가 있고, 求償金損失이 발생할 수밖에 없는 문제점을 밝히고자 한다.

한편 산재보험급여와 구상범위가 어떻게 되는지 일실이익 및 치료비 등을 구체적으로 검토하고, 구상금 산정 시 고려하여야 할 가동가능 기간이나 과실상계 등의 문제를 살펴본다. 또한 구상권의 문제점을 조정하기 위한 外國의 民事賠償과 産災保險의 調整方式을 소개하고, 産災保險의 排他性을 인정하고 損害賠償請求를 制限하는 동시에 使用者의 抗辯權을 制限하는 입법태도를 고찰할 필요가 있다. 이에 따라 산업재해보상보험법의 입법상 불비를 검토하여 첫째, 구상권행사 시 보험급여의 우선공제, 둘째, 구상권의 위임과 조정기구의 법제화, 셋째, 가지급보험급여의 신설, 넷째, 배타적 보험주의의 선택이라는 개선방안을 제시하고자 한다.

5) 결론적으로 구상권행사에 따른 손실은 과실책임을 전제로 한 市民法의 원리와 무과실책임에 의한 産業災害補償保險法의 원리의 차이에서 구상권의 조정문제가 발생하는 점을 고려할 때 立法改善을 통한 제도적 개선만이 實效性이 있음을 논하고자 한다.

6) 이 책을 출간함에 있어 보기 쉽게 번호체계 등 극히 일부에 한하여 수정을 하여 학위논문의 원문을 그대로 살리고자 하였다.

7) 끝으로 본인의 박사학위논문 「산재보험급여의 구상권에 관한 연구(2001년도)」를 서적으로 출간해 주신 (주)한국학술정보출판의 채종준 사장과 편집부 여러분께 감사를 드린다.

2006. 1.

李 相 國

目　次

표 목차

제1장 序　論

제1절　硏究의　目的

a) 산업재해보상보험법은 19세기 중반부터 20世紀初에 걸쳐 생성되어 20세기 말을 통하여 정비된 법적 제도로서 발전되어 왔다. 이 법은 自由市場原理에 의한 契約自由의 原則이라는 美名下에 근로자가 근로의 과정에서 각종 재해를 당하여 노동시장에서 犧牲物로 전락하는 것을 방지하려는 원인에서 생성된 것이다.

b) 산업재해보상보험법은 근로자의 勤勞提供過程에서 노출되거나 누적된 有害·危害로 인하여 생명이나 건강을 침해당하여 부상·질병·사망·기타 災害를 당한 경우에 피해근로자와 그 유족을 생존권을 보호하기 위한 법률이다. 이러한 이유로 산업재해보상보험법은 피해근로자나 그 유족을 피해를 迅速·公正하게 보상하는 것을 목적으로 한다.

c) 그럼에도 불구하고 근로자의 피해와 재해 간에 複合的인 要因이 작용하는 경우에 피해근로자 측과 보험운영자인 근로복지공단, 가해자 간에 그 책임범위를 어떻게 구별하여 공정하게 부과할 것인가 하는 어려움이 있다. 따라서 구상권을 연구함에 있어 가해자의 불법행위로 구상관계가 발생하게 되면 그 책임문제를 독립적으로

처리를 하여야 할 것인지, 아니면 損害發生의 擴大原因에 寄與한 원인에 따라 당사자 간에 賠償責任을 分擔할 것인가를 고려하여야 한다. 이러한 관점에서 使用者의 安全配慮義務, 使用者責任 및 不法行爲責任의 성립, 도급인과 수급인의 책임분배, 기타 사법적 성격과 공법적 성격이 혼재하는 근로관계를 기초로 하는 사회보험의 특성을 고려하여 산재보상과 민사배상 간의 求償關係를 논의할 필요성이 있다.

d) 특히 산업구조 또는 生産構造의 變化 및 就業形態나 雇傭形式이 변화는 계약노동의 형식과 노동력 제공의 방법에 많은 변화를 가져와 업무상 재해를 판단하는 데 많은 어려움을 초래하고 있다. 더욱이 肉體的 勞動과 精神的 勞動間에 구분이 어려운 인간노동의 특성상 勞動의 强度는 단순히 육체적 노동의 반복에 한정되지 않고 精神的 緊張이나 集中與否, 스트레스와 결합하여 재해를 유발하는 경우가 많으므로 이에 대한 責任感이나 不利益 處分을 받는 부담감 등이 사고의 발생과 인과관계가 있음을 고려할 필요가 있다.

e) 그러나 이에 대한 구별은 쉽지 않고 의학적 소견이나 법률적 용상 추정에 의하여 판단하는 문제점이 있다. 또한 高層建物에서의 勤務, 地下坑內에서의 근무, 減壓下의 潛水作業 등의 다양한 危險職種에서의 사고의 발생은 위험책임을 피해근로자의 책임으로 볼 것인가, 아니면 사업상 이익을 얻는 사업주의 전적인 위험책임으로 볼 것인가 하는 문제인 동시에, 배상책임의 성립과 손해배상액의 산정 시 구상권의 범위를 결정하는 기준이 되고 있다.

f) 그러나 업무상 재해가 복잡하고 단계가 많은 생산시설에서 발

생한 재해로서 사용자나 제3자의 고의 또는 과실을 입증하기 어려운 재해도 적지 아니하고, 근로자 자신의 과실이 경합하여 재해가 발생하는 경우가 많아서, 민법상 손해배상청구를 하는 것도 쉽지 않다. 이러한 경우에 사업주에게 개별적으로 보상의무를 맡기지 아니하고 産業災害補償保險法에 의해 우선적으로 피해구제를 하는 것이 實效性을 지니게 된다. 또한 업무상 재해로 인한 손해가 사고경위에 따라 過失責任과 無過失責任이 競合되어 산재보험급여가 선행되면 求償權의 행사를 할 필요가 생기게 된다.

g) 제3자의 가해행위가 민사배상과 경합될 때, 산재보험급여만으로 피해자의 손해를 충분히 보상할 수 없다면 산재소송의 문제는 여전히 남게 된다. 또한 산재보험급여를 우선적으로 지급하고 나중에 구상권을 행사할 때에도 과실상계의 법리에 의하거나 민사배상에서 사후에 공제하는 것이 정당하다는 판례의 일관된 태도가 변경되지 않는 한 또한 구상금손실을 발생시킬 수밖에 없다. 訴訟技術上의 複雜性이나 立證方法, 過失責任의 규명 등의 문제는 근로자의 피해를 구제하는 데 어려움을 가져오므로 사회보험법의 입법취지를 반감시키는 문제점이 되어 왔다.

h) 현행법상 구상권에 대한 법률규정은 제도적으로 불합리하고 추상적으로 명시되어 있어 보험운영자가 제3자에 의한 加害者로 인한 보험급여를 한 후에 구상금채권을 회수하는 데 한계성을 지니게 된다. 이러한 문제는 근본적으로 산재보험책임과 민사배상책임의 법리 및 제도적 측면에서 기본원리부터 구제절차까지 상당한 차이가 있기 때문이다. 따라서 본 연구는 事故形態의 多樣性과 過失原因의

競合과 原因糾明의 어려움, 補償責任 및 賠償責任의 原理상 차이, 손익상계로 인하여 구상금의 손실이 발생하는 원인을 밝힘으로써 산재보상책임과 민사배상책임을 조정하기 위하여 입법·제도상의 求償權에 대한 개선방안을 제시하는 데 목적이 있다.

제2절 硏究의 範圍와 方法

I. 硏究의 範圍

a) 제1장에서는 사회적 경제적 약자인 근로자가 근로의 과정에서 업무상 재해가 발생한 경우에 보호하게 된 배경과 勞動市場의 變化와 고용형태의 다양화에 따른 作業環境의 變化속에서 피해근로자와 그 遺族에게 보상청구권을 인정하고 있는 입법취지를 고려하여 연구의 목적을 정하고자 한다. 이에 따라 다양한 산업재해의 발생원인에 따른 구상권의 필요성과 주요 쟁점의 개요를 언급하면서 연구방법을 제시하였다.

b) 제2장에서는 우선 求償權의 意義와 要件을 살펴보고 구상권행사의 당사자를 논의하며 제3자의 범위에 어떠한 자를 포함하는지, 구상금의 청구절차 및 소멸시효 등 학설의 입장을 살펴본다. 이하 구체적인 연구의 범위는 다음과 같다.

첫째, 현행법상 求償權을 논의하기 위하여 산업재해를 인정하기까지 원인책임주의와 과실책임주의, 무과실책임주의, 위험책임주의의 학설이 발전하면서 無過失責任主義를 근간으로 産災補償責任論이 성립하게 된 이론적 배경과 존재의의를 살펴본다. 또한 不法行爲責任과 債務不履行責任과 더불어 安全配慮義務論의 법적 성질에 대한 논의와 산업재해에 대한 민사책임을 규명한다. 아울러 최근에 부각되고 있는 都給人의 危險責任과 分配理論, 산재보상책임의 성립 및 독자성에 관한 논거를 살펴보고자 한다.

둘째, 産災補償責任의 成立過程에서 사용자가 손해배상청구에 대하여 산업재해의 위험인수를 주장하면서 보상책임의 면책을 주장하는 사용자의 抗辯權에 대한 이론과 오늘날의 태도, 無過失責任主義의 정착에 따른 使用者責任法을 시작으로 산업재해보상보험법이 탄생하게 된 배경을 살펴보고, 集團責任方式의 산재보상책임이 정립되는 당위성을 검토한다.

셋째, 産災補償責任와 損害賠償責任을 조정하기 위하여 미국 등 선진국의 손해배상의 제한을 하는 입법태도와 산재보험의 배타성을 소개하고, 선진국의 민사배상책임과의 조정을 위하여 선택하고 있는 산재보험우선주의 등을 고찰하면서 어느 것을 선택하는 것이 바람직한가를 연구하고자 한다.

c) 제3장에서는 구상권이 구체적으로 행사되는 태양에 따라 求償對象을 고찰하되, 다양한 사고의 발생원인을 고려하여 근로복지공단이 구상을 해야 할 필요가 있는 유형을 예시하면서 求償關係가 성립되는지 인과관계를 다음과 같이 살펴보고자 한다.

첫째, 勤勞者災害補償責任保險의 기능과 종류를 고찰하되 국내외 근로자에 대하여 보험회사가 보험금을 지급하고 어떠한 경우에 구상관계가 성립하는가를 살펴보고자 한다.

둘째, 産業災害補償保險法과 民法, 自動車損害賠償保障法, 勤勞基準法, 勤勞者災害保險 기타 商法에 의한 事故性補償 내지 賠償性 保障保險 등을 인적 손실에 기초하여 교통사고, 철도사고, 항공기사고 및 선박사고 등 交通事故의 유형별 구상관계가 성립하는지를 살펴보고자 한다.

셋째, 求償權行使의 範圍를 위한 일실이익, 치료비, 개호비, 보조비, 위자료로 구분하고 면책사유와 구별하여 구체적으로 구상금을 산정하여 비교한다. 구상금액의 산정 시에 고려해야 할 변수로서 가동가능 기간, 생활비의 공제, 과실상계, 노동력상실률, 위자료, 중간이자의 공제방법, 구상권행사의 방법, 구상금의 이행지체과 구상금소송절차 등의 문제를 판례의 태도를 중심으로 살펴본다.

넷째, 求償金額의 算定을 위하여 손해배상액의 항목별 변수를 고찰하되, 가동가능 기간, 과실상계, 노동력상실률과 후유장해, 위자료, 중간이자의 공제방법을 판례를 중심으로 고찰하고자 한다. 이에 따라 손해배상액을 적극적 손해 및 소극적 손해 · 위자료로 구분하고, 산업재해보상보험법상의   요양급여 · 휴업급여 · 장해급여 · 유족급여 · 장의비 등 보험급여의 종류와 어떠한 범위 내에서 구상관계가 성립하는지 비교하며 일시금과 연금의 구상방법을 살펴보고자 한다.

d) 제4장에서는 求償權의 問題點을 언급하고 이에 대응하여 改善方案을 제시하되, 주로 논의하고자 하는 쟁점은 다음과 같다.

첫째, 구상권의 행사는 제3자로 인한 가해행위에 대해서는 加害

者의 負擔으로 손해를 배상하는 것이 정당하나, 피해근로자가 업무수행 중에 있었다는 우연상 사정만으로 다른 사업주의 保險財政으로 우선 지급할 수밖에 없는 제도상의 문제점을 지적하고자 한다. 이때 손해배상액에는 과실상계 및 손익상계의 방법이 적용되므로 産災保險金의 求償債權을 회수하는 과정에서 구상금의 손실이 불가피하게 발생할 수밖에 없다. 이러한 이유와 관련하여 과실상계와 공동불법행위, 상속권자와 구상범위의 상이성, 손해배상청구권의 不提訴合意의 문제점을 살펴보고자 한다.

둘째, 개선방안으로서 손해배상과 산재보상의 보상원리가 차이가 있음을 전제로 大法院判例의 態度가 民事賠償責任主義의 입장에서 산재보험금의 優先控除를 부인하고 있는 점을 批判하고, 産災保險의 우선공제, 대위권의 법제화, 가지급보험급여, 배타적 보험주의의 선택 등 입법방안을 제시하고자 한다.

e) 제5장에서는 앞에서 논의한 내용의 쟁점을 요약하고 구상권행사의 원인과 행사과정상의 불합리성을 고려하여 입법적 개선의 의의를 강조하면서 결론을 맺고자 한다.

Ⅱ. 硏究의 方法

a) 이 연구는 현행 産業災害補償保險法의 법적 구조와 民法 등 다른 법률과의 법리적 비교를 통하여 합리적인 補償責任의 범위를 규명하고 위법한 손해의 발생에 대하여는 적정히 배상하되, 法律構

造의 歪曲이나 瑕疵로 인하여 不必要하게 産災保險의 재정이 浪費되는 문제점을 개선하고자 하는 데 목적을 두고 있다. 이를 위하여 제3자의 가해로 인한 손해발생에 대하여 구상금손실을 예방하기 위한 방안으로서 과실주의에 의한 배상책임주의의 불합리한 적용과 입법상의 불비를 연구하고자 한다.

b) 또한 빈번한 입법개정과 연구의 미진으로 아직까지 학설이 정립되지 아니한 문제점을 감안하여 개념적 정리와 이론적 근거를 제시하고, 민사배상책임과 산재보상책임이 경합될 때에 민사배상책임을 위주로 구상금의 공제를 인정하는 학설 및 판례의 태도를 비판하고자 한다.

c) 또한 보상 측면에서는 민사배상책임과 산재보상책임의 병행적 기능으로 비효율적인 소송이 남발되고 있는 점을 방지할 수 있는 제도적 개선이 필요하다. 따라서 본 연구는 현재의 제도상 문제점을 고려하여 입법개선을 위한 방안을 모색하고자 한다. 이를 위하여 우리나라와 일본의 문헌 및 논문 등의 문헌적 방법에 의해 연구방법과, 판례의 태도를 분석하는 연구방법을 선택하고자 한다.

제2장 求償權의 調整理論

제1절 序 說

Ⅰ. 求償權의 意義

1. 求償權의 槪念과 根據

a) 민법상 구상권은 보증인의 구상권,[1] 공동불법행위자의 구상권,[2] 사용자의 피용자에 대한 구상권, 대위보험자의 구상권 등 법률관계에 따라 매우 다양하게 나타나고 있다. 그러나 산업재해보상보험법(이하 '산재법'이라 한다) 제54조에 의한 구상권은 불법행위를 전제로 명시한 것으로 볼 수 있다. 여기서 求償權(right of indemnification)이란 가해자의 고의나 과실로 근로자에게 가해행위를 한 때에 保險事業

---

[1] 보증인의 구상권이란 보증인이 채권자에게 보증채무를 변제한 경우에 보증인은 주 채무자에 대하여 그 금액을 구상 청구할 수 있는 것을 의미하며, 사후구상권(민법 제441조 제1항)과 사전구상권(민법 제442조 제1항)으로 구분한다.

[2] 공동불법행위에 의한 구상권이란 민법 제425조 제1항에 의하여 공동불법행위자 중 1인이 변제 기타 자기의 출재로 공동면책된 때에 다른 공동불법행위자에 대한 구상금분담부분에 대하여 구상권을 행사할 수 있는 것을 말한다(李銀榮, 債權各論, 博英社, 2001, 837面).

의 執行機關(公團)이 피해근로자에게 보험급여를 하고, 구상채권의 범위 내에서 返還請求權을 행사하는 것을 말한다.

b) 근로복지공단은 제3자의 행위에 의한 재해로 인하여 보험급여를 한 때에는 그 給與額의 限度內에서 급여를 받은 자의 그 제3자에 대한 損害賠償請求權(right to claim compensation for damages)을 代位한다.3) 다만, 保險加入者인 둘 이상의 사업주가 같은 장소에서 하나의 사업을 분할하여 각각 행하다가 그중 사업주를 달리하는 근로자의 행위로 재해가 발행한 때에는 그러하지 아니하다. 수급권자가 제3자로부터 동일한 사유로 인하여 손해배상을 받은 때에는 근로복지공단은 그 받은 賠償額의 한도 안에서 보험급여를 하지 아니한다(산재법 제54조).4)

c) 피해자가 먼저 산재법상의 보험급여를 청구하여 산재보험급여를 수령한 경우에는 가해자에게 가지는 損害賠償額중 위자료(물적 손해의 배상액, 자유 또는 명예침해, 기타 정신적·육체적 고통으로 인한 손해배상액) 등을 제외하고 보험급여를 지급한 가액의 한도 안에서 保險給與의 返還請求權을 勤勞福祉公團이 代位한다.5)

d) 원칙적으로 제3자의 가해로 인한 재해는 피해자가 가해자로부터 직접 손해배상의 전액을 받아야 하므로 산재보험의 청구대상이 되지 않는다. 그러나 산재보험급여의 원인이 가해자의 不法行爲(민

---

3) 여기서 代位란 권리의 주체 또는 객체의 지위에 갈음한다는 뜻이다.
4) 이때 가해자로부터 포괄적으로 민사상 손해배상액을 합의하여 받은 금액이 산재보상보험법상의 보험급여보다 많은 경우에는 추가적으로 보험급여(피해근로자가 가지는 손해배상청구권의 대위는 불가)는 지급하지 아니한다.
5) 李相國, 産業災害補償保險法, (주)청암미디어, 2001, 653面.

법 제750조)가 경합되거나, 복합적 원인으로 작용한 경우에는 産災
保險給與를 먼저 청구할 수 있다. 이 경우 피해자는 過失與否와 災
害原因을 규명하는 데 오랜 시일과 경비가 소요되기 때문에 民事訴
訟보다는 손쉬운 産災補償請求權을 먼저 행사하는 것이 근로자 측
에게는 유리하다.6)

e) 또한 사고경위나 연령 기타 과실률 등을 고려할 때 손해배상
액이 無過失主義에 기초하여 산정한 산재보험급여보다 적을 때에는
산재보상청구를 선호하게 된다. 업무상 출장중이거나 事業場外에서
運轉業務를 수행 중에 제3자가 가해를 하여 운전근로자가 사망한
경우 또는 사고의 원인이 규명되지 않고 身元不明의 加害者를 밝힐
수 없는 경우이거나 가해자가 도피한 경우에는 업무상과 제3자의
加害行爲가 경합이 되어 보다 유리한 산재보험청구를 하는 것이 현
실적이며, 이때 구상권행사의 문제가 발생한다.

f) 그러나 근로자가 업무를 수행하는 중에 있었다는 이유만으로
아무런 이해관계가 없는 제3자의 가해행위에 따른 危險責任을 산재
보험이 인수를 한다는 것은 불합리하다. 만약 이에 대하여 보상을
하게 된다면 가해자에게 원인 없는 급여를 하게 되고, 다른 사업주
의 保險負擔으로 경영위험을 전가하는 결과가 되어 정당한 危險負
擔(assumption of the risk)으로 볼 수 없다. 이러한 外部的 危險責

---

6) 受給權者가 민사상 損害賠償請求訴訟에 의함으로써 소송의 번잡성, 소송의
   장기화로 인하여 손해의 전보, 생활안정에 도움이 되지 못한 점을 감안하
   여 보험집행기관이 보험금을 먼저 지급하고 수급권자가 가해자에 대하여
   가지는 損害賠償請求權(Anspruchrecht auf Schadensersatz)을 대위하는
   경우에 구상권의 문제가 발생한다.

任을 원인 없이 부담하는 경우 受益者負擔의 原則에 위반되고, 보험 운영자의 보험재정을 악화시키는 원인이 된다.

2. 損害賠償請求權의 代位取得과 保險給與의 免責

a) 제3자인 加害者(provisional discharge)와 被害勤勞者[7] 또는 그 遺族(bereaved family) 간에 산재보험금에 미달하는 금액으로 합의한 후 그 차액을 勤勞福祉公團에 청구하는 경우에는 受給權者가 제3자에 대한 損害賠償請求額의 전부 또는 일부를 면제한 결과가 되므로 그 한도 내에서 산재보험금청구권이 상실된다. 求償權代位의 범위는 수급권자[8] 스스로가 第3者의 自己에 대한 損害賠償債務의

---

7) 이하에서는 근로자의 용어를 정상적인 노동력을 지닌 근로자와 달리 순수한 산업재해보상보험법상의 구제 대상자인 업무상 재해를 당한 자를 被災勤勞者라고 표현하고, 제3자에 의한 불법행위 등으로 재해를 당한 경우에는 被害者 또는 被害勤勞者라고 구별하여 사용한다. 그러나 제3자의 가해행위와 업무상 재해가 경합된 상태에서는 피해근로자라는 용어를 사용한다. 이러한 이유는 동일인이라도 용어의 구별을 함으로써 재해원인에 따라 쉽게 당사자를 구별할 수 있기 때문이다.

8) 산업재해보상보험법 제4조 제1호에 의하면, 업무상의 사유에 의하여 근로자의 부상·질병·신체장해 또는 사망한 경우에 업무상 재해로 명시하고, 이 경우 원칙적으로 피해근로자가 보험급여를 청구하여 수령하는 권리를 가지게 되어 수급권자가 된다. 그러나 근로자가 업무상으로 사망한 경우에는 民法 제5편의 상속과는 달리 특별법으로서 산업재해보상보험법은 유족급여 및 장의비의 수급권자, 수습자격자, 수급권자의 지정순위, 보험급여액의 일괄수령, 代襲相續權의 不認定, 일시금 및 연금의 수급자격과 제한 등이 사회보장적 측면에서 특별히 규제하고 있다.
근로자의 사망 시에 수급권자가 될 수 있는 순위별 수급자격자는 배우자·자녀·부모·손자녀·조부모·형제자매이나, 이 중 배우자는 정식 혼

전부 또는 일부를 면제할 수 없는 특별한 사정이 없는 한 그 면제한 한도에서 산재보험금청구권을 인정한다.[9]

b) 산재법에 의한 求償權의 취지는 첫째, 보험급여의 受給權者가 동일한 손해에 관하여 보험급여와 손해배상의 쌍방에 의하여 중복하여 전보 받는 것은 타당치 않다는 것과 둘째, 피해근로자가 산재보험에 가입한 사업주 소속의 근로자라는 우연한 사정 때문에 보상을 한다면 불법행위를 한 제3자의 책임 있는 행위에 대하여 제3자의 責任免脫을 방치하게 되므로, 이를 조정하여 공평한 보상을 통한 保險財政의 건전성을 도모하는 데 있다.[10]

이 규정은 제3자 행위에 의하여 발생한 사고에 대한 손해배상청구권의 代位取得과 保險給與의 면책에 대한 것이다. 保險執行機關에서 보험급여를 행하고 受給權者가 가해자로부터 이중으로 손해배상을 받게 되면 하나의 손해로 不當利得(unjust enrichment)을 얻는 결과가 된다.[11]

인신고를 하지 아니하였더라도 事實婚關係에 있으면 우선순위에 포함되며, 일반 수급권자는 근로자의 사망 당시에 부양되고 있던 자가 동순위에서 우선한다. 이러한 이유는 유족급여나 장의비를 단순히 逸失所得과 같은 성격을 지님에 틀림이 없으나, 근로자의 사망 당시에 부양되고 있던 배우자와 그 유족의 실질적 생활을 보호하기 위하여 순수한 재산적 가치로서 상속으로 보아 개인별로 상속분을 배분하는 것은 근로자의 사망 당시와 같은 가족의 공동체를 유지하기가 어렵고, 분할된 금전의 낭비나 관리소홀로 생활을 궁핍하게 될 우려가 있으므로 사회보장적 측면에서 일정한 규제를 할 필요가 있기 때문이다(보다 자세한 것은 李相國, 産業災害補償保險法, 제6편 受給權保護(749면) 이하 참조).

9) 大判 1989. 11. 14, 88다카28204.
10) 大判 1979. 12. 26, 79다1668; 大判 1974. 2. 26, 73다76.
11) 이 법에 의한 보험급여를 받고 또 가해자인 제3자에게도 손해배상을 받게

Ⅱ. 求償權의 要件

1. 第3者의 故意나 過失行爲로 인한 行爲

⑴ 第3者의 行爲

a) '제3자의 행위'라 함은 산재법 제3장에 의한 근로복지공단, 산재법 제2조에 의한 保險管掌者로서 노동부, 사업주(保險加入者) 및 所屬勤勞者 이외의 자가 고의 또는 과실에 의하여 보험급여의 원인을 발생하게 한 행위를 말한다. 여기서 제3자라 함은 被害勤勞者가 손해배상의 청구를 할 수 있는 상대방이므로, 사용자 또는 동료의 근로자를 포함하는 경우도 있을 수 있다는 견해(廣義說)와 보험집행기관, 보험가입자 및 당해 수급권자를 제외한 자만을 말한다는 견해(狹義說)가 대립하고 있다.

b) 논리적으로는 피해근로자의 사용자도 제3자의 범위에 포함시킬 수 있지만, 근로복지공단이 사용자에게 代位權(right of subrogation)을 행사하는 것은 보험가입에 따른 危險責任의 免責效果를 반감시키는 것이므로 산재보험가입의 의미를 상실시키게 되어 제3자의 범위에서 제외시키고 있다.

c) 그러나 제3자이든지 동료근로자 또는 사업주이든지 당사자의 신분보다는 재해원인에 따라 구상관계의 성립여부를 판단하는 것이

되면, 보험집행기관은 제3자로 인하여 불합리하게 보험급여를 지급해야 하는 재정부담을 지게 된다. 따라서 근로복지공단에게 損害賠償請求權의 代位取得權을 인정하고 또한 보험급여의 免責規程을 두어 보험집행기관과 피해근로자와 제3자 간의 관계에 균형을 유지토록 하였다.

논의의 실익이 있다고 본다. 大法院判例는 第3者의 범위를 '업무상 재해에 관한 被害勤勞者와의 사이에 산재보험관계가 없는 자로서 피해근로자에 대하여 不法行爲(Unerlaubte Handlung) 등으로 損害賠償을 지는 자를 가리킨다.'고 판시하고 있다.[12] 이러한 대법원의 태도는 산재보험금을 지급한 범위 내에서 구상권을 인정하려는 것으로 판단된다.

d) 그러나 大法院判例는 가해근로자의 과실여부를 묻지 않고 산재보험관계가 존재하면 그 한도 내에서 損害賠償責任을 免責시키는 태도를 취하고 있다. 이러한 판례의 태도는 가해자의 피해자에 대한 배상책임의 법리를 제외하는 이유가 불명확하여 납득하기 어렵다. 民法 제756조(使用者의 賠償責任) 및 제758조(工作物의 占有者, 所有者의 責任), 自動車損害賠償保障法 제3조(自動車損害賠償責任)에 의하여 책임을 지게 되는 자도 반드시 그 행위에 의하여 사고가 생기는 것은 아니지만 당연히 제3자의 범위에 포함된다.

e) 그리고 제3자의 범위에 피해근로자와 같은 사업주에게 고용된 동료근로자가 가해자인 경우까지도 포함되는가가 의문이 제기된다. 왜냐하면, 同僚勤勞者를 제3자의 범위에 포함시키는 경우 근로복지공단은 加害勤勞者에 대하여 구상권을 행사할 수 있기 때문이다. 산재법 제54조는 제3자의 행위로 保險給與를 지급한 경우에 손해배상청구권을 대위하는 것이므로 同一한 事由라 하더라도 불법행위가 성립되는 경우에는 가해자인 동료근로자를 제3자로 해석하여야 한다.

이 경우 피해자는 民法 제756조에 근거하여 사업주에게 손해배상

---

12) 大判 1986. 4. 8, 85다카2429.

책임을 묻거나, 民事賠償의 直接責任者로서 가해자인 동료근로자들 상대로 별도의 손해배상책임을 물을 수 있다. 이때 동료근로자의 불법행위가 인정된다 하더라도 전액을 求償金으로 인정할 것이 아니라 산재보상책임의 범위 내에는 면책되어야 한다. 왜냐하면 근로복지공단은 근로자라는 신분만을 이유로 근로자의 '모든 不法行爲를 擔保하는 것이 아니라 업무상 재해와 경합된 부분에 한하여' 危險責任을 引受하고 산재보험급여를 하기 때문이다. 그러나 산재보상책임의 범위 내에서 소속을 달리하는 근로자의 사용자에 대해서 求償權을 행사하면, 사용자는 보험가입자로서 보험료를 납부하면서도 보험급여액에 상당하는 求償債務를 다시 이중으로 부담하는 불합리한 결과가 초래되므로 문제점이 있다.13)

(2) 第3者 範圍의 擴大

a) 산재법 제54조의 구상권행사의 상대방인 '제3자'라 함은 피해근로자와의 사이에 産災補償關係가 없는 자로서 피해근로자에 대하여 불법행위 등으로 인한 손해배상책임을 지는 자를 말한다.14) 산재법에서 말하는 제3자의 범위를 사업주 및 당해 사업체소속근로자 이외의 자로서 피해근로자에 대하여 손해배상책임을 지는 자까지 확대할 수 있는가 논의할 필요가 있다.

b) 왜냐하면 구상권행사 대상인 제3자와 不法行爲成立時의 책임자로서 제3자를 반드시 일치하지 않기 때문이다.15) 따라서 無過失

---

13) 金洙福, 産業災害補償保險法, 中央經濟社, 2000, 546面 ; 李相國, 産業災害補償保險法, 649面.
14) 大判 1992. 2. 25, 91다28726.

責任(liability without fault)과 過失責任이 경합되는 경우에 구상권 행사는 피해근로자에 대한 직접의 가해자뿐 아니라 民法 제756조(사용자의 배상책임) 규정에 의하여 손해배상책임이 있는 사용자도 포함되며,16) 그 사용자가 다른 근로자와의 보험관계가 있어 산재법의 적용을 받는 사업장의 사업주에 해당하는 경우에도 제3자의 범위가 확대된다고 해석된다.

2. 災害가 發生하였을 것

a) 보험급여의 지급대상이 되는 産業災害는 업무상 부상이나 사망을 말하며, 산재법 제40조 제3항에 의하면 業務外의 災害나 3일 이내의 요양에 해당될 때에는 보험급여의 대상이 되지 아니하므로 求償權問題도 발생되지 않는다.17) 여기서 業務上의 負傷 또는 疾病이라 함은 근로자가 사용자의 支配下에 있는 상태에서 발생하였고 업무와 상당인과관계가 있을 것이 필요하다.

---

15) 大判 1978. 2. 14, 77다1967.
16) 이러한 관계에 있는 자는 제3자의 행위로 인한 재해로 보험급여를 받을 자에 대하여 산재보험급여의 한도에 대한 損害賠償責任이 있는 자를 말하며 辨濟者라고 한다.
17) 3일 이내의 요양을 보험급여의 대상에서 제외하는 취지는 해당기간 내에 완치될 수 있는 경미한 재해에 대하여 보험신청 등을 하는 것은 절차의 번잡성이 있어 제외하는 것이다. 그러나 요양기간 3일 이내에 사망하는 등 중대재해에 해당되는 경우에는 보험급여의 대상이 된다. 따라서 충돌, 추락, 교통사고 등으로 병원에 요양한 기간이 3일 이내라도 대기기간이라는 이유만으로 보험급여의 대상에서 제외할 수 없다(李相國, 産業災害補償保險法, 403面).

私的 行爲나 自害行爲에 의한 재해는 원칙적으로 保險給與의 支給對象이 될 수 없다. 그러나 직업성 질병인 塵肺症에 이환된 결과 병의 진행 또는 악화로 표현력 저하, 편집증양상, 정신착란증세를 일으켜 근로자가 스스로 추락하여 자살한 것은 업무상 재해이다.[18]

b) 제3자 행위에 의한 재해가 발생한 때에는 受給權者 및 保險加入者는 遲滯없이 제3자 행위에 의한 災害發生申告書에 의하여 근로복지공단에 신고하여야 한다(산재법 제54조 제3항). 이때 제3자 행위에 의한 재해발생 신고를 접한 근로복지공단은 지체없이 소정사항을 조사·확인하여야 한다.[19]

자동차운행으로 인한 제3자 행위로 인해 재해가 발생한 경우에도 自動車損害賠償責任保險과 관련된 사항 등에 대하여도 조사·확인한다.[20] 제3자에 대한 구상권을 행사하려면 그 제3자의 손해배상책임의 존부 및 범위가 확정되어야 하고, 이는 반드시 求償金訴訟 이전에 별도로 불법행위에 기한 손해배상청구소송을 통하여 확정되어 있어야 하는 것은 아니다.[21]

3. 保險給與를 하였을 것

(1) 保險給與의 支給과 求償債權의 範圍

a) 보험집행기관이 구상권을 행사하기 위해서는 당해 피해근로자에

---

18) 大判 1993. 10. 22, 93누13797 ; 서울행정법원 1999. 8. 24, 98구25395.
19) 金壽福, 産業災害補償保險法, 中央經濟社, 2000, 519面.
20) 근로복지공단규정 제160호(2000. 7. 1), 보상업무처리규정 제23호.
21) 大判 1992. 6. 26, 92다10968.

대하여 보험급여를 사전에 지급한 사실이 있어야 한다. 산재법 제54조 제1항이 '보험급여를 한 때'라고 규정하고 있으므로 근로복지공단이 현실적으로 보험급여를 한 때에만 求償權(Ausgleichsanspruch)을 행사할 수 있다. 따라서 現實的으로 保險給與額을 지급하지 아니한 이상 장래에 지급할 것이 확정되어 있다는 이유만으로 未支給 保險給與額을 受給權者에게 지급할 손해배상액에서 미리 공제할 수는 없다.[22] 왜냐하면 이 상태에서는 근로복지공단이 수급권자로부터 求償金請求債權을 代位取得한 것으로 볼 수 없기 때문이다.

b) 근로복지공단이 구상권을 행사할 수 있는 범위는 제3자의 행위에 의한 재해로 인한 피해근로자 또는 유족이 辨濟者에 대하여 청구할 수 있는 손해배상액 중 보험급여를 지급한 가액의 한도이다.[23] 따라서 그 구상권의 범위는 보험급여액의 限度內에서 급여를 받은 피해자가 불법행위를 행한 제3자에 대하여 가지는 損害賠償請求權의 범위와 동일한 것이고, 피해자가 제3자와 보험가입자 또는 그 근로자와의 共同不法行爲로 재해를 입은 경우에도 보험가입자 또는 그 근로자의 과실비율에 따른 부담 부분에 관계없이 보험급여액의 한도 안에서 구상권을 행사할 수 있다.[24]

c) 또한 피해근로자가 民事上 損害賠償請求訴訟에 의하거나 合意에 의하여 손해배상금의 일부를 수령한 때에는, 보험집행기관은 그 수령액을 공제한 후 차액에 대하여만 보험급여를 하게 되고, 이 保險給與額 範圍內에서 구상권이 발생한다. 따라서 구상권은 受給權者

---

22) 大判 1989. 6. 27, 88다카15512; 李相國, 産業災害補償保險法, 651面.
23) 大判 1989. 9. 26, 87다카3109.
24) 大判 1992. 2. 25, 91다28726.

42

가 제3자인 가해자에 대하여 손해배상청구권을 가지고 있음을 전제로 하는 것이므로, 그 損害賠償請求權이 소멸한 후에 망인의 유족에게 보험급여를 하였다고 하더라도 그 보험급여에 따른 구상권은 발생할 여지가 없다.[25] 산재보험은 근로자 내지 그 유족이 입은 재산상 손해의 전보를 그 목적으로 하나[26] 정신적 손해의 전보까지 포함하는 것은 아니라 할 것이므로, 보험집행기관의 구상채권은 피해근로자가 제3자에 대하여 갖는 금액 중 慰藉料請求權을 제외하여야한다. 즉, 근로자의 자유의 침해나 명예 등의 훼손, 기타 정신적 고통으로 인한 위자료는 포함되지 않는다. 이는 산재법이 보호대상으로 하고 있는 것이 근로자가 입은 피해 전반에 관한 것으로 하지 않고 재해로 인한 현실적 근로의 기회상실 또는 노동능력의 상실에 의한 손해액이나 기대되는 이익의 손실을 한정배상주의 원칙에 따라 전보함을 목적으로 하는 취지에서 나오는 당연한 결과이다.

(2) 保險給與를 받은 者와 遺族의 範圍

a) 산재법 제54조의 '급여를 받은 자'를 受給權者로서 실제로 보험급여를 지급받은 사람뿐 아니라 피해근로자의 상속인인 유족들이 모두 포함되는 것으로 확장·해석하는 견해가 있다.[27] 그러나 수급권자 이외의 상속인인 유족들을 포함시킨다면 보험급여의 지급받지 않고도 그들이 제3자에 대하여 가지는 損害賠償請求權을 잃든가 그 액

---

25) 大判 1991. 8. 27, 91다19081.
26) 大判 1990. 2. 23, 89다카22487.
27) 金壽福, 産業災害補償保險法, 520面.

을 감액당하는 경우가 발생하여 그 유족들에게 뜻하지 아니한 손해가 초래되어 구상권행사를 복잡하게 하거나 불가능하게 할 수 있다.

　b) 산재보험급여는 유족급여의 경우에 근로자의 사망 당시에 그에 의하여 부양되고 있던 자의 생계를 보호해야 하므로, 事實上 婚姻關係에 있던 자를 우선순위의 수급권자로 인정하여 보험급여의 전액을 지급한다. 이 경우에는 法律婚에 해당되지 않음에도 불구하고 보험급여를 받게 되나, 親族關係가 성립되지 않으므로 상속자로 볼 수 없다. 이때 사실혼관계에 있던 자를 보험급여를 받은 자로 해석하면, 민법상 다른 유족이 상속권자임에도 불구하고 損害賠償請求權을 제한하는 결과가 되어 불합리하다.

Ⅲ. 使用者와 第3者에 대한 求償權

1. 使用者의 勤勞福祉公團에 대한 求償權

　a) 근로자의 피해가 업무상 재해와 불법행위로 경합될 때 근로자는 근로복지공단에 대하여 산재보험급여를 청구할 수 있고, 나아가 사용자에 대하여 손해배상을 청구할 수 있다. 다만, 산재법 제48조 제1항에 의하면 '수급권자가 보험급여를 받을 수 있는 경우에는 보험가입자는 동일한 사유에 대하여는 근로기준법에 의한 모든 災害補償責任이 免除된다.'고 한다. 따라서 사용자가 업무상 재해로 인한 손해를 근로자에게 배상한 경우, 그 사용자는 勤勞福祉公團이 산재

보험급여를 해야 할 의무를 대신한 것으로 보아 해당금액을 청구할 수 있는가 하는 의문이 제기된다.[28]

b) 왜냐하면 산재법 제55조의2에 의하면 '보험가입자가 소속근로자의 업무상의 재해에 대하여 이 법에 의한 保險給與의 支給事由와 동일한 사유로 민법 기타 법령에 의하여 보험급여에 상당하는 금품을 수급권자에게 미리 지급한 경우로서 당해 금품이 保險給與에 代替하여 지급한 것으로 인정되는 경우 보험 가입자는 大統領令이 정하는 바에 따라 당해 수급권자의 보험급여를 받을 권리를 대위한다.'라고 규정하고 있기 때문이다. 이에 관하여 두 가지 의문을 제기하자면 다음과 같다.

첫째, 사용자가 피해자의 보험급여청구권을 대위취득할 수 있는가 하는 것이다. 이에 대하여 판례는[29] '산재법에 의한 보험급여는 사용자가 근로기준법에 의하여 보상하여야 할 근로자의 업무상 재해로 인한 손해를 근로복지공단이 보험자의 입장에서 근로자에게 직접 전보하는 성질을 갖고 있으나, 사용자가 그 재해로 인하여 부담하게 될 민사상의 손해배상책임에 대한 責任保險의 性質까지 갖는 것은 아니므로, 사용자가 근로자에게 민사상 손해배상금을 지급하였다고 하여도 근로자의 근로복지공단에 대한 보험급여청구권을 代位取得할 수는 없다.'고 한다.

---

28) 산재법 시행령 제49조 제1항 제1호에 의하면 보험급여를 받을 권리가 있는 자가 긴급 부득이한 사정으로 事業主로부터 그 保險給與額에 상당하는 金額을 체당하여 지불받았음이 보험급여를 받을 권리 있는 자의 명시적 의사에 의하여 인정되는 때는 그 사업주가 그 수령을 위임받을 수 있도록 되어 있다.

29) 大判 1989. 11. 14, 88다카28240.

둘째, 사용자는 근로복지공단에 대하여 부당이득으로 그 반환을 청구할 수 있는가 하는 것이다. 이에 관하여는 산재보상보험에 가입한 사업주가 업무상 재해로 손해를 입은 근로자에게 사용자로서의 민사상 손해배상책임에 기하여 손해를 배상함으로써 그 금액범위 내에서 근로복지공단이 보험급여의 지급의무를 면하게 된다고 한다. 그러나 이 경우 사업주는 자신의 법률상 의무를 이행한 것에 지나지 아니하고, 수급권자에게 보험급여가 이미 지급되었다면 그 금액의 한도 내에서 사용자는 동일한 사유에 대하여 민사상의 손해배상책임을 면하므로 손해배상액에서 이를 공제하여야 할 것이다.

따라서 가해자로서 손해배상을 하여야 할 금액은 순수한 사업주의 지배관리하에서 발생할 것을 본질로 하는 한 산재보험급여와 그 성질을 달리한다고 보아야 하므로 부당이득의 문제나 체당금의 문제30)는 발생할 여지가 없다.

2. 勤勞福祉公團의 第3者에 대한 求償權

a) 산재법 제54조 제1항은 '공단은 제3자의 행위에 의한 재해로 인하여 보험급여를 한 때에는 그 급여의 한도 안에서 급여를 받은

---

30) 원래, 근로자의 산재보험급여를 받을 권리는 讓渡 또는 押留할 수 없다 (산재법 제55조 제2항). 그러나 산재법 시행령 제49조 제1항 제1호에 의하면 보험급여를 받을 권리가 있는 자가 긴급 부득이한 사정으로 事業主로부터 그 保險給與額에 相當하는 金額을 替當하여 지불받았음이 보험급여를 받을 권리 있는 자의 명시적 의사에 의하여 인정되는 때는 그 사업주가 그 수령을 위임받을 수 있도록 되어 있다.

자의 그 제3자에 대한 손해배상청구권을 대위한다.'고 규정하고 있다. 이것은 근로복지공단이 보험급여로 인하여 대위하는 권리는 급여를 받은 자의 제3자에 대한 損害賠償請求權이라는 것을 명시한 것이다. 수급권자가 보험급여를 지급받기 전에 제3자에 대한 손해배상청구권을 포기하였거나 배상책임을 면제하여 소멸한 경우에는 손해배상청구권을 대위할 수 없으며,[31] 수급권자도 그 면제한 한도에 있어서의 산재보험청구권을 상실한다.[32]

b) 한편, 수급권자가 산재보상급여를 지급받은 후에 한 포기나 면제를 한 때에는 보험급여액의 한도 안에서 손해배상청구권에 대한 근로복지공단의 대위권이 발생한 후에 이루어진 것으로 보아 가해자는 근로복지공단에 대항할 수 없다.[33] 또한 근로복지공단이 구상권을 행사하는 경우에 피해자 측의 과실을 기준으로 相計함은 별도이거니와 피해자 아닌 제3자의 과실로써 상계함은 부당하다.[34]

---

31) 大判 1973. 7. 24, 73다226: 大判 1979. 12. 26, 79다1668.
32) 大判 1978. 2. 14, 76다2119.
33) 大判 1977. 6. 28, 77다251: 大判 1987. 4. 28, 86다카2348: 大判 1989. 6. 27, 87다카2057: 大判 1990. 2. 23, 89다카22847.
34) 大判 1978. 10. 10, 78다1246: 大判 1987. 11. 24, 87다카11013.

Ⅳ. 求償權의 行使方法

1. 求償金의 請求와 消滅時效

구상금을 취득한 근로복지공단은 언제부터 지연손해금을 청구할 수 있는 가에 관하여 多數說은 損害塡補日의 익일부터 遲延損害金을 청구할 수 있다고 함에 대하여, 小數說은 최고의 송달에 의하여 가해자가 지체에 빠진 날의 익일부터 청구할 수 있을 뿐이라고 한다.35) 따라서 근로복지공단의 대위하는 손해배상채권이 불법행위로 인한 것이라면 민법 제766조 제1항이 3년의 시효에 걸리며,36) 근로복지공단의 보험급여를 하고 수급권자의 제3자에 대한 손해배상청구권을 대위행사하면서 한 辨濟促求는 豫算會計法 제73조 소정의 납입고지에 해당한다할 것이므로 時效中斷의 효력이 있다.37) 노동부장관이 법규정에 따라 보험급여를 함으로써 취득하는 손해배상청구권은 동일성이 그대로 유지되고, 따라서 消滅時效의 起算點과 기간도 손해배상청구권 자체를 기준으로 판단하여야 한다.38)

---

35) 한편, 구상권의 소멸시효 기간의 적용에 관하여 해석함에 있어 「예산회계법 제71조 제1항에서 말하는 타 법률에 규정이 없는 경우 5년의 시효가 적용된다」함은 타 법률에서 위 조항에서 규정한 한 5년의 소멸시효 기간보다 짧은 기간의 소멸시효의 규정이 있는 경우에 그 규정을 적용할 수 있음을 밝힌 것이다.
36) 大判 1976. 2. 24, 75다800.
37) 大判 1977. 2. 8, 76다1720(전원합의체판결).
38) 大判 1997. 12. 16, 95다37421.

2. 求償權의 消滅時效와 學說

(1) 準用說

이 학설은 제3자 구상권은 보험급여를 받은 자의 손해배상청구권을 대위취득한 것이므로 消滅時效問題도 결국 손해배상청구권의 소멸시효에 의존할 수밖에 없기 때문에 민법 제766조(損害賠償請求權의 消滅時效)의 규정을 준용해야 하는 견해이다. 준용설은 다시 엄격준용설과 수정준용설로 구분되는데, 그 내용은 구체적으로 다음과 같다. 첫째, 嚴格準用說은 피해자나 그 법정대리인이 그 손해 및 가해자를 안 날로부터 3년, 불법행위를 한 날로부터 10년이 경과하면 소멸시효가 완성된다는 견해이다. 둘째, 修正準用說은 보험급여를 지급한 때를 민법 제766조 제1항의 손해를 안 날로 보아 이때부터 3년, 사고발생일을 동조 제2항의 불법행위를 한 날로 보아 事故發生日로부터 10년이 경과하면 소멸시효가 완성된다는 견해이다.

(2) 一般債權準用說

이 학설은 불법행위로 인한 손해배상을 지급한 자가 다른 책임자에 대하여 가지는 구상권(민법 제756조 제3항, 제758조 제3항)은 불법행위로 인한 손해배상청구가 아니므로 민법 제766조가 아닌 민법 제162조 제1항의 일반 채권으로 보아 보험급여 지급일로부터 10년의 소멸시효에 걸린다는 견해이다.

(3) 私 見

산재법 제54조 제1항에서 '⋯⋯손해배상청구권을 대위한다.'라고 규정한 문언에 비추어 보아 손해배상청구권의 소멸시효는 준용설 중 엄격준용설이 보다 설득력이 있으며, 大法院 全員合議體 判決도 '노동부장관이 산업재해보상보험법에 따라 보험급여를 함으로써 갖는 손해배상청구권은 재해근로자가 갖는 손해청구권과 동일하므로 제3자의 불법행위로 인한 손해를 입은 사실을 안 날로부터 소멸시효가 시작된다.'고 판시하여[39] 嚴格準用說의 입장을 지지하고 있다.

3. 求償對象者와 求償金의 請求方法

(1) 求償對象者

구상권을 행사하기 위해서는 직접 불법행위를 행한 제3자뿐만 아니라, 제3자 행위에 대하여 민사상 不法行爲責任을 부담하는 자를 모두 포함한다. 따라서 使用者責任(민법 제756조)에 의한 피용자뿐만 아니라 사용자 또는 代理監督者도 구상대상이 된다. 또한 共同不法行爲의 責任(민법 제760조)이 성립되는 공동불법행위자와 敎唆·幇助者를 포함하며, 都給人의 責任(민법 제757조)에 있어서는 수급인만이 구상대상자이나 도급 또는 지시에 관하여 도급인에게 중대한 과실이 있는 때에는 도급인도 求償對象者가 된다. 또한 자동차운행자의 책임(자동차손해배상보장법 제3조)의 경우에는 운전자와 운행자(소유자 등) 모두가 구상대상자에 포함된다. 이외에 無過失責任

---

39) 大判 1997. 11. 22. 95다3742.

을 지는 者는 고의·과실이 없어도 구상대상이 될 수 있다. 즉 사용자책임에 있어서의 사용자(민법 제756조), 공작물의 점유자·소유자책임에 있어서 소유자(민법 제758조), 자동차운행자책임에서의 보유자(자배법 제3조) 등을 들 수 있다.

(2) 求償金의 請求方法

1) 求償決議

제3자의 행위에 의한 재해발생 신고와 인적사항을 조사하여 이중보상의 방지를 위해 교통사고의 경우에는 가해차량에 대한 자동차관련 자료를 징구하고, 보험금 등의 청구 및 수령사실 등을 조사한다.[40] 이때 가해자의 불법행위가 성립되고, 업무상 재해로 근로복지공단으로부터 현실적으로 보험급여를 받은 경우에는 산재법 제54조 제1항 단서에 의해 동일한 사업장의 재해로서 동일한 위험권 내에 속하지 않는 한 구상권의 행사대상으로 판단된다. 이 경우 가해자 측에게 자력변제의 능력이 있을 때 求償權審議會에서 구상결의를 한다. 그러나 가해자의 사망, 행방불명, 장기복역 등으로 현재 및 미래에 무재산이 확실시 될 때 또는 피해근로자의 과실비율이 월등히 높아 사실상 구상이 불가능할 경우에는 求償權審議會의 求償決議段階에서 구상권행사를 배제(포기)하고 있다.

---

40) 근로복지공단규정 제160호(2000. 7. 1), 보상업무처리규정 제23조제2항에서는 가해 및 피해차량이 자동차보험에 가입했는지, 피보험자의 인적사항, 교통사고의 사실입증자료, 자동차손해배상액의 수령유무 등을 조사·확인하도록 명시하고 있다.

2) 求償節次

a) 구상권을 행사하기 위해서는 손해의 구분에 따라 구상금액을 결정한다. 이때 구상금액은 지급한 보험급여의 전액이 아니고 보험급여를 받은 자가 가해자에게 청구할 수 있는 損害賠償額의 範圍 내에 국한된다. 따라서 손해의 구분은 적극적 손해와 소극적 손해는 포함하나, 정신적 손해는 제외한다. 이외의 피해근로자의 치료비, 개호비, 장의비 등의 손해배상액의 산정은 사망과 구분하여 부상에 의한 후유증이 잔존하는지 여부를 고려하여 산정하여야 한다. 또한 일실이익의 산정 시 事故當時의 收入額을 산출하되 생활비 및 각종 세금을 공제하여야 하며, 中間利子를 공제하여야 한다.

b) 과실상계의 경우에도 과실상계를 위한 객관적인 자료를 수집하여 구상권의 심의회의에서 과실률을 결정하도록 하는 것이 바람직하다. 또한 보험급여를 받은 자의 相續分의 計算은 민법 제1000조(상속의 순위) 및 민법 제1003조(배우자의 상속순위), 민법 제1009조(법정 상속분)에 따라 계산한다. 求償債權의 確保는 우선 가해자와 辨濟者를 대상으로 損害賠償의 請求事由, 보험급여지급에 따른 변제 및 불이행 시 손해배상청구소송의 제기를 통지하여야 한다. 이 경우 不履行時 納付督促은 민법 제168조에서의 '청구'로 보아 時效中斷事由의 하나로 볼 수 있고, 민법 제174조에서는 '催告'에 대해 6개월간의 時效中斷의 效力을 인정하고 있다.

c) 구상채권의 확보를 위해서는 가압류 및 가처분 신청을 하는 등 保全處分이 선행되어야 하며, 구상권의 소송을 제기하기 위해서는 加害者 및 辨濟者의 행방불명 여부와 거소 및 재산상태를 확인

하여야 한다. 이때 本案訴訟은 피고주소지 법원이 관할법원이 되는 것이 원칙이나(民訴法 제1조의 2), 不法行爲地 管轄法院(民訴法 제16조 제1항)이며 지참채무의 법리를 적용하여 채권자의 주소지 법원을 관할법원(民訴法 제6조)으로 선택할 수 있으며, 합의관할(民訴法 제26조) 또는 應訴管轄(民訴法 제27조)을 유도할 수도 있다. 이외에 소송상의 화해나 재판상 화해는 確定判決과 동일한 효력을 가지므로 소송을 조기에 종료시킬 수 있는 수단이 된다.

제2절 民事賠償責任과 産災補償責任

Ⅰ. 産災補償責任의 理論的 背景

산재보상책임론은 종래의 결과책임주의이론에서 출발하여 과실책임주의, 무과실책임주의와 위험책임주의로 발전되어 오는 과정에서 이론적 기초를 마련하게 되었다. 오늘날 산재보상책임은 사용자의 지배영역에서 발생한 각종 재해로부터 근로자와 그 유족의 생존권을 보장하는 데 목적을 두고 무과실책임주의에 의하여 보험급여의 정당성을 판단하고 있다. 그럼에도 불구하고 민사배상제도는 여전히 과실책임주의를 인정하고 있어 무과실책임주의와 구상관계를 조정하기 위해서 어떠한 이론적 차이점이 있는가를 살펴볼 필요가 있다.

1. 結果責任主義

a) 結果責任主義란 가해자는 과실이 없는 경우라도 가해자의 直接的 結果로 손해를 발생시키면 손해를 진다는 원칙을 말한다. 이 학설에 의하면 加害者가 損害를 부담한다고 하더라도 실제로는 가해자가 책임을 지는 것이 아니고, 그가 소속하는 공동체인 社會的・共同體 觀念에 기초하여 集團全體가 진다고 하는 견해이다. 왜냐하면 前近代社會에서 개인의 행위는 그가 속하는 집단의 규칙에 따라 그 집단의 의사에 의해 결정되고 집행되며, 그 결과로 생기는 이익도 그 집단에 귀속되었기 때문이다.

b) 古代 로마에서는 다른 민족과 달리 十二表法(Zwälftafel-gesetz, B.C 5세기경)에 의한 탈리오의 법칙에 따라 민사책임과 형사책임이 분화되지 못한 채 결과책임주의를 취하였다.[41] 로마古法은 共和政 末期를 거쳐 古典時代(Klassische Zeit. B.C. 27～ A.D. 235)까지는 結果責任主義였고, 유스티니아누스 皇帝 이후 비잔틴(Byzantin) 期에 와서 비로소 意思를 기초로 하는 意思主義理論이 형성되어 過失(Culpa)이라는 개념이 형성되었다.[42] 이 과실은 고전시대에도 있었으나, 그것은 인과관계 내지 귀책가능성을 가리키는 것이고 부주의라는 의미의 과실은 아니었다.[43]

---

41) 石本雅男, 民事責任の 基礎理論, 有斐閣, 1979, 32面.
42) Justinian 皇帝時代의 法律은 고전적인 분류방법으로 계약형태를 보전했지만, 계약의 형식화를 보다 유연성 있게 발전시켰다(林正平, 債權各論, 法志社, 1995, 19면).
43) 石本雄男, 民事責任の 基礎理論, 32面.

54

c) 비잔틴(Byzantin) 법학에 와서야 비로소 예견할 수 있는 것을 예견하지 않았다는 부주의라는 의미에서의 과실개념이 성립하였다.44) 그러나 이 과실은 오늘날의 과실개념과는 일치하지 않아 그 의의가 무엇인가 즉, 近代的 意味의 과실개념인 過失責任原則이 로마법 어느 발전단계에서 나타났는가에 대하여 로마법학자 간에도 이견이 있다.45)

d) 한편 독일에서도 게르만 古法은 原因主義이었고 獨逸中世의 대표적 법률서인 삭센 슈피겔(Sachsenspiegel)도46) 의사능력이 없는 유아의 책임을 인정하고 있었다. 로마법의 繼受와 관련하여 프랑크 時代부터(A.D. 500~A.D. 900) 과실이 고려되어 과실책임주의로 대치되었다. 獨逸民法 제828조에서도 제반의 사정을 고려하되, 의사능력 없는 자도 경우에 따라서는 책임을 지게하고 있는데, 이것은 獨逸固有法이 原因主義를 취한 殘影이라고 볼 수 있다. 이는 의사만능인 이론이 崩壞된 오늘날 있어서 손해의 공평한 分擔思想이라고 보아야 할 것이다.47)

2. 過失責任主義

a) 過失責任主義(Prinzip der Culpahaftung)란 불법행위에 있어서 자기의 故意나 過失에 의하여 他人에게 違法하게 손해를 준 경우에

---

44) 崔拭, 無過失責任主義의 發展, 法曹, 11卷 11號, 1962, 12면.
45) 石本雄男, 民事責任の 基礎理論, 59面.
46) 崔拭, 無過失責任主義의 發展, 12面,; 黃迪仁, 로마法 西洋法制史, 博英社, 1981, 111面.
47) 崔拭, 上揭論文, 12面.

만 加害者가 손해배상의 책임을 지는 立法主義를 말한다.[48] 이는 '타인의 행위에 대해서는 책임을 지지 않고 자기 고의 또는 과실에 의한 경우에 한하여 책임을 부담한다.'고 하여 自己責任의 原則 또는 過失責任原則이라고도 한다.[49] 원래 법질서는 모든 손해는 원칙적으로 그 손해를 입은 자가 부담해야 하고 타인에게 손해배상책임을 청구하려면 특별한 근거가 있어야 한다. 이때 과실책임주의에서는 행위의 위법성이나 고의·과실이 특별한 근거로서 損害賠償歸屬의 근거가 되는 것이다.[50]

b) 過失責任主義의 思想은 19世紀에 확립된 自由主義的 世界觀에 기초를 두고 개인의 자유로운 경제활동과 사회활동의 보장을 至高의 가치로 하는 사상에 입각한 것이다. 법률적 측면에서는 意思主義 내지 心理主義라고 할 近代法의 特質의 표현이다.[51] 계약자유의 원칙이 개인의 자유로운 활동을 적극적으로 伸張하는 것이라면 과실책임원칙은 이를 裏面에서 소극적으로 보장한다.[52] 이러한 근대적 의미의 過失(Culpa) 개념과 이론을 정립시킨 사람은 예링(R. V. Jhering)이다.[53]

---

48) 郭潤直, 債權各論, 博英社, 2000, 463面.

49) 林正平, 債權各論, 法志社, 1995, 629面; 金容漢, 民法上無過失責任, 司法行政 69년 9월호 24면 참조.

50) 金亨培, 債權總論(上), 日新社, 2001, 267面.

51) 金錫宇, 債權法各論, 博英社, 1978, 497面.

52) 金容圭, 韓國社會의 發展과 民事責任의 變遷, 法大論叢, 慶北大學校法政大學, 제11集, 1974, 17面.

53) 岡松參太郎, 無過失責任論, 有斐閣, 1957, 1面; Jhering, R. Von, Das Schuldmoment in römischen Privatrecht, 1867(1985), s.205, 54ff; 李銀榮, 債權各論, 730面.

c) 또한 과실책임주의는 과실이 없으면 어떠한 책임도 부담할 염려가 없어 계획적으로 기업의 이윤추구를 할 수 있어 기업의 유리한 채산을 가능하게 한다. 이외에도 과실이 있으면 책임을 지는 일이 없도록 주의를 촉구하는 警告的 機能도 가진다. 뿐만 아니라 不法行爲要件으로서의 과실에 기하여 注意能力이 낮은 자에게 일반인으로서의 注意를 요구하고 그 표준을 높여주게 된다.

d) 그 결과 과실책임원칙은 간접적으로 책임개념을 양성하고 손해의 발생을 방지시키는 社會的 機能도 가진다.[54] 과실책임주의는 행위를 한 개인의 입장을 중심으로 할 때 공평과 정의의 관념에 적합하며, 개인의 자유활동을 존중하는 개인주의적 자유경제하에서 자유활동의 최소한의 기초를 제공하는 데 그 존재의의가 있다.[55]

3. 危險責任主義

(1) 危險責任의 意義와 性格

a) 危險責任(Gefährdungshaftung)이란 위험한 기계, 시설, 물질 등의 危險源(Gdfahrenquelle) 또는 危險한 行爲(Gefahrhandlung)로부터 발생한 손해를 그 危險源을 지배하고 있는 점유자, 소유자,[56]

---

54) 崔栻, 前揭論文, 無過失責任主義의 發展, 13面.; 郭潤直, 債權各論, 464面.
55) 이러한 과실책임주의는 '프로이센 一般란트法(ALR)'을 비롯하여 各國의 민법이 기본으로 하고, 우리 民法 제750조에서도 不法行爲의 原則으로 하고 있다(金錫宇, 債權法各論, 博英社, 1978, 481面).
56) 民法 제758조 제1항의 단서에 의한 工作物所有者의 責任은 위험한 물건 또는 시설인 공작물로 인하여 발생한 손해의 전보책임이기 때문에 위험책임이라 할 수 있다. 그러나 과연 무과실책임인지에 관해서는 의문의 여지

관리자에게 고의·과실의 유무를 묻지 아니하고 손해배상을 묻고자 하는 법리를 말한다.

b) 危險責任이란 槪念은 1896년 Max Rüemelin에 의하여 처음으로 사용되었으며, 그 후 널리 이용되었다.[57) 近代 以前에는 인간의 이성 및 자유의사를 알지 못하였기 때문에 발생된 손해는 그 發生結果에 의하여 당연히 賠償하여야 한다는 法原則이 인정되지 아니할 수 없었지만, 危險責任은 필요한 注意義務를 다하여도 발생을 억제할 수 없는 손해에 대한 責任法理이다.[58) 따라서 결과책임주의의 불합리성을 극복하기 위한 법리로서 과실책임주의가 주장되고, 과실책임주의의 한계를 극복하기 위한 법리로서 위험책임이 생성되었다고 할 수 있다.

c) 한편 無過失責任은 독일의 위험책임과 동일한 내용으로 이해되기도 한다. 따라서 우리나라에서는 危險責任이 두 가지의 개념으로 사용되고 있다고 생각된다. 즉 그 첫째는 無過失責任과 同一한 槪念으로서의 危險責任이고, 둘째는 無過失責任의 根據로서의 危險

가 없지 않다. 왜냐하면 所有者責任은 공작물의 설치, 보존의 하자를 전제로 하기 때문이다. 공작물 소유자의 책임은 무과실책임으로 이해하지 아니한 경우에 공작물소유자의 책임은 위험책임이지만, 이때의 위험책임은 협의의 위험책임이다(金相容, 不法行爲法, 法文社, 1997, 357~358面).

57) Deutsch, Erwin, Unerlaubte Handlung, Schadensersatz und Schmerzensgeld, 2. Aufl.(1993), S. 173.

58) 역사적으로 근대 이전에도 행위자의 고의, 과실을 요하지 아니하고 그의 행위로 인하여 발생한 손해를 전보하여야 하는 法原則이 있었다. 그것이 바로 結果責任主義 또는 原因主義이다. 그러나 근대 이전의 結課責任과 오늘날의 危險責任은 행위자의 歸責事由를 요하지 아니하고 발생한 손해를 전보하여야 한다는 점에서는 동일하나, 그 근거 철학 내지 사상이 다르다.

責任이다. 前者를 광의의 위험책임, 後者를 협의의 위험책임이라 할 수 있다. 獨逸을 중심으로 하여 危險責任이 입법으로 반영된 과정을 살펴보면, 무엇보다도 먼저 危險責任이 입법화되어야 할 가장 절박한 분야는 産業災害(Arbeitsunfälle)이었다. 이 産業災害는 危險責任으로 규정되지 않고 勤勞者保險(Arbeiterversicherung)을 입법화함으로써 社會保險法의 영역으로 다루어지게 되어, 私法의 問題意識에서 사라지게 되었다.

d) 처음으로 위험책임이 입법된 것은 1838년 프로이센鐵道法(Eisenbahngesetz)에 의한 철도사고이었다. 다시 1871년에는 帝國責任法(Reichshaftpflichtgesetz: 지금은 Haftpflichtgesets로 개정)을 책임법으로 개정하여 전기·가스·증기·액체 등으로 인한 사고·광산·채석장·공장에서의 사고를 위험책임으로 인정하였다.[59]

e) 우리나라에서는 공작물 소유자의 책임(民法 제758조 1항 단서, 1958), 産業災害에 의한 사고(産業災害補償保險法, 1963) 등이 위험책임으로 규정되어 있다.[60] 제조물책임법(2000. 1. 12 제정, 2002. 7.

---

59) 지금은 책임법에서 영조물의 설치·관리의 하자로 인한 국가배상책임(國家賠償法 제5조, 1967), 원자력사고로 인한 손해배상책임(原子力損害賠償法 제3조, 1969), 鑛害賠償責任(鑛業法 제91조 이하, 1981), 불공정거래행위로 인한 책임(獨占規制및公正去來에관한法律 제56조, 1990), 해상유류오염으로 인한 손해배상책임(油類汚染損害賠償保障法 제4조, 1992)의 위험책임 이외에 도로교통사고(§7ff. Straßenverkehrsgesetz: 1952), 항공기사고(§33ff. Luftverkehrsgesetz: 1981), 의학품사고(§84ff. AMG: 1976), 환경침해(§1ff. Um-ewltHG: 1990), 제조물책임(§1ff. Prod HG: 1989), 유전자조작사고(§32ff. Gen TG: 1990), 수질오염(§22 WHG: 1957), 원자력사고, 鑛害 등이 위험책임으로 규정되어 있다.

60) 金相容, 不法行爲法, 法文社, 359～361面.

1 시행)은 제조물의 결함으로 인하여 발생한 손해에 대한 제조업자 등의 손해배상책임을 인정하고 있다.[61]

⑵ 危險責任과 保險加入

a) 위험책임은 행위자의 귀책사유를 요하지 아니하고 그의 지배 하에 있는 위험원에 의하여 他人의 損害를 입게 되면 法定의 免責事由가 없는 한 賠償責任을 지므로 그러한 손해의 전보를 위하여 보험에 가입할 필요가 있으며, 또한 보험료를 제품의 원가에 포함시 킴으로써 損害賠償責任의 社會化를 도모할 필요가 있다.[62] 危險責任에 해당하는 사업은 責任保險에 가입하여 위험책임을 분산시킬 수 기업에 내재하는 사고의 보험이 기업자에 의해서만 안전장치를

---

61) 제조업자는 제조물의 결함으로 인하여 생명·신체 또는 재산에 손해(당해 제조물에 대해서만 발생한 손해를 제외한다)를 입은 자에게 그 손해를 배상하여야 한다(법 제3조 제1항). 제조물의 제조업자를 알 수 없는 경우 제조물을 영리목적으로 판매·대여 등의 방법에 의하여 공급한 자는 제조물의 제조업자 또는 제조물을 자신에게 공급한 자를 알거나 알 수 없음에도 불구하고 상당한 기간 내에 그 제조업자 또는 공급한 자를 피해자 또는 그 법정대리인에게 고지하지 아니한 때에는 제1항의 규정에 의한 손해를 배상하여야 한다(법 제3조 제2항).
여기서 제조물의 결함이라 함은 제조상의 결함, 설계상의 결함, 표시상의 결함을 말한다. 그러나 제조업자가 당해 제조물을 공급하지 아니한 사실이나 당해 제조물의 공급한 때의 과학·기술수준으로는 결함의 존재를 발견할 수 없었다는 사실, 제조물의 결함이 제조업자가 당해 제조물을 공급할 당시의 법령이 정하는 기준을 준수함으로써 발생한 사실, 원재료 또는 부품의 경우에는 당해 원재료 또는 부품을 사용한 제조물, 제조업자의 설계 또는 제작에 관한 지시로 인하여 결함이 발생하였다는 사실을 입증한 경우에는 이 법에 의한 손해배상책임을 면한다.
62) 金相容, 不法行爲法, 372面.

통해 손해예방을 할 수 있다면, 기업자에게 책임이 있으므로 면책을
시킬 수 없다.

b) 위험책임에 있어서 損害塡補를 위한 책임보험의 가입의 강제
로, 위험자의 지배자가 사전예방을 위한 注意義務를 게을리 하게 될
우려가 없지 아니하다. 이러한 문제점에 대해서는 사고발생의 빈도
에 반비례하여 보험료를 조절하는 방법에 의하여 해결할 수 있
다.63) 우리나라에서 강제보험은 自動車運行者의 責任保險, 原子力事
業者의 責任保險, 産業災害를 위한 사업주의 産業災害補償保險 등이
규정되어 있다.64)

4. 企業責任主義

a) 近代企業組織은 물적인 기계·기구 등 물적 설비와 인적인 근
로자가 각각 분리·독립하고 있는 것이 아니고, 서로 밀접하게 결합
하여 일체를 이루고 있다. 따라서 근로자의 행위에 기인하는 손해는
개개의 事業主의 責任이라기보다는 오히려 多數人을 지나치게 기계
적으로 사용하는 기업설비의 이른바, 人的 瑕疵인 만큼 物的 瑕疵인
경우와 마찬가지로 사업주는 賠償責任을 져야 한다는 이론이 바로
企業責任說이다.65) 이 학설은 근로자를 인간기계에 불과한 것으로
보고 인간기계인 근로자의 불법행위는 바로 사업주의 불법행위로
순화된다는 학설이라는 입장이다.66) 그러나 이 학설은 근로자의 인

---

63) 金相容, 不法行爲法, 373面.
64) 金相容, 不法行爲法, 373面.
65) 乾昭三, 綜合判例硏究叢書 民法(4), 有斐閣, 1967, 236面.

간성을 도외시하고 있어 인용할 수 없다.

　b) 근대적 대기업의 발달에 따른 企業的 危險의 增大는 현대의 不法行爲責任法에 새로운 문제를 제시하고 있다. 즉 대기업의 발달은 막대한 자본을 집중하여 위험한 물적 설비와 인적 조직을 가지고 많은 수익을 올리고 있으면서 고도의 발달한 기계사용, 대공장의 집중, 유해물질의 양산 등으로 공해,67) 환경오염, 製造物責任이라는 새로운 侵害行爲를 발생시키고 있다. 이러한 침해유형은 과거에는 예상할 수 없었던 것으로 일반 불법행위와는 다른 특이한 성격을 가지고 있다.68)

　이러한 손해배상은 個人本位的이고 人格主義, 應報的 正義感을 기조로 하는 과실책임주의로서는 피해자의 구제를 충분히 할 수 없으므로 실질적 공평과 피해자의 구제를 완전하게 할 수 없게 되어 나타난 것이 기업주의 無過失責任原則,69) 損害賠償의 社會保險化 및 경제적 약자를 위한 社會保障制度이다.

　c) 특히 無過失責任은 이미 19세기 말엽부터 여러 가지 사회입법을 통하여 널리 인정되고 있으며, 이와 같은 企業責任原理는 반드시 그 행위가 反社會倫理的임을 요하지 않으므로 「適法行爲에 의한 不

---

66) 趙英來, ‘使用者責任의 本質과 限界’, 金融 제13권 제10호(大韓金融團, 1966. 10), 58面.

67) 공해라는 말이 일반적인 용어로서 쓰였으나 1977년 환경보전법이 제정되어 공해 대신 환경오염이라고 사용되고 있다. 우리나라 최초의 공해사건에 관한 대법원판결은 1973년 윤한조 대 영남화학 사건이다(대판 1973. 5. 22, 71다 2016).

68) 全昌祚, 우리나라 主要環境判例에 나타난 因果關係論의 動向에 관한 硏究, 現代民法論, 考試院, 1982, 356面.

69) 金錫宇, 債權法各論, 博英社, 1978, 483面.

法行爲責任」이라고도 한다.[70] 無過失責任에서는 가해자의 고의·과실·적법성 및 인과관계가 문제되는 것이 아니라, 피해자의 손해를 누가 塡補 또는 補償하느냐의 문제로서 그 책임에 관하여 社會的 危險分擔原理가 등장하게 된 것이다.

5. 無過失責任主義

(1) 無過失責任論의 擡頭

a) 無過失責任이란 가해자의 침해행위로 인하여 손해가 발생하였고, 그 손해는 기존과실책임에서 요구하는 注意義務를 다하였음에도 불구하고 가해자가 책임을 져야 한다는 것을 말한다. 즉, 손해가 발생한다면 가해자는 책임이 있다는 것이다. 無過失責任은 危險責任 또는 結課責任, 嚴格責任 등으로 불리는 경우가 있다. 危險責任은 독일의 위험책임주의에 근거하여 나타나는 용어이나, 이는 무과실책임의 근거의 하나이고, 무과실책임의 법적 특성을 정확히 표현하지 못한다 할 것이다.

b) 無過失責任은 保證責任과는 성격이 다른 점에서 결과책임이란 용어도 타당하지 않다. 嚴格責任은 英美法上 용어이고 위험책임과 동일한 문제를 갖는다. 무과실책임은 완전하게 과실 없이 책임을 부담시키는 것이 아니라, 기존의 過失槪念下에서 과실 없는 것을 의미한다.[71]

---

70) 李太載, '不法行爲責任의 本質', 民法論叢(下), 東亞學硏社, 1982, 546面.
71) 이러한 책임은 특수한 경우에 부담시키고 있다. 이와 같이 볼 때 무과실 책임이란 용어는 特殊過失責任이라 함이 더 적절하다고 생각한다.

⑵ 無過失責任主義의 根據에 대한 學說

無過失責任主義는 과실에 중점을 두는 過失責任主義에 대하여 손해발생에 관한 원인을 고려한다는 의미에서 原因中心主義이며, 또 과실책임에 대해서 실질적으로 結課責任을 인정함으로써 結果責任主義라고 할 수 있다. 그러나 학자들은 무과실책임주의에 대한 확실한 기초를 주고 그 통일적인 설명을 할 수 있는 일관된 원리를 발견하고자 노력하고 있다. 無過失責任主義의 根據에 관한 학설은 그 수가 많으나, 다음과 같은 학설로 통일·분류할 수가 있다.[72]

1) 危險責任說

a) 自己의 利益을 위하여 타인의 이익을 위험상태에 빠뜨린 자는 그 危險常態로부터 발생하는 손해에 대하여 賠償責任을 부담하여야 한다는 주의이다.[73] 이 學說은 위험한 물건, 시설, 물질, 기계 등을 자기의 支配領域下에 둔 자는 그 위험의 현실화로 인한 손해를 그의 歸責事由와 관계없이 賠償하여야 한다는 견해이다.

b) 이 학설은 M. Rümelin이 창설하고 Loening. M. Erzbach가 계승한 것이므로[74] 無過失責任論의 根據로서는 가장 유력하다.[75] 이 危險責任主義를 발전시키면 자기의 힘으로써는 방지할 수 없는 결과의 것이라도 그러한 결과가 야기되는 것이 불가피적이라고 할 수 있는 위험을 내포한 사업을 운영하는 이상 그 결과에 대하여 책임을 지지 않을 수 없다.[76]

---

72) 岡松參太郎, 無過失責任論, 有斐閣, 1957, 394면 이하.
73) 岡松參太郎, 無過失責任論, 有斐閣, 1957, 448面.
74) 岡松參太郎, 上揭書, 450面.
75) 郭潤直, 債權各論, 466面.

64

c) 이 학설은 기업자의 無過失責任을 설명하기에는 타당하나 무과실책임 전반을 통한 根本理由가 되지 못하며, 왜 위험상태에 빠뜨리게 한 것을 책임의 근거로 하느냐에 대한 합리적 기초와 여하한 경우에 무과실책임을 인정할 것이냐에 관한 법률적 기준이 충분치 못하다는 비판이 있다.[77]

2) 補償責任說

a) 사회생활에서 이익을 얻으려는 자는 그 수익활동으로부터 발생하는 손해에 대하여도 항상 책임을 부담하여야 한다는 주장이며, 로마법의 격언에 '이익이 있는 곳에 손실도 부담하여야 한다.'[78]는 공평의 관념에 기하고 있다. 이 학설을 처음으로 宣明한 學者는 Merkel이다.[79] 이는 특별한 이익을 얻는 자가 특별한 방법 또는 시설자체로부터 발생하는 손해에 대하여 소위 補償責任을 負擔하는 것이 타당하다고 생각되는 한도에서 정당하나, 어떤 행위가 누구의 이익을 위하여 행하여 졌는지 불분명한 경우가 적지 않다는 문제점이 있다.

b) 그러나 가해자는 利益의 限度에서 賠償하면 되고 손해가 이익

---

76) 오늘날의 대기업은 그 자체 속에 위험을 내포하고 있으나 공익상의 필요에서 그러한 기업을 인정치 않을 수 없다. 그러한 위험의 발생을 인정하면 그 대상적으로 그 위험으로부터 생기는 손해에 대하여 책임을 져야 한다는 것이 당연한 것으로 된다. 위험책임주의는 위험을 내포하는 오늘의 기업경영자의 책임을 인정하는 근거로서는 합리성이 있다(金基善, 韓國債權法各論, 379面; 金錫宇, 債權法各論, 484面; 金容圭, '韓國社會의 發展과 民事責任의 變遷', 法大論叢第11集, 慶北大學校 法政大學, 1974, 19面).

77) 金基善, 韓國債權法各論, 法文社, 1982, 379面.

78) 岡松參太郎, 無過失責任論, 444面.

79) 岡松參太郎, 前揭書, 442面에서는 이익주의로 분류되고 있다.

을 넘는 경우에는 그 구제방법이 없어 그러한 손해를 배상하려면 危險責任의 原理를 援用하지 않을 수 없는 입장이며, 무과실책임의 범위를 부당히 넓히는 결과도 가져온다.[80] 無過失責任論의 趣旨는 가해자의 이익의 유무에 관계없이 被害補償만을 목적으로 하는데, 不當利得에서 문제되는 가해자의 이익의 유무와 그 한도를 문제 삼는 것은 맞지 아니하는 학설이다.[81]

3) 原因責任說

a) 原因責任說(Verursachungstheorie)은 물적 시설 등으로 원인을 만들어 낸 자는 그로부터 발생한 손해를 배상하여야 한다는 주장이다. 이 학설은 「게르만」 법의 원인주의에 역사적 근거를 두었다.[82] 원인주의에는 一般的 原因主義와 制限的 原因主義가 있다.[83] 前者는 손해를 야기한 자는 배상할 책임이 있다는 것으로 이미 18세기말부터 19世紀初期의 自然法學者들이 주장하였지만 근래에 와서 주장한 자는 Binding이다.[84]

그는 행위자의 과실은 배상책임의 요건이 될 수 없고 배상책임이 발생하기 위하여서는 원칙적으로 손해에 대하여 어떤 原因關係가 존재하면 족하고, 적어도 손해를 야기한 이상 그 주동자는 그 행위의 결과를 스스로 부담하는 것이 공평·정의라고 하면서 이것을 피해자에게 전가시켜서는 아니 된다고 하였다.

---

80) 金基善, 韓國債權法各論, 380面; 金錫宇, 債權法各論, 484面.
81) 李太載, 不法行爲責任의 本質, 民法論叢, 448面.
82) 李太載, 前揭書, 448면. 金基善, 韓國債權法各論, 380面.
83) 岡松參太郎, 無過失責任論, 398面.
84) 岡松參太郎, 前揭書, 420面.

b) 後者는 과실책임주의와 함께 일정한 범위 내에서 또는 일정한 조건이 있을 때에는 원인주의를 적용해야 한다는 것이다. 이를 주장한 학자는 Thon. Pfaff, Mataja 등으로서[85] 그들은 당시의 법률의 과실주의에 입각하고 있었으나, 과실책임주의자들의 주장인 「과실은 항상 책임을 발생시킨다.」는 로마법의 格言을 본래 정의에 적합한 것은 아니라면서 과실책임주의 이외에 일정한 條件下에서는 무과실책임주의를 취해야 한다고 주장하였다. 이 原因主義는 왜 손해를 야기한 자가 손해를 배상하여야 하는지 원인이라는 개념자체가 불분명하여 책임의 소재를 명확히 할 수가 없는 어려움이 있다. 이는 곧 위험책임과 같은 결과가 된다.[86]

4) 公平責任說

a) 公平責任說(Billigkeitsprinzip)은 손해배상책임의 결정은 공평 혹은 정의에 기하여야 한다는 일반적인 이념에서 나온 사상으로 具體的 公平說이라고도 하며, 이 견해는 公平原因主義와 公平分擔主義로 나누어진다. 公平原因主義는 과실과 손해의 발생 외에 공평이란 것을 제3의 책임원인으로 하는 것이다. 가령 과실이 없더라도 개개의 구체적인 사정에 의하여 책임을 인정하는 것이 공평하냐 아니냐를 결정하여야 한다고 한다.

b) 公平分擔主義는 損害分擔이라는 사상에 기하여 과실이 없는

---

85) Thon은 結果責任論의 선구자로서 이미 1879년 Loenig 저서가 나오기 전에 당시 법률은 모두 過失責任主義에 입각하고 있었으나, 그는 과실이 없다고 하더라도 일정한 조건이 있을 경우에는 배상책임을 지워야 한다고 주장하였다(岡松參太郞, 前揭書, 403面).

86) 金基善, 韓國債權法各論, 380面; 郭潤直, 債權各論, 466面.

손해는 관계자로 하여 공평하게 분담시키는 것이 정당하다는 것이다. 이 양자는 개별적으로 분리되는 것이 아니고 相互關係的이며, 과실책임과 무과실책임을 일괄하여 공평의 이념으로서 책임을 지는 자를 결정하는 것이라 할 수 있다.[87] 어떠한 사정이 공평의 여부를 결정하느냐 하면 하나 하나의 구체적 개별적인 사례에 관하여 관계자의 자산상태, 시설, 기능, 이윤의 분배, 과실의 유무, 그 외의 여러 가지 사정을 참작하여 결정할 수밖에 없다.[88]

c) 이 학설은 無過失責任의 理由를 公平이란 것만으로는 논리적으로 명확하지 않아 그 적용이 실제상 곤란하고 법적 안전을 해할 우려도 없다고는 할 수 없다. 그러나 무과실책임이 인정되는 궁극적인 원리는 公平의 理念에 적합하다는 점에 있기 때문에 損害賠償責任의 理論의 根底를 명백히 했다는 의미에서 그 역할을 무시할 수 없다.[89]

5) 私 見

다양한 학설의 주장에도 불구하고 이상의 학설은 모두 不法行爲責任을 일원적으로 설명하려고 하나, 그 어느 것도 모든 경우를 통일적으로 설명하기에는 완전하지 못하다.[90] 그래서 손해배상의 근

---

87) 金基善, 韓國債權法各論, 381面.
88) 金容圭, 韓國社會의 發展과 民事責任의 變遷, 前揭論文, 20面.
89) 金基善, 韓國債權法各論, 381面; 金容圭, 前揭論文, 20面.
90) 일본의 학자 岡松參太郎이 주장하는 견해를 중심으로 살펴보면 다음과 같다. 첫째, 擔保主義(Garantietheorie)로서 이 학설은 과실의 유무에도 불구하고 손해를 배상해야 할 경우 미리 黙示의 賠償義務契約을 한 것으로 보는 주의로서 종래 제국의 입법, 학설 및 판례가 자주 이용하였던 것이다. 이러한 견해는 가해자와 피해자가 일정한 계약관계에 있는 경우 이외에는 적용

거를 하나의 원리에 의하여 설명하는 것은 적당치 않아 구체적인 손해의 공평·타당한 분담이라는 이상을 원칙으로 하여 설명하는 수밖에 없다. 이에 대하여 위험책임을 기본으로 다른 학설을 종합하여 그 위에 無過失責任論을 수립하려는 학자도 있다.[91] 이와 같이 다원적으로 설명하지 않을 수 없는 것은 오늘날의 실정법상의 손해배상제도의 기조가 아직 과실책임주의로서 損害賠償의 基本原則으

할 수 없고 많은 경우 계약의사는 부당하게 擬制해야 하는 불편이 있다.

둘째, 利益說(Interessentheorie)로서 이 학설은 일명 利益修行主義(Interessentheorie)라고도 하여 자기의 이익을 수행하는 자는 이것에 수반하는 위험을 부담하지 않으면 안 된다는 것이다. 이 학설을 주장한 학자는 Ad.Merkel과 Steinbach 등으로서 자기의 이익을 위하여 하는 활동이 제3자의 이익에 위험을 가져올 경우에는 이에 대하여 책임을 져야하며 누구든지 자기의 이익을 주장하려는 자는 그 이익에 대한 보험료로서 이에 따르는 不利益을 負擔해야 할 것이므로 비록 과실이 없다하더라도 그 불이익을 배상해야 한다는 것이다. 이는 「利益을 享受하는 者는 危險을 負擔한다.」라는 보상책임주의의 로마법 격언을 이면으로 宣明한 것으로 補償責任說과 대동소이하다. 또한 이 학설은 일면 진리를 가지고 있는 것이지만 어떤 행위가 누구의 이익을 위하여 행하여졌는지 불분명한 경우가 적지 않으며 또한 이익에 따르는 위험의 범위를 결정하기가 곤란하다. 뿐만 아니라 이익은 주장하는 자가 반드시 위험을 부담해야 하는지를 설명하고 있지 않다.

셋째, 過失說은 위험을 동반하는 행동 자체에 이의 과실을 의제하고 있는데, 이러한 최초의 사례는 Jhering의 계약체결상의 過失說(Culpa in Contrahendo)로서 그 후 자신도 과실에 의해서 설명하는 것이 부당하다는 것을 인정하고 있다. 違法說은 모든 손해배상책임의 원인을 행위의 위법에 있다고 하는 것으로 그것 자체가 부당하다.

넷째, 根據各別主義로서 이상 諸學說은 무과실책임을 인정하는 데 대한 통일적 근거를 발견할 수 없기 때문에 通說은 무과실책임은 과실책임의 예외로서 그 근거는 개개 사항에 따라 다르기 때문에 개개의 경우에 따라 그 근거를 개별적으로 찾아야 한다고 한다.

91) 黃迪仁, 現代民法論 Ⅳ(債權各論), 272面에서는 위험책임을 기본으로 주장한다.

로 하고 있는 것에도 원인이 있다. 무과실책임이 인정되는 것은 예외의 경우에 속하고 일반화된 기본원리는 찾을 수 없는 사정이 있기 때문이다.[92]

Ⅱ. 使用者의 抗辯權과 産災補償責任의 成立

1. 使用者의 抗辯權

a) 産業革命의 초기에는 산업재해를 근로관계에 고유한 사회적 현상 및 특질로 인정하지 않고 일반적인 재산상의 손해에 관한 법률관계로 파악하였다.[93] 이 당시에는 勤勞者와 使用者라는 勤勞關係의 槪念을 인정하지 않고 산업재해에 대하여 不法行爲法이나 契約法의 一般原則을 적용하였다. 실제로 산업화 초기에 영국과 미국의 사용자와 근로자의 법률관계는 普通法下에 있었기 때문에 산재보상에 관하여 보통법의 원리가 적용되어 불법행위의 일종인 過失(negligence)行爲나 不法行爲問題로 취급되었다.[94]

따라서 피해근로자가 사용자에 대하여 損害賠償請求訴訟을 제기

---

92) 徐希源, 前揭論文, 201面; 洪天龍, 우리나라에 있어서의 製造物責任法理의 構成, 現代民法論, 考試院, 1982, 423面.
93) 李乙珩, '國際勞動立法成立史의 追求', 崇實大學校 論文集 第11集 社會科學編, 崇實大學校 附設 産業經濟硏究所, 1981, 479面.
94) 郭潤直, 新訂版 債權各論, 博英社, 1996, 739面; 李銀榮, 改訂版 債權各論, 博英社, 2001, 724面; 李炳泰, 最新勞動法, 中央經濟社, 2002, 884面.

하는 경우에 사용자의 注意義務違反을 立證하지 않으면 안 되었다. 그러나 여기서 말하는 주의의무는 통상인 또는 평균인을 기준으로 한 것이지 결코 高度의 主意義務를 규정한 것은 아니었기 때문에 과실행위의 법리에 있어서 근로자가 배상을 획득하는 일은 대단히 곤란하였다.

b) 한편 實定法인 工場法과 같은 勞動保護立法에서는 의무위반이 訴權對象으로 된 경우 絶對責任 또는 嚴格責任이 인정되어 공장법 위반에 의한 산업재해에 있어서 피해근로자는 사용자의 법위반사실을 입증하면 충분하였다.[95] 더욱이 使用者의 抗辯(defence)이 法院에서 채택되는 경우에는 過責이 인정되었기 때문에 過失行爲의 法理에 의한 産業災害의 救助는 불가능하다고 하여도 과언이 아니었다. 이러한 사용자의 항변으로는 다음과 같은 것을 지적할 수 있다.

첫째, 危險引受의 原理(Acceptance or assumption of the risk)는 근로자가 産業災害[96]의 危險을 사전에 引受하였다는 것을 주장함으로써 사용자는 損害賠償責任을 면한다는 것이다.[97] 따라서 이 항변

---

95) 荒木誠之, 勞災補償法의 硏究, 總合勞動硏究所, 1981, 4面.

96) 산업재해라 함은 노동과정에 따라 발생하는 근로자의 생명 및 신체의 훼손을 말한다. 산업재해는 보통 산재보상책임 및 사용자의 민사배상책임이라는 구성을 이루고 있어 피해근로자와 유족은 이에 대하여 구제를 받을 수 있다(窪田準人, 勞災補償의 性質, 勞動災害補償法論, 窪田準人敎授還曆記念論文集, 法律文化社, 1985, 3面).

97) 이와 다르게 사용자의 책임을 안전배려의무위반에 따르는 계약책임으로 구성하는 이유는 불법행위법에 의한 구제상의 장애(피재자의 입증책임 부담, 사용자책임에 있어서의 면책가능성, 청구권의 단기소멸시효 등)를 완화하여 근로자를 보호하기 위한 것이다(金亨培, 勞動法, 博英社, 2001, 388~391面 ; Grimaldi, John V and Simonds, Rollin H. 'Safety management', Irwin, Richard D. Inc., 1975, p.38).

을 행사하면 사용자에게 설비 등에 관한 의무위반이 있어도 근로자에게 배상을 부담하지 않게 된다. 이 원리는 抽象的 自由意思理論이 철저하게 지배하였기 때문에 근로관계의 현실인 노동의 從屬性을 전혀 파악하지 않았다.[98] 근로계약체결단계에서 사용자가 제시하는 조건을 수용할 수밖에 없는 근로자에게 이 항변은 합리적이라고 할 수 없다고 본다.

둘째, 共同雇傭의 原理(common employment)는 사용자는 그가 고용한 근로자가 피해자에게 가한 손해에 대하여 배상책임을 지지만, 그 피해자가 동일한 사용자에게 고용되어 있는 근로자인 경우에는 통상의 피해자와 구별하여 사용자에게 배상책임이 없다는 원리이다.[99] 이 원리는 勤勞關係的 特質과 결합하여 오히려 危險引受의 原理를 강화한 것이라고 볼 수밖에 없다. 이 원칙이 19세기 중엽에 확립되었던 것은 근대기업의 발달과 더불어 근로자의 고용증대에 따라 산업재해에 대한 使用者의 責任限界를 정해야 할 필요가 생겼기 때문이다.[100] 그 결과 피해자의 구제에 새로운 법적 장벽이 설

---

98) 노동력이라는 상품의 특수성과 노사간의 경제적인 힘의 불균형은 실질적인 자유와 평등을 가로막고 있다. 근로자는 아무리 값이 싸더라도 노동력을 팔지 않고서는 살 수 없으므로 사용자가 일방적으로 정한 불리한 계약조건에 따를 수밖에 없고, 근로를 제공하는 고정에서 사용자자의 지휘·감독을 받을 수밖에 없으므로 근로자는 어쩔 수 없이 사용자에 대한 이른바 종속적인 관계에 이르게 된다(李炳太, 前揭書, 98面; 朴相弼, 韓國勞動法, 大旺社, 1993, 23面).

99) 岩村正彦, 勞災補償과 損害賠償, 東京大學出版部, 1984, 30面.

100) 종래에는 사용자의 민법상의 손해배상책임을 주의의무위반으로 인한 불법행위책임으로 구성하였다(대판 1989. 8. 8, 88다카33190). 그러나 채권관계의 내용에 비추어 계약당사자는 주된 급여의무 외에도 다른 부수적 의무를 부담하여야 한다는 것이 인정되면서 재해보상과 관련된 민법상의

정되게 되었다. 이 경우 산재보험의 구상권행사와 관련하여 공동고용의 법리(doctrine of the common employment)에 의한 求償權制限의 可能性을 생각해 볼 수 있다. 이 공동고용의 법리는 피해자가 동일한 사용자에게 공동고용되어 있는 근로자인 경우에는 통상의 피해자와 구별하여 사용자에게 배상책임이 없다는 이론이다.[101]

셋째, 寄與過失(contributory negligence)의 原理는 근로자의 被災

손해배상책임을 계약책임으로 이해하는 견해가 유력하게 되었다(金亨培, 前揭書, 388면). 최근 논의되고 있는 기업책임론의 골자는 다음과 같다. 첫째, 기업활동 중에 발생하는 피용자의 가해행위를 갖고 법인책임이나 사용자책임 외에 피용자 자신을 가해자로 파악하는 것은 곤란하다. 그것은 기업의 행위 자체로 보아야 한다. 둘째, 사용자책임의 인정에 있어서 피용자의 과실이나 책임능력을 전제로 하지 않고 피용자의 직무상 가해행위를 곧 사용자의 책임으로 연결시켜야 한다(李銀榮, 前揭書, 568面).

101) 따라서 이 이론은 피해근로자와 사용자사이에 - 원래의 재해보상책임 원리에 따르면 보상책임을 부담해야 할 것이지만 - 시민법적 사고에 따라 사용자의 배상책임을 부정하는, 산재보상제도가 성립하기 이전의 오래된 시민법 이론이다. 이 이론은 행위자와 피해자의 1차적 책임문제를 규명하는 것이므로, 일단 산재보상급여를 행한 뒤, 누가 최종적으로 책임을 부담해야 하는가 하는 것을 목적으로 하는, 즉 구상에 의한 청산관계를 다루는 이론이 아니다. 물론 공동고용이라는 용어로부터 구상관계에 적용할 수 있는 위험공동체를 연상할 수는 있을 것이다.

그러나 이 위험공동체는 사용자와 가해근로자, 피해근로자를 보험관계로서 일체로 묶는 개념구성이고, 또한 근로자 사이에 산재사고가 발생하는 경우 천편일률적으로 적용되는 개념도 아니다. 또한 위험책임의 요소로서 위험공동체를 예상한다면 그것은 근로자의 손해(특히 재산상의 손해)에 대한 사용자의 책임을 의미하는 것이지, 가해근로자와 피해근로자 사이의 위험책임을 의미하는 것이 아니다. 이에 비하여 공동고용의 법리는 사업장에서 발생한 재해의 경우 책임법적으로 대립된 당사자로서 사용자와 근로자를 설정한 것이므로 문제상황은 전혀 다르다고 할 것이다(金永文, '産業災害補償保險法上의 求償權', 勞動法學(2000. 8), 韓國勞動法學會, 213~214面 각주 참조).

가 자신의 過失(negligence)에 寄與(contributory)하여 발생하였다는 것을 使用者가 抗辯하고 법원이 항변을 인정하는 경우에 사용자가 賠償責任을 면하는 것을 말한다. 즉, 사용자의 주의의무위반이 산재 발생의 원인이 되었다고 하여도 근로자의 과실이 산재발생에 기여 했다는 항변을 사용자가 행사하면 배상책임을 면하게 된다는 것이다.102) 이것은 그 자체로서는 불합리한 것은 아니지만, 근로자의 과실을 근로관계의 실태와 분리하여 추상적으로만 파악하면 사소한 과실도 사용자의 抗辯對象이 되어 사용자의 배상책임을 면하게 하는 역할을 하게 된다. 이러한 항변에 의하여 근로자의 賠償請求權이 제약을 받았다.

c) 普通法(Common Law)의 원리와 사용자의 항변권은 영국법의 계통을 이어받은 미국에서도 그대로 인정되었다. 산업재해에 대하여 보통법은 過失行爲法理를 적용하여 그 한도에 있어서 사용자의 배상책임을 인정하고 있다. 또한 사용자에게 허용되었던 抗辯權은 보통법상의 논리적 산물이 아니라 공장제도의 출현과 産業災害의 激增, 使用者의 賠償責任 擴大事態에 대하여 사용자의 부담을 경감시키기 위한 법적 수단으로 등장하였고, 더욱이 법원도 기업의 책임

---

102) 기업활동 중에 생기는 피해는 산업구조적인 것이 많으므로 근로자가 기업 측의 과실이나 가해행위와 손해발생 사이의 인과관계를 입증하는 것이 곤란하다. 또한 기업은 위험을 내포한 기업활동으로 말미암아 이윤을 얻으므로 그로 인한 사고에 대해 무과실책임을 지는 것이 타당하며 인과관계의 입증도 개연성 제시로 충분하도록 경감되어야 한다. 그 결과 부담하게 되는 기업의 부담은 책임보험을 통해 동업자 사이에 분산될 수 있기 때문에 그 편이 과실책임하에서 근로자 혼자서 손해를 감수하는 편보다 합리적이다(Grimald, John. V and Simonda, Rollin H. op.cit, p.38).

증대가 산업발전의 장애가 되지 않도록 배려한다는 정책적 의도를 갖고 抗辯權을 인정한 것으로 보인다.[103] 이에 대하여 근로자는 보통법의 적용을 社會的 不正義라고 파악하여 노동운동을 전개하는 과정에서 사용자의 항변을 금지하는 입법을 획득하는 것이 목표이었다.[104] 왜냐하면 사용자에게 과실이 있더라도 근로자가 과실을 증명할 수 없으면 敗訴할 수밖에 없으며, 소송을 제기하는 것이 高額의 訴訟費用支出과 해고의 위험을 각오해야 하므로 현실적으로 구제받을 가능성이 거의 없었기 때문이다. 그리하여 19세기 말경부터 과실책임주의를 수정하여 산업재해에 대한 사용자책임을 규정한 특별입법이 제정되었다.[105]

2. 使用者責任法과 産業災害補償保險法의 登場

a) 과실책임주의에 대한 사회적 비판과 동시에 생존을 위협받는 근로자는 자주적 노동운동으로서 과실책임주의를 완화하여 현실적으로 구제를 확장하기 위한 법기술적 개선을 도모하는 방향으로 나아

---

103) 荒木, 前揭書, 6面.
104) 전국광부조합(Miners' National Union)과 철도직원합동조합(The Amal-gam Society of the Railway Servants) 등을 중심으로 하는 노동조합이 共同雇傭法理의 폐지를 綱領으로 채택하여, 그 실현을 목표로 하는 운동을 시작하였다. 그리고 노동조합을 대표하는 議員을 통하여 사용자책임법안을 수차례 의회에 제출하였으나, 자본가의 반대로 성립되지 못하였다. 그 후 1880년 Glandstone 내각에 의하여 使用者責任法이 성립되었다 (岩村正彦, 勞災補償と 損害賠償, 東京大學出版部, 1984, 39面).
105) 沈泰植, 勞動法槪論, 法文社, 1981, 381面; 韓容植, 勤勞基準法, 螢雪出版社, 1983, 268面.

갔다. 過失責任主義를 緩和하는 使用者責任法은 普通法의 지배가 강했던 영국에서 출발하여 미국으로 19세기 말경 전개되기 시작하였다. 산재보상법리의 발전과정에서 보면 사용자책임은 법리적 성격에 있어서 시민법상의 賠償範圍를 완전히 벗어나지는 못했지만 산재보상제도로 발전하는 과도기적 입법이라고 평가할 수 있을 것이다.

b) 영국에서는 1880년에 노동운동의 결과로써 使用者責任法(The Employers' Liability Act)이 제정되었다.106) 同法은 근로자의 賠償請求權을 역사적으로 규정하고, 또한 海員 및 家事使用人을 제외한 거의 모든 肉體勤勞者에 적용되었으며, 賠償額은 3년의 임금수입을 最高限度로 하였다. 使用者責任法은 사용자에게 재해발생 6週內에 재해보고를 할 의무를 부과함과 아울러 배상청구권의 행사를 災害發生日로부터 6個月內로 제한한 점에 있어서 단순히 共同雇傭의 抗辯을 부분적으로 폐지한 데 그치지 않고, 산업재해에 관하여 特別法的 性格을 가지고 있었다.

c) 미국은 19세기 말에서 20세기 초 사이에 英國의 使用者責任法이 州法으로 계수됨과 동시에 재해보상법의 제정이 시도되었지만, 使用者責任法이 영국과 같이 주요한 의미를 갖지는 못하였다. 독일은 1871년 사용자의 無過失主義를 규정한 使用者責任法(Reichshaftpfichtgesetz)을 수정한 후 1884년 산재보험법(Unfallversicherungsgesetz)을 제정함으로써,107) 산재보험법으로의 발전이 영국보다 먼저 진행되었다.108) 이러

---

106) 岩村正彦, 前揭書, 40面.
107) 독일의 산재보험법의 제정경위를 연도별로 살펴보면, 1871년 사용자책임법
    (Reichshaftpfichtgesetz)을 제정하였다. 그 후 이 법안을 수정하여
    1881년과 1882년에 작성된 법안을 기초로 1884년에 산재보험법

한 사용자책임법은 市民法的인 損害賠償制度에서 근본적으로 逸脫한 것은 아니었으나, 過失責任原則을 완화하거나 使用者의 抗辯을 制限하는 등 被災者의 賠償請求權을 보호하였다.

d) 그러나 피해자는 법원에서 승소판결을 받지 않으면 배상받을 수 없었다. 또한 소송의 지연으로 구제의 의의가 현저하게 저해되었으며 사용자는 事前合意에 의하여 賠償請求를 棄却시킬 수도 있었기 때문에 법의 실효성은 감소되었다. 따라서 근로자는 전통적인 손해배상제도에 의한 구제보다 새로운 원리에 의하여 소송절차에 의하지 않고 신속·확실하게 배상을 획득할 수 있는 구제제도를 요구하게 되었으며, 이에 따라 유럽 각국에서 使用者責任法이 출현한 지 약 10년 전후로 産業災害補償保險法이 등장하게 되었다.

3. 災害補償責任의 産災補償責任으로의 轉換

a) 민법의 과실책임주의에 의한 불법행위책임과 이에 대한 비판

(Unfallversicherungsgesetz)을 제정하여 세계 최초로 무과실책임주의를 채택하였다. 또한 1883년에 질병보험법을 제정하여 업무상 부상으로 14주 이내에 치유되는 질병에 대한 보험급여를 실시하였고, 1885년에는 육상 및 해상운송업을 상대로 보험을 강제 적용하였으며, 1886년에는 건설업재해보험법과 해원재해보험법을 제정하였다. 1911년에는 종래의 사회보험입법을 통일법전으로 종합한 제국보험법을 제정하여, 제3편에 산재보험을 편입하고 재해보험은 공업 및 농림업, 해원으로 구분하여 통합하였다(朴壽萬, 비스마르크時代의 産業災害補償保險法, 韓國比較勞動法學會 學術大會 第9會, 28面).

108) 木下秀雄, ビスマルク勞動者保險法成立史, 大板市立大學 法學部, 1997, 25~27面 참조.

은[109] 무과실배상이론의 형성을 촉구하였으나, 勤勞基準法에서 정하는 사용자의 支配管理下에서 야기되는 위험책임의 個別的 補償方式은 많은 한계성을 나타냈다. 즉, 근로자의 업무상 재해로 인한 손해가 발생하였더라도 使用者가 無資力者로서 보상할 수 없는 경우에는 아무런 구제책이 될 수 없다.[110] 따라서 사용자집단에게 특별한 책임을 부담시키고 이의 실효성 확보를 위하여 集團責任方式의 公的社會保險을 마련하고 있는데, 이것은 商法上의 損害保險的 性格을 넘어 社會法 내지 勞動法의 領域으로서 社會保障的 性格을 지니는 것이다.[111] 이에 따라 산재보상책임의 문제는 민법상의 배상책임의 문제로 해결하기보다는 노동보호법을 통한 해결이 모색되기에 이르렀다.

b) 산재보상책임의 문제를 勤勞條件의 일부로서 인식하고 이를 법정함으로써 안전보건의 유지의무를 기초로 한 보상책임의 근거가 성립되게 된 것이다. 産災補償責任은 일종의 責任保險으로서의 성격을 가진다.[112] 이러한 성격에 기하여 산재보상보험에 있어서는 보험가입자인 사용자만 보험료를 부담하고 근로자는 부담하지 않는다.[113] 따라서 다른 사회보험에 있어서의 피보험자의 관념을 이 법

---

109) 기업규모의 확대와 기업위험의 증대, 기업의 대외적 책임의 증대에 따라 과실책임주의에 의하여 산업재해에 따른 배상책임을 해결한다는 것은 상당한 제약이 따랐기 때문이다(文元柱, 註釋·實務 産業災害補償保險法, 法元社, 1990, 90면).
110) 李相國, 産業災害補償保險法, 3面.
111) 大判 1992. 12. 8, 92다23360.
112) 大判 1994. 5. 26, 93다38826.
113) 사용자는 일반 책임보험에서처럼 산재보험료의 납입에 의하여 개별적인 보상책임으로부터 벗어난다는 것을 말한다. 즉 책임을 보험료의 납부에 의하

에서는 인정되지 않고 있다.

c) 본래 근로자는 사용자의 사업장 기타 일정범위 내에서 질병·부상 혹은 사망을 한 때에는 民法上의 不法行爲로서 損害賠償을 청구할 수 있다(민법 제750조). 그러나 민법은 일반 원칙으로 加害者의 故意·過失을 요건으로 하며 사용자에게 고의·과실이 없는 경우에 구제가 불가능하다. 대개의 경우 사용자 측에 設備上 또는 勞務管理上에 고의나 과실이 있음을 증명하는 것은 어렵고, 가령 不法行爲가 성립된다고 하더라도 民事訴訟에 의하여 손해배상을 청구한다는 것은 장기간을 요할 뿐 아니라 재해를 받은 근로자는 그 기간에 생활상 막대한 지장을 받게 된다는 문제점이 있다.

d) 산재법은 이러한 시민법원리에 따른 구제제도에서 그 한계점을 인식하고 과실책임원리를 수정하여 無過失責任主義에 따른 補償責任을 입법화한 것이다.[114] 이에 따라 재해발생 시에는 신속하고 공정한 보상으로 피해근로자와 그 가족의 생존권을 보장하고, 건전한 노동력을 보전하기 위하여 각종 보험급여를 실시하고 일시에 중대재해가 불가피하게 발생한 경우라도 보험가입자인 사업주가 위험분산원리에 따라 도산의 위험에서 탈피하여 기업의 안정적 발전을

여 매입한다고 하는, 산재보험의 책임보험으로서의 성질을 인정하고 있는 것으로 보인다. 산재보험이 피해자구제보험(사회적 보호원칙: soziales Schutzprinzip)과 책임보험(책임의 대체원칙: Haftungsersetzungsprinzip)의 두 가지 성질을 동시에 갖는다고 한다(金永文 '産業災害補償保險法上의 求償權', 勞動法學 제10호(2000. 8) 209면).

114) 우리나라의 산업재해보상보험법은 1963년 11월 3일, 법률 제1438호로 제정된 이래 경제·사회의 발전과 환경변화에 따라 여러 차례 改正을 걸쳐, 오늘날에 이르고 있다.

도모할 수 있도록 하여 준다.

Ⅲ. 民事賠償責任과 産災補償責任의 分配

1. 産業災害에 대한 民事責任

(1) 民事責任의 法構造

a) 아직 우리나라의 實定法에는 산업재해에 대한 使用者의 民事責任에 대하여 직접적으로 언급하지 않고 있다.[115] 그러나 1896년에 제정된 獨逸 民法(BGB) 제618조는 「① 勞務權利者는 노무공급의 성질상 허용된 勞務執行을 제공하는 장소, 장치 및 위험에서 義務者를 보호하기 위하여 노무집행을 제공하는 장소, 장치 및 器具를 적당하게 설치 및 유지하며, 명령 또는 지도하에 勞務를 적당하게 규율하여야 한다. ② 義務者가 가정공동체에 가입한 때에는 勞務權利者는 거실 및 침실, 급양 및 노동시간과 휴식시간에 관하여 노무자의 건강 및 종교상 필요한 시설 및 규율을 하여야 한다. ③ 勞務權利者가 의무자의 생명 및 건강에 관하여 부담하는 의무를 이행하지 아니하는 때에는 손해배상의무에 관하여는 不法行爲에 관한 제842조 내지 제846조의 규정을 準用한다고 정하고, 同法 제619조는 勞務權利者의 의무는 계약에 의한 배제 또는 제한을 할 수 없다」라

---

115) 朴壽萬, 産業災害補償에 관한 硏究, 崇實大 法學博士學位論文, 1999, 88面 이하 참조.

고 규정하고 있다. 스위스채권법도 동종의 규정(동법 제339조)을 두고 있다. 우리나라의 法律解釋은 獨逸 民法의 규정과 法解釋의 강한 영향을 받고 있다.

b) 근로자가 작업현장에서 작업하다가 사고를 당한 경우 근로자는 産業災害補償保險法 등에 의하여 보상을 받고 그래도 불충분한 경우 사용자를 상대로 一般不法行爲責任, 使用者責任 또는 工作物의 設置·保存의 瑕疵로 인한 責任에 관한 민법의 여러 가지 규정을 근거로 損害賠償請求를 하는 것이 보통이다. 그런데 一般의 不法行爲 경우와는 달리 근로자와 사용자 사이에는 고용이나 도급 등 契約關係 기타의 法律關係가 形成되어 있는 경우가 많고, 이 경우 사용자는 산업재해로 인한 사고에 관하여 불법행위책임과는 별도로 근로자가 산업재해로 인한 피해를 당하지 않도록 제반조치를 취하여야 할 의무가 있지 않는가 하는 점이 문제로 된다.[116]

c) 그러나 獨逸에 있어서는 事業者 및 '사업자와 같은 지위에 있는 자'에 대한 손해배상은 사업주 등의 고의로 재해가 일반 교통도상과 관련하여 생기는 경우에 인정되며, 그 이외는 부정되고 있다(帝國責任法 제636조 및 제637조). 따라서 독일과 완전히 다르게 손해배상을 무제한·전면적으로 인정하는 우리나라의 민사책임의 법구조를 이해하기 위해서는 독자적 성격에 유의할 필요가 있다.[117]

---

116) 근로자가 勞務提供의 目的으로 설치한 장소, 설비 또는 기구 등을 사용하고 또는 사용자의 지시에 따라 노무를 제공하는 과정에 있어서 근로자의 생명 및 신체 등을 위험으로부터 보호되도록 배려하여야 할 것을 使用者의 義務라고 정의하고 있다. 우리나라에 있어서도 고용계약상 사용자에게 안전배려의무가 있다는 점에 관하여는 이견이 없다.

117) 朴壽萬, 前揭論文, 89面.

d) 현행 産業災害補償保險法은 상당부분이 개선되었어도 逸失利益이나 慰藉料를 포함하고 있지 않으므로 산재보상에 不滿足하는 피재자는 민사소송을 하게 된다.[118] 그런데 전통적인 민사소송은 반드시 사용자의 과실을 요건으로 하고 있으며, 그 擧證責任의 負擔은 산재발생을 使用者의 不法行爲로 이해하는가,[119] 債務不履行으로 이해하는가에 따라 차이가 있다.[120] 노동판례의 주류는 후자의

---

118) 산업재해보상보험법 제48조 제2항은 '수급권자가 동일한 사유에 대하여 이 법에 의하여 보험급여를 받은 경우에는 보험가입자는 그 금액의 한도 안에서 민법 기타 법령에 의한 손해배상의 책임이 면제된다.'고 규정하여 산재보상과 민사배상의 병존주의를 채택하고 있다. 이러한 병존주의 방식이 보편적 입법정책은 아니며 사용자에 대한 민법상의 손해배상청구를 허용하지 않는 입법정책(예를 들어 독일, 프랑스)과 피재자에게 보상과 배상을 선택 청구하게 하는 방식(예를 들어 미국)도 있다.

119) 피재자의 산업재해에 대한 구제방법은 전통적으로 과실책임주의를 기초로 하는 민법의 손해배상에 의존하였으며, 주로 불법행위의 법리가 활용되었다. 同旨의 사례로서, 근로자가 입은 소음성난청의 산업재해에 대하여 사용자의 불법행위책임을 인정하는 대법원판례(大判 1989. 8. 8. 88다카33190)는 '근로자로 하여금 인체에 유해한 강렬한 소음이 발생하는 착암기 등을 사용하여 밀폐된 굴진막장에서 작업하게 하는 사업주로서는 근로자의 생명 및 건강 등을 업무상 질병 등 산업재해의 위험으로부터 안전하게 보호하여야 할 주의의무를 부담하는바, 소음성난청은 업무상 질병의 하나로 법정되어 있고 실제로도 그 발병률이 높았던 점을 비추어 굴진광부들이 청력손실의 인신장해를 입을 위험의 개연성이 상당히 높았다면 사업주로서는 이러한 위험발생의 예견가능성이 있었고, 산업안전보건법령 소정의 조치를 취함으로써 그 위험의 회피가능성도 있었다 할 것이므로 그와 같은 산업재해예방을 위하여 필요한 주의의무를 다하지 못한 사용자는 근로자의 질환에 대하여 근로기준법이나 산업재해보상보험법 등에 의하여 보상을 받을 수 있음은 별론으로 하고 사업주로서의 불법행위법상의 책임을 면할 수 없다.'고 판시하고 있다.

120) 사용자는 당연히 그 지배관리하에 있는 생산설비, 기구, 보호구, 원료 등에서 발생할 수 있는 유해·위험을 방지하여 근로자에 대한 보호조리를

債務不履行의 傾向으로, 擧證責任을 使用者에게 負擔시키고 있으며[121] 더구나 민사배상액이 매년 높아지고 있다.[122] 이러한 배상의 고액화는 각 기업에게 산재예방활동의 중요성에 경각심을 불러일으키고 있다.

(2) 民事責任의 根據와 學說의 立場

1) 不法行爲責任

a) 민법 제756조 및 제758조의 요건에 해당하는 경우를 제외한다면, 산업재해에 대한 使用者의 損害賠償責任의 근거는 제750조에 의하여 不法行爲를 구성한다.[123] 민법 제750조를 근거로 손해배상청

강구하여야 함에도 불구하고 이를 이행하지 않아 재해가 발생한 경우에는 피재자는 민법 제390조를 채무불이행을 이유로 손해배상을 청구할 수 있다(李乙衡, 勞動法, 718면). 피재자는 재해가 사용자의 귀책사유, 즉 사용자의 고의 또는 과실로 발생한 경우에는 근로기준법상의 재해보상 외에 사용자에게 민법상의 채무불이행책임을 청구할 수 있다(민법 제390조). 일반적으로 사용자는 주된 임금지급 외에 근로자의 생명·건강·신체 등을 보호하여야 할 신의칙상의 부수적 의무, 즉 안전배려의무를 부담하여야 한다(근로기준법 제64조).

121) 松岡, 前揭書, 29面.

122) 외국에서는 산재에 대한 민사소송사건이 증가하고 배상액도 고액이 되고 있다. 예컨대, 미국에서는 작업 중 낙하물에 의해 두개골복잡골절, 좌안실명, 하반신마비, 회화불능의 경우 1＄ 800원의 계산으로 본인에게 27억 원, 부부관계 상실의 처에게 4억5천만 원 3자녀(이 중 1자녀는 당시 3개월의 태아)에 각각 4천5십만 원, 계 32억7천1백5십만 원이 지불되고 있다. 이는 우리나라로서는 상상도 할 수 없는 금액이다(李乙珩, 韓國의 産業災害豫防과 補償의 法理, 129面).

123) 근로자가 산업재해에 의하여 받은 손해의 배상을 청구하는 경우, 법리적인 근거로서 먼저 民法 제750조 이하의 不法行爲 規定이 있다. 즉, 일반

구를 하는 근로자는 사용자의 고의 및 과실을 증명하지 않으면 안된다. 이 증명을 위해서는 사고의 정확한 발생원인, 인과관계, 사용자가 취한 예방조치의 유무 등 사실의 증명이 필요하다.124)

b) 그러나 産業災害에 따른 民事訴訟의 問題는 우리나라뿐만 아니라 다른 선진국가에서도 産災補償責任과의 調整方案에 대해 어느 것을 선택하는 것이 타당한가 하는 논란을 제기하고 있다. 先進 各國의 産災補償責任과 民事責任이 병합될 때, 별도의 구제제도를 存置시키거나 竝行하는 것이 과연 타당한가, 또는 사용자의 損害賠償責任이 과연 산업재해의 예방책에 어떠한 긍정적 역할을 담당하고 있는가 등의 立法政策的인 方向을 둘러싸고 논쟁이 제기되고 있다.125)

2) 債務不履行責任

산업재해에 따른 손해의 배상은 불법행위책임 외에 채무불이행책임(민법 제390조) 즉, 불완전이행에 근거한 청구로 보는 견해이다.

규정인 民法 제750조, 使用者責任을 정한 民法 제756조, 그리고 工作物 등의 所有者 및 占有者의 責任을 정한 민법 제758조이다.

124) 대법원판례(大判 1989. 12. 12, 88다카32418)는 착암기나 록쇼벨 등 굴진작업에 사용하는 기계의 소음을 제거하거나 흡수하는 것이 기술적으로 불가능한 것이라고 하더라도 귀마개 등 보호구를 지급하고 그 착용을 독려, 감독하거나 계속작업의 시간을 당겨 조정하는 등 재해발생방지를 위한 예방조치는 가능한 것이므로 이러한 예방조치를 게을리 하였다면 불법행위의 과실책임을 면할 수 없다고 한다.

125) 특히 프랑스는 1976년 법의 심의에서 사회당은 산업재해에 따르는 사용자의 民事責任排除原則은 완전보상의 실현이 어려운 만큼 完全塡補가 실현될 수 있도록 하자는 입장을 보인 바 있다. 또한 영국은 1985년 산업재해로 인한 손해배상의 법적 근거는 불법행위책임인 「Negligence 소송」과 제정법상의 안전조치의무위반에 기초한 소송에 근거하고 있다.

사용자는 근로계약에 기초하여 근로자에게 작업상의 '安全을 配慮해야 할 義務'를 부담한다는 이론에서 출발하여 사용자가 이 의무에 위반한 결과 산업재해가 발생한 경우에 그들은 債務不履行責任을 부담한다는 입장이다. 여기에서 말하는 채무는 계약당사자가 명시적 또는 묵시적으로 예정한 것으로 인정되는 구체적인 給付義務라 할 수 있다. 따라서 원고는 구체적인 安全保護義務의 違反을 주장 내지는 입증을 하여야 한다. 이와 같은 산업재해에 따른 손해배상청구소송을 둘러싸고, 최근 일본에서는 전통적으로 산업재해의 발생에 따른 손해배상책임의 근거를 이루어 왔던 不法行爲責任 대신에 債務不履行責任을 근거로 하는 학설과 판례가 등장하였다.[126]

---

126) 일본에서 산업재해를 채무불이행책임의 이론으로 구성하게 된 계기는 다음과 같은 사회적인 배경에서 찾을 수 있다. 첫째, 산재보험제도의 정착에 따라 使用者의 釀出義務가 산업재해를 예방 내지 방지하여야 할 의무를 약화시키고 있는 것은 아닌가 하는 것이다. 즉, 全的으로 사용자 측이 부담하는 保險料에 대한 寄與度가 사용자로 하여금 책임을 다하였다는 관념을 가지게 하여 사고가 발생하면 보상으로 해결한다는 식의 논리로써 오히려 더 중요한 산업재해를 사전에 방지 및 예방하는 안전조치를 상대적으로 소홀히 한다는 것이다. 둘째, 현대 고도산업사회가 그렇듯이 새로운 산업재해 유형, 이른바 직업병 등 업무상 인정여부가 입법이나 판례에 의하여 방치되어 있는 경향이 많고, 따라서 산업재해를 당한 피해근로자들의 구제가 복잡한 산재민사소송과 결부되어 근로자 측의 자각적인 산업재해 민사소송재판에 의한 영향이 법원으로 하여금 적극적으로 새로운 이론구성을 모색토록 하였다. 셋째, 사용자의 책임확장과 피해근로자의 권리구조에 대하여 새로운 이론구성이 요구되는 것들은 주로 입증책임의 부담경감, 과실상계의 문제, 소멸시효 기간 등이다.

(3) 安全配慮義務

1) 學說의 對立

a) 産業災害에 따른 使用者의 民事責任을 전통적으로 불법행위책임으로 구성하여 오다가 最近에 이를 債務不履行責任으로 構成하는 경향이 유력하다. 이러한 이론전개의 주된 목적은 債務不履行責任으로 法律構成을 하는 것이 故意 및 過失의 證明責任을 使用者에게 轉換하고 피해자의 증명책임의 부담을 경감한다는 것과 10年의 消滅時效期間 등을 통하여 被害勤勞者에게 보다 유리한 보호에 기여하기 때문에 피해자의 권리구제에 보다 효과적이라고 보기 때문이다. 그러나 아직도 산업재해의 민사책임을 불법행위책임과 채무불이행책임 중 어느 것으로 볼 것인가에 대하여는 견해가 통일되지 않고 있다.

b) 일본에서도 전통적으로 産業災害에 따른 사용자에 대한 손해배상청구를 사용자의 不法行爲責任(日本 民法 제709조; 韓國 民法 제750조), 사용자책임(日本 民法 제715조; 韓國 民法 제756조), 공작물 등 소유자 및 점유자의 책임(日本 民法 제717조; 韓國 民法 제758조 등)을 묻는 형태로 행해지고 있었다.127) 그러다가 最近에 사용자의 勤勞契約上의 安全配慮義務(安全保護義務, 安全保證義務)의 위반이라는 형태로 사용자의 債務不履行책임을 묻는 판례가 다수 보이고 있다.128)

---

127) 판례의 전개는 西村健一郎, トィツ 勞災保險法におけ 通勤災害の 補償, シュリスト No.518, 總合勞動硏究所, 1983, 72面 이하 참조.

128) 특히 1975년 2월 25일 일본 최고재판소가 이른바 육상자위대사건의 상고

2) 安全配慮義務論의 法的 性質

우리나라에서는 아직 安全配慮義務 내지는 安全保護義務의 법적 성격 및 법적 근거에 대하여 일본과 같은 精緻한 이론은 이루어지지 않고 있다. 다만, 이러한 안전배려의무 내지는 안전의무이론의 정착 내지는 적극적인 전개에 대해서는 이론이 없는 것 같다. 그런데 이러한 안전배려의무를 인정하더라도 그것을 채무불이행책임으로 구성할 것인가, 아니면 불법행위책임으로 구성할 것인가에 대해서는 대체적으로 다음과 같은 두 가지 견해가 나누어지고 있다.[129]

심의 판결에서 국가가 공무원에 대하여 '공무원의 생명 및 건강 등을 위험으로부터 보호하도록 배려해야 할 의무' 즉, 안전배려의무를 부담하고 있다는 것을 인정하였다. 또한 동 판례는 '위와 같은 안전배려의무는 어느 법률관계에 기초한 특별한 사회적 접촉관계에 들어온 당사자 간에 당해 법률관계의 부수의무로서 당사자의 일방 또는 쌍방이 상대방에 대하여 신의칙상 부담하는 의무로서 일반적으로 인정되어야 하는 것이고, 국가와 공무원 사이에 있어서도 달리 해석해야 할 근거는 없다'고 함으로써 이후의 산재민사소송은 물론 학설과 함께 오늘날 일본의 산업재해민사소송제도에 커다란 영향을 주고 있다고 한다. 일본에서는 위의 1975년 최고재판소의 판결로 10년의 소멸시효 기간이라는 장점을 누리면서 산업재해민사소송은 사용자의 채무불이행책임을 묻는 소송사건이 증가하였다. 이렇게 급작스럽게 늘어난 수많은 산업재해소송사건을 두고 일본 재판부나 학설이 자구책으로서 얼마나 깊은 고민을 하였는가는 짐작이 가고도 남는다(西村健一郎, 前揭書, 92面).

129) 안전배려의무의 법적 성질을 채무법적으로 보는 견해와 산업안전보건법상의 측면에서 파악하는 견해로서 법정의무로 보는 견해와 근로계약상의 의무로 보는 견해로 구분하기도 한다. 특히 법정의무는 단속법적 성격을 지니므로 공법적 효과를 지닌다(金成煥, '産業災害와 損害賠償에 관한 考察', 勞動法과 社會正義, 政波裵柄于博士華甲記念論文集, 1994, 217面).

① 不法行爲責任으로 構成하는 立場

a) 채무불이행책임은 계약의 주된 채무의 불이행에 대한 손해배상을 위한 제도이며, 부수의무인 保護義務違反으로 인한 人體損害는 불법행위책임으로 배상되어야 할 사항이다. 사용자의 안전의무는 근로계약의 주된 채무가 아니고 附隨義務에 불과하기 때문에 그의 위반으로 인한 손해는 불법행위책임의 문제로 되고, 단지 그 책임요건인 과실과 위법성을 판단함에 있어서 安全義務의 違反與否가 문제될 따름이다.

b) 일본의 民法과 한국의 民法은 불법행위책임의 규정이 다르다. 일본은 권리침해를 不法行爲責任의 요건으로 하고 있기 때문에 업무상 재해만으로는 곧 그 권리침해의 요건을 충족시키지 않는 경우가 있다. 그러나 한국 民法上 不法行爲責任規定은 違法性이라는 보다 포괄적인 개념을 도입하고 있기 때문에 安全義務違反의 경우 과실과 더불어 위법성의 요건을 충족시킨다. 이와 같이 한국의 民法에서는 불법행위책임을 회피할 이유가 일본보다 적으며, 산업재해에 대하여 債務不履行責任의 導入은 民事責任의 兩大體系와 調和되지 않고 또한 그렇게 변칙적으로 처리해야 할 당위성 및 필요성이 적다.130)

c) 그러나 獨逸에서는 불법행위에 속할 사건이 債務不履行責任으로 流入됨으로써 채무불이행책임의 구성이 불필요하게 복잡해지고 책임법의 체계가 혼란하게 되는 것을 막기 위하여 채무불이행책임을 순수한 계약책임으로 순화시키자는 주장이 있었다. 그의 일환으로서 配慮義務違反을 積極的 債權侵害로 처리한 사건들에 대하여

---

130) 李銀榮, 産業災害와 安全義務, 人權과 正義(1991. 9월호), 28~29面.

88

과연 債務不履行責任으로 처리하는 것이 정당했던가를 다시 검토한
다는 논의도 있었다.[131]

d) 대법원은 安全配慮義務 내지 安全保護義務를 인정한 판례를
보면 '절단기(프레스)를 사용하여 인형을 제조하는 업체는……사고
의 위험이 수반하므로……企業主는……안전사고방지를 위한 제반조
치를 강구할 의무가 있다'함으로써[132] 不法行爲責任을 認定하였고,
'근로자로 하여금 인체에 유해한 강렬한 소음이 발생하는……막장에
서 작업을 하게 하는 作業主로서는……산업재해의 위험으로부터 안
전하게 보호하여야 할 의무를 부담하는바, ……'라고 判示함으로
써[133] 역시 安全義務違反으로 인한 不法行爲責任을 인정하였다.

② 債務不履行責任으로 構成하는 立場

a) 일반적으로 사용자는 주된 임금지급의무 이외에 근로자의 생
명·신체·건강 등을 보호하여야 할 信義則上의 附隨的 義務, 즉 安
全配慮義務를 부담한다. 그러므로 사용자가 안전의무를 위반하여 근
로자에게 손해(재해)를 발생케 한 경우에는 債務不履行責任을 져야
한다. 이때 피해근로자는 손해가 사용자에 의한 안전배려의무위반으
로 발생하였다는 사실만을 입증하면 된다.

b) 반면에 사용자는 근로자의 주장에 따른 책임을 면하기 위하여
安全配慮義務가 존재하지 않는다는 사실, 안전배려의무에 따른 제반

---

131) 李銀榮, 債權總論, 博英社, 1995, 170~178面에서는 채무불이행책임에서
　　　보호의무를 배제하자는 이른바, '保護義務排除說'과 그를 둘러싼 이론적
　　　인 동향에 대해서 상세히 설명하고 있다.
132) 大判 1982. 12. 18, 82다카562.
133) 大判 1989. 8. 8, 88다33190.

조치를 모두 이행하였다는 사실 또는 발생한 재해가 근로자 자신의 歸責事由 또는 不可抗力과 같은 事由에 의하여 발생하였다는 사실 등을 입증하여야 된다.

c) 종래 산업재해에 대한 사용자의 안전배려의무는 산재예방을 위한 産業安全保健法上의 안전과 보건에 관한 규정과 같은 勞動保護法(근로기준법)상의 의무로 이해되어[134] 행정감독이 강조되고 행정명령에 대한 벌금을 부과하는 데 지나지 않았다.[135] 그러나 최근의 학설은 사용자의 안전배려의무를 계약상의 의무내용으로 보고 이를 위반할 때 배상의무가 있다고 한다.[136]

d) 독일에서는 안전·배려의무를 債務不履行責任으로 구성하자는 취지에서 불법행위법에 의한 구제상의 장벽(사용자책임에 있어서의 면책가능성, 단기소멸시효)을 회피하고, 契約責任에 의한 理論構成(이행보조자의 고의·과실에 대해서는 채무자가 면책될 수 없고. 소멸시효가 장기임)에 의하여 피해자를 두텁게 보호하기 위한 것이라는 주장을 하고 있다.[137]

e) 안전배려의무의 기능은 契約關係를 媒介로 하여 계약상의 信義則에 따라 作爲義務를 形成하고 가해자인 使用者의 不作爲를 債務不履行의 배상책임에 연결시키는 역할을 하는 것이다. 결론적으로 불법행위에 있어서 위법성의 전제로서 작위의무의 근거는 법령상 또는 계

---

134) 金亨培, 新訂版 勞動法, 博英社, 2001, 242~244面.
135) 李鎬俊, '産災·職業病에 대한 使用者의 民事責任論－不法行爲責任構成과 債務不履行責任構成의 比較', 國際化時代의 勞動法의 課題(佳山 金致善博士古稀記念論文集), 博英社, 1994.
136) 平田秀光, '勞動災害にける 安全保護義務再論(一)', 勞動判例(第295號), 4面.
137) 金亨培, 債權總論, 博英社, 1999, 232面.

약상의 것 이외에 광범위하게 사회상규나 신의칙에도 있다는 계약상의 작위의무 즉, 安全配慮義務에 위반하는 경우에는 불법행위의 성립 이전에 債務不履行으로 인한 損害賠償請求가 가능하다.[138]

③ 私 見

a) 債務不履行責任理論이 주장되는 이유는 불법행위책임의 이론구성보다 立證責任上의 負擔輕減 및 消滅時效期間이 有利하기 때문이다. 원래 채무불이행책임은 이행지체, 이행불능, 불완전이행 등으로 나눌 수 있는데, 安全配慮義務違反은 위의 세 가지 형태 중 不完全履行으로 보고 있다.[139]

b) 通說에 따른다면 불완전이행의 경우 산업재해 시 귀책사유의 입증책임은 피해자가 부담하게 되므로 給付의 不完全과 歸責事由의 증명은 거의 차이가 없다는 것을 알 수 있다. 그러나 불법행위책임과 대비한 채무불이행책임의 구체적인 적용에 들어가면 예컨대, 하도급 및 이행보조자의 이론구성, 과실상계의 가능여부, 遲延損害金의 발생 시기라는 문제가 발생한다.[140]

c) 특히 履行補助者에 의한 가해의 경우 責任의 問題, 遺族固有의 慰藉料請求權의 問題 및 손해배상채무가 遲滯에 빠지는 始期 등

---

138) 李尙遠, ‘産業災害訴訟에 있어서 法理構成에 관한 몇 가지 問題, 法曹, 1989. 12月號, 43~44面.
139) 日本 最高裁 1981. 2. 16, 判決, 民集 第36卷 1號, 56面.
140) 대법원 판례(1992. 5. 22 선고 91다41880)는 신체의 상해로 인한 손해배상청구권은 일반적인 계약상의 채무불이행에 의한 손해와 달라서 그 손해의 내용, 태양 등을 미리부터 예상하기 어려울 뿐만 아니라 채무불이행의 시점에 손해발생의 시점 사이에 시간적 간격이 있는 경우가 많으므로 이러한 경우 민법 제166조의 ‘권리를 행사 할 수 있는 때’란 객관적, 구체적으로 손해가 발생된 때라고 보는 것이 타당하다고 판시하고 있다.

과 관련하여 오히려 불법행위책임보다 불리한 결과도 초래할 수 있다는 지적이 많다.141) 최근 빠른 속도로 안전보호의무 내지는 안전배려의무의 수용되는 것은 산업사회의 새로운 유형의 산업재해에 대처하기 위하여 필요한 개념이라 생각한다.142)

2. 都給人과 受給人의 責任分配

(1) 都給人의 責任과 受給人의 責任

1) 都給人의 責任論

a) 都給이란 당사자의 일방(受給人)이 어느 일을 완성할 것을 약정하고 상대방(都給人)이 그 일의 結果에 대하여 報酬를 支給할 것을 約定함으로써 성립하는 契約이다(民法 제664조). 도로·다리·철

---

141) 李尙遠, 前揭論文에서는 日本判例를 들어 상세히 설명하고 있으므로 이를 참고하면 유익하다; 韓正鉉, '産災補償과 損害賠償과의 關係', 誠軒 黃迪仁博士 華甲記念論文集, 1990, 573面; 이호 준, '産災職業病에 대한 使用者의 民事責任論', 佳山 金致善博士 古稀記念論文, 國際化時代의 勞動法의 課題, 博英社, 1994, 362~408面.

142) 다만, 소멸시효 기간의 문제를 제외하고는 채무불이행책임구성과 불법행위책임구성 중 어느 것이 訴訟遂行上 有利하다고 判斷되는가는 그리 쉽지 않다. 또한 민사책임법 체계의 正合性을 강조하는 입장도 유력하게 전개되고 있기도 하다. 따라서 산업재해에 따른 민사책임을 채무불이행책임으로 구성할 것인가, 아니면 불법행위책임으로 구성할 것인가에 대해서는 앞으로 보다 더 정밀한 검토가 있어야 할 것이다(金致善·李相德·李相熙, '産業災害補償法制와 法理의 再考'-比較法的 硏究를 中心으로, 社團法人 韓國勞使發展硏究院, 1995, 127~130面).

도·건물 등의 축조를 목적으로 하는 토목공사의 도급이 도급계약의 대표적인 것이지만, 선박건조의 도급, 물품의 제조가공 및 수리의 도급, 인쇄·출판의 도급·주문복의 완성의 도급, 가구의 수선이나 세탁의 도급 등 그 내용은 다양하다.143)

b) 民法上 雇傭契約이나 勞動法上 勤勞契約은 근로의 제공 즉 勞務提供에 중점을 두며, 사용자의 指揮命令을 받는 데 반하여, 都給은 일의 완성을 목적으로 하고 수급인의 노무를 제공하더라도 이는 일을 완성하기 위한 수단에 지나지 않는다. 그럼에도 下都給關係에서 도급인의 주문이나 지시에 따라 수급인이 노무를 제공하거나 수급인의 산재예방방지대책이 미흡한 사업장에서 재해가 발생한 경우에 都給人 또는 發注者라는 이유만으로 재해발생에 따른 모든 책임이 면책되는가, 아니면 수급인이 災害發生原因의 여하에 상관없이 모든 책임을 부담하는가 하는 것을 살펴볼 필요가 있다.

c) 물론 건설업에 있어 공사 시공상 施工責任을 지고 있는 建設工事의 完成責任은 수급인에게 있다는 것은 말할 것도 없다. 그러나 오늘날 건설업은 공사 시공에서의 막대한 영향력을 가지며, 건설물의 건축에 있어서 지질의 조사로부터 설계도의 작성, 공사의 가설비 및 본 공사설비, 공사에 사용하는 주요 건설장비 등 다방면에 걸친 지시·감독의 양상을 고려할 때 공공단체나 도급인에게 전혀 損害賠償責任이나 災害防止責任을 묻지 않고 면책하는 것은 공정성이 없게 된다. 이러한 측면에서 도급인의 책임의 강화와 하도급관계에서의 손해배상책임을 어떠한 근거에 의하여 누가 책임을 질 것인가,

---

143) 金疇洙, 債權各論, 三英社, 1993. 352면 이하 참조.

책임을 지게 된다면 책임의 危險負擔分은 어떻게 分擔시킬 것인가
를 논의할 필요가 있다.

  2) 受給人의 責任

  a) 대규모의 복잡한 土木·建設工事와는 달리 굴삭공사는 지극히
단순한 작업을 내용으로 하는 것이므로 시공자인 원수급인 또는 하
수급인은 작업상황에 따라서 직접적 구체적인 安全措置를 취하는
것이 현실적으로 가능하다. 따라서 시공자인 수급인 측은 都給人이
제시한 設計圖面대로의 공사를 수행한 원인에 의하여 사고가 발생
한 경우에 책임을 발주자인 도급인 측에 전가할 수 없다.

  b) 安全配慮義務의 分配理論은 기획시공, 시공의 각 단계에 다수
자가 관여하는 경우에 발생한 재해에 대하여 발주자인 도급인과 시
공자인 수급인(원수급인 및 하수급인)과의 사이에 그 책임을 어떻
게 분배할 것인가를 논의하는 것이라고 할 수 있다. 이 이론은 공사
의 안전시공을 위하여 관계자들이 각각의 직책에 대하여 안전배려
의무, 事故回避義務를 分配하고 그 책임을 성실히 이행할 것을 전제
로 하므로 재해발생의 원인이 이에 기초한 경우에는 業務上 過失責
任이 성립된다고 보아 그 책임을 분배하고자 하는 것이다.

  c) 안전배려의무가 인정되는 사유는 첫째, 施工者인 수급인으로
하여금 설계도면에 나타난 地質과 現場의 실정이 다를 때, 掘鑿工事
근처에 崩壞 또는 破損의 우려가 있는 構造物이 있을 때, 굴착공사
중 自然崩壞 등이 발생한 경우에 감독자인 도급인에게 보고한 의무
를 정하는 경우가 있다. 둘째 감독자인 도급인은 시공자에 대하여
필요한 때에는 設計變更을 해서 보강과 방호공사를 시행하도록 지

94

시하고 그 시공자는 이 경우 지시에 따를 의무를 설정하며, 셋째 시
공자인 수급인이 재해방지를 위하여 필요가 있다고 인정할 때에는
임시의 조치를 취할 수 있는 의무를 설정하거나 감독자가 그 상황
을 판단하여 필요한 조치를 취하도록 하는 경우를 들 수 있다.

d) 이때에는 작업의 성격과 경험, 災害回避努力義務와 責任의 範
圍, 공사 시공상의 협력관계 등을 고려하여 安全配慮義務의 分配理
論을 적용하여야 한다. 이와 같은 경우에는 발주자인 도급인의 경우
에도 재해보상책임을 부담하게 된다고 생각한다.

(2) 都給人의 指示·監督과 民事賠償責任

a) 일반적으로 都給人으로부터 일정의 공사를 都給받은 建設業者
가 스스로 현장대리인과 기술자를 선임해서 그 監督·指示와 함께
공사를 시공하는 경우에 그 작업현장에 있어 安全管理의 主意義務
를 지는 자는 직접적으로 現場代理人과 技術者라고 할 수 있다. 경
우에 따라서는 그 책임이 좀 더 확대되어 이들의 아래에서 指揮·
監督權을 행사하는 受給人側의 담당자의 범위까지 책임이 미치게
되나, 도급인에게까지 영향을 미치는 것은 아니라는 견해가 일반적
이며, 특별한 사정이 없는 한 都給人은 事故防止責任에 대한 의무가
없으므로 民事上 賠償責任이 免責된다.[144] 따라서 설계상 및 시공

---

144) 건설공사에서 도급인은 건설공사를 발주한 것에 불과하고, 하도급을 받은
　　수급인의 책임에 의하여 모든 공사를 완성시키게 된다. 수급인의 근로자가
　　사고를 당하여 재해를 입은 경우에는 공사 시공을 맡은 수급인의 책임에 한
　　정된다는 것이 종래의 견해이다. 이 경우에 도급인은 수급인을 선임하여 사
　　용하는 것이고 수급인은 독립하여 일종의 사업을 경영하는 것이므로 도급

상의 과실이 긍정되지 않는 이상 감독상의 과실을 논하기에 앞서 배상책임을 묻지 않는 것이 명백하다고 하더라도 도급인이 공사의 계약 및 이에 부수한 지시를 하는 데 국한하지 않고 위험한 내용만을 지시하여 재해가 발생한 경우에는 배상책임이 따르게 된다.

b) 그러나 도급인이 공사의 시공에 대한 감독을 함에 있어 시공상의 안전을 해치는 두려움이 있는 위험한 지시를 한 경우가 아닌 한 주의의무를 가지고 적절한 지시·감독을 한 경우에는 그 책임이 면책된다. 이 경우 指示監督은 수급인이나 그의 현장대리인이 시공하는 공사내용이 도급인이 지시했던 도면 또는 시방서에 적합한지의 여부, 자재의 품질, 규격, 수량 등에는 문제가 없는지 공사기간에 부적당한 점은 없는지를 수시 감독할 수 있고, 부적당한 점이 있는 때에는 그 시기를 잃지 않고 改善措置를 명할 수 있도록 하는 것을 말한다.

c) 이것은 도급인의 이익이 工事管理의 瑕疵로 인하여 손실이 발생할 것을 예방하고자 하는 품질관리의 일환이라고 생각한다.[145] 이때 공사의 기획·설계·시공의 각 단계에서 다수자가 관여해 공사를 행하는 경우에는 근로자의 안전배려의무 또는 事故의 發生回

인이 계약당사자가 아닌 제3자인 피해근로자에 대하여 손해를 주었다고 할 수 없으므로 도급인에게는 민사배상책임이 없다는 의미이다.

145) 하도급관계에서 볼 때 原受給人이 수도관 매설공사를 위해 하수구 굴착 작업을 하수급인에게 2次 下都給을 준 경우에 있어 현장작업인부인 근로자 3명이 그 작업에 기인한 지반붕괴에 의해 손괴된 민가의 벽돌담에 깔려 사망한 사건에 대하여 2차 도급인으로서 원수급인 회사의 현장책임자 및 시공자인 2차 하수급인 시공자에 대하여 근로자의 안전상의 事故를 回避하여야 할 主意義務에 위반한 과실이 있다고 보아「業務上 過失致死罪」의 刑事責任을 물은 사례도 있다(후쿠오사카시 水道局 災害事件).

96

避義務는 직책에 의해 각 관계자 사이에 분배되고, 기본적 제1차적인 주의의무는 發注者인 도급인 측의 設計者 및 監督者에게 있으며 시공자 측의 注意義務는 보충적, 제2차적인 것이라고 한다.

(3) 都給人의 設計上 瑕疵로 인한 賠償責任

1) 設計段階의 技術的 失手에 의한 災害發生責任

a) 국가나 지방차지단체, 정부투자기관 등이 國家基幹事業의 일환으로 건설공사를 발주하는 경우에 都給人으로서 監督機關인 發注者의 공사기획, 설계상의 업무는 安全配慮義務와 관련하여 중요한 비중을 차지한다. 이 경우에 안전배려의무와 책임의 分配範圍內에서 의무를 성실히 수행하고 있으면 공사 중 安全災害賠償責任이 면제된다.146) 그러나 設計段階에서 發注者側의 技術的인 失手가 발생하였고 이로 인하여 근로자가 재해를 당한 경우에는 損害賠償責任을 물을 수 있다고 생각한다.

b) 發電所와 댐 등의 建設工事나 土木工事 등과 같이 공사내용이 대규모이고 복잡한 경우에는 發注者는 各種 工法을 구사하고 多數의 作業員, 몇 개의 공정·현장으로 나눠서 작업을 분배시키거나 고도의 기술적 설계 이외에 전문적 기술과 경험에 기초한 施工方法과

---

146) 일부 판례와 이론에 관한 자세한 것은 日本의 學者, 安西愈. 建設勞動災害と 發注者의 責任, 勞動基準調査會, 1997, 83面 이하를 참조하기 바란다. 본서는 최근의 일본판례가 도급인에게 안전배려의무 및 産業安全衛生法에 의거하여 발주자의 일정한 행위에 대하여 민사책임과 형사책임을 인정하고 시공자인 하수급인과 위험책임을 분배할 책임에 관하여 소개하고 있다.

공사에 사용하는 자재, 그 품질의 정도까지도 상세히 지정하는 것이 일반적이다.147) 이러한 경우 설계기술상의 실수로 인하여 도면에 의한 굴삭공사를 하였음에도 불구하고 토사의 붕괴가 원인이 되어 재해가 발생하였다면 발주자에게 제1차적인 책임이 있게 된다.

2) 設計段階에서 現場狀況과 設計上의 瑕疵

a) 설계단계의 안전배려의무는 發注者側에 있고 시공하는 수급인은 설계도에 구속되고 그 설계도에 따라 공사를 시공하면 賠償責任은 지지 않는다. 그러나 工事現場의 상황과 현장의 실정을 파악하지 않고 設計圖를 作成하여 공사의 성질상 공사의 施工狀況에 따라 수정하지 않으면 안 된다. 이와 같은 경우에 공사의 시공자는 설계도의 충실한 이행의무를 완수하는 것으로부터 설계에 있어 시행상의 안전이 확보되지 않으면 안 된다.

b) 설계자가 설계단계에서 現場狀況을 충분히 파악하지 아니하고 설계를 하여 시공자가 설계도에 따라 공사를 하던 중 발생한 재해는 발주자가 책임을 져야 한다. 그러나 屈削工事는 그 성질상 설계에 해당된 공사구역인 전역에 현장의 토질 등 상황을 조사하고 이것을 정확하게 파악하는 것은 불가능한 경우가 있다. 이때 설계자는 어느 정도 예상으로 시행의 단계에서 현장의 실정에 맞추어 이것을 수정해 가는 태세를 취하지 않으면 안 되므로 施工者側의 능력에 맞는 한도에서 안전배려의무를 부담시켜야 한다.148)

---

147) 日本 福岡高裁, 1986. 5. 26, 古屋工業所事件.
148) 日本 福岡地裁, 1988. 3. 16. 古屋工業所事件.

(4) 數次의 下都給人과 賠償責任

a) 原受給人은 도급받은 모든 일을 自己責任下에 완성하는 것이 원칙이나 工事規模, 完成始期, 適切한 裝備 또는 施設의 未保有, 공사부분의 일부설치를 위한 전문인력이나 기술상의 이유로 도급부분의 일부를 수급인에게 다시 下都給을 주는 것이 효율적인 경우가 많다. 이때 하도급이 수차례에 걸쳐 이루어지는 단계별 下都給人을 1차 하수급인, 2차 하수급인 등으로 불려진다.[149]

b) 원칙적으로 産災事故가 발생한 경우에는 사용자의 안전배려의무에 기초하여 근로자를 직접 고용하고 있는 당해 수급인에게 그 책임을 물어야 한다. 따라서 근로자를 고용하고 있는 당해 수급인은 근로자를 지휘·감독하며 노무를 수령하고, 근로자의 災害發生의 防止를 위하여 적절한 作業方法의 選擇, 作業工程의 調節, 有害危險의 豫防措置 등을 강구하여야 한다.

c) 또한 하수급인은 자기 책임하에 있는 근로자가 작업하는 과정에서 다른 동료근로자에게 사고를 발생시킬 개연성이 있으므로 사전에 안전·보건교육, 안전상의 신호체계, 시설물의 설치 및 관리상의 주의사항 등을 준수하도록 지시·감독할 필요가 있다.

하수급인이 하도급공사를 수행하는 과정에서 이와 같은 産業安全

---

149) 수차의 하도급관계하에서 재해가 발생한 경우에 대하여 근로기준법 제93조는 근로자를 직접 고용하고 있는 하수급인 이외에 직상수급인에게 일정한 책임하에 재해보상책임을 물을 수 있는 귀책구조를 명시하고 있다. 이것은 사용자의 안전배려의무에 기초하여 직상수급인에게 재해보상책임을 연대하여 묻고자하는 규정이라고 해석된다. 그러나 민사상 손해배상책임에 대하여는 직접적으로 명문화한 규정이 없으므로 이에 대한 배상책임의 근거는 무엇인가 논의할 필요가 있다.

保健上의 各種義務 즉, 안전배려의무를 태만히 한 경우에는 산재사고의 발생원인에 따라 債務不履行責任 또는 不法行爲責任을 구성하여 損害賠償責任을 지게 된다. 이 경우 배상책임의 당사자는 당해 하수급인이다. 그러나 재해의 발생원인이 直上受給人의 지휘·명령이나 복수의 下受給人의 지휘·명령책임과 복합적으로 관련된 경우에는 직상수급인이나 다른 하수급인도 손해배상책임이 성립한다. 다만, 직상수급인이나 원수급인은 下受給人에 대하여 도급인과 같이 지시·감독을 하는 정도에 불과한 경우에는 그 책임을 물을 수 없는 것이 원칙이나, 도급공사의 계약형식에 상관없이 실제상 하수급인이나 그의 피용인인 근로자에 대하여 지휘명령을 하였을 때에는 民法 제757조에 의해 賠償責任을 물을 수 있다.150)

이 경우 배상책임의 분담은 安全配慮義務의 分配理論에 의하여야 한다. 직상수급인이나 원수급인이 지시감독책임의 범위를 넘어 하수급인 및 그의 근로자에게 지휘명령을 한 경우에는 使用從屬關係가 擴大되어 직상수급인과 원수급인에게 민법 제756조에 의하여 使用者責任을 지게 된다.

---

150) 大判 1972. 1. 31, 71다2370.

Ⅳ. 産災補償責任의 獨自性

1. 獨自性에 대한 論議

a) 원칙적으로 사업주의 재해보상책임은 근로계약에 근거한 個別 責任方式으로 시민법상의 무과실책임이론의 발전과 밀접한 관련을 가지고 있다. 그러나 근로조건의 기본적 보장이라는 憲法 제32조 제3항에 내재하는 生存權的 基本權의 일환으로 인정되는 補償請求權151)의 전제로서 産災補償責任의 구체화는 사회보장적인 특질을 구성하고 있다.152)

b) 산재보상책임은 사업주의 개별적·직접적인 보상책임을 위험분산원리에 따라 사회보험방식에 의한 集團的·間接的인 補償責任方式으로 轉換한 것이다. 근로기준법에 의한 災害補償責任이나 산재보상보험법에 의한 産災補償責任은 생존권보장을 공통이념으로 하고, 훼손된 노동력의 회복과 근로자 및 그 가족의 생계보장을 목적으로 한다.

c) 산재보상책임은 不法行爲理論이나 無過失責任理論의 延長線上에서만 논하는 것은 不充分하고, 새로운 입장에서 그 獨自性을 논할

---

151) 이러한 보상청구권은 사법이나 공법과 구별되는 사회법상의 독자적인 청구권이라 할 수 있다. 따라서 개인법리의 범위를 넘는 사회법적 측면을 지니고, 근로관계에 특유한 법 현상으로서 생존권보장을 실현하기 위한 수단으로 보아야 한다.

152) 이러한 특질은 무과실책임주의에 따른 과실상계의 불인정, 보상유형의 정형화 및 보험급여의 정률보상방식, 국가에 의한 운영 및 보조 등의 측면에서 다양하게 나타난다.

필요가 있다. 이러한 이유로 산재보상책임은 民法上의 損害賠償責任
과는 이질적인 것으로 생존권이념에 입각한 독자적인 보상책임으로
보아야 한다. 이에 대한 학설은 첫째, 契約勞動關係에 내재하는 사
용자의 社會法的인 責任이론으로서 구성하는 견해와 둘째, 근로자의
生活保障에 목적과 기능을 중시하는 生存保障理論으로서 구성하는
두 개의 조류가 나오고 있다.

　d) 産災補償責任의 獨自性은 원리적으로는 서로 대립하는 것은
아니고 보상책임의 본질에 대하여 이윤증식을 목적으로 하는 기
업활동이 내포하는 「危險責任負擔」이라고 하는 관점에서 보는가,
근로관계에 있는 근로자의 「生存保障責任」이라고 하는 관점에서 보
는가의 차이에 불과하다.153) 후자는 근로관계의 특수한 法構造와
연결된 산재보상책임의 社會法的 特質을 명백히 하는 것이다.

2. 産災補償責任의 法的 性質

　a) 산재보상책임의 독자성과 관련하여 논의가 되는 학설은 손해
배상설, 손실전보설, 생활보장설로 다음과 같이 구분된다.

---

153) 産災補償責任의 獨自性을 논함에 있어서 중요한 문제는 첫째, 補償責任
　　의 主體를 이해하고 주체를 규명하는 논거를 밝히는 것이며, 둘째, 補償
　　責任의 性質을 규명하는 손해배상이론에서 발전한 손실전보의 이론, 생
　　활보장이론의 성격과 근거를 밝히고, 셋째, 安全配慮義務와 契約責任, 危
　　險責任 등의 性質과 範圍를 糾明하여 그 責任을 어떻게 歸屬시킬 것인가
　　하는 것이다. 특히 업무상 재해의 원인을 규명하는 것은 보상이나 배상
　　의 책임과 범위를 정하는 기준이 된다. 또한 업무의 내용과 재해와의 관
　　계를 밝히는 것은 사용자에게 산재보상책임을 부담하게 하는 판단의 한
　　요소로써 작용한다.

102

첫째, 特殊損害賠償說은 종래의 不法行爲理論에서 질적 발전을 한 이론구성을 취하면서 역시 손해배상이론을 기초로 하여 理論構成을 하려는 것으로써 산업재해는 사용자가 발생하게 한 것이며, 이로 인한 손해는 마땅히 사용자에 의해서 보상되어야 한다는 觀念에 바탕을 둔 것이다.154) 이런 견해는 오늘날에 있어서는 거의 소멸된 것이다. 이러한 특수한 형태의 損害賠償說은 無過失損害賠償의 法理로써 파악함으로써 산업재해에 대한 법리를 傳統的인 過失主義로부터 분리하여, 그의 특질을 명확하게 드러낸 점에서는 높이 평가할 만하다. 그러나 산재법의 구조와 그 전개요인을 논리적으로 밝혀내는 데는 미흡한 견해라 본다. 재해발생과 보상의 책임은 사용자에게 있으며, 따라서 보상에는 賠償的 要素가 포함되어 있다는 것을 강조하는 이론을 통해 남아 있다고 볼 수 있다.

둘째, 損失塡補說은 산재법의 본질을 勤勞關係의 法構造에 기초를 두고 설명하려는 것으로 근로조건보호설이라고도 한다.155) 이 견해를 주장하는 학자들의 견해는 다양하지만 개괄적으로 말하여, 공통적인 것은 우선 災害의 特質을 자본과 노동력의 소유가 분리되는 資本主義體制下에서 노동력을 지배하는 근대적 노사관계의 구조 자체에 내포하고 있는 위험에서 구하고, 그에 대한 補償責任을 노사관계에 관련시켜 명확하게 하려는 것이라고 할 수 있다. 즉, 사용자와 근로자 사이에 존재하는 支配從屬關係에 基礎하는 勞動法上의

---

154) 金振雄, '現行勞動災害補償制度와 法的 性格', 勞動法과 勞動政策, 日新社, 1985, 352面; 金敎淑, '産災補償의 法理論', 新世紀 勞動法의 展開(雨田李炳泰 敎授華甲記念論文集), 大田書籍, 1996, 475~476面.
155) 金振雄, '現行勞動災害補償制度의 法的 性格', 355面.

責任이라는 「노동의 종속성」156) 이론에 기초하고 있는 것이다.157)

Paulvic에 의하면 기업활동은 필연적으로 근로자로 하여금 불가피하게 위험에 직면하게 하므로 산업재해는 근로자의 직업에 부수되는 위험이라 하고, 이러한 위험이 산업재해로서 현실화하였을 때에는 기업경영에 의하여 위험을 발생시키며, 이로부터 이익을 얻는 자는 자기의 과실 유무에 불구하고 피해근로자에 대한 보상을 부담하는 것이 옳다고 주장한다.

이것은 보통 「職業危險論」이라고 하는데 이후 여러 국가에 많은 영향을 미쳤으며 일본의 학설도 이를 수용한 것으로 보여 진다. 그리고 보면 산재보상보험법은 근로자들의 노동운동을 통한 시민법원리의 수정노력과 노동력의 보존이라는 總體資本의 合理性이라는 요청의 지지를 받아 국가법의 양보로서 받아낸 것이라는 특색을 지닌 것으로 평가되고 있다.

---

156) 이것은 勞動法의 通說的 定義인 「從屬勞動說」에 對應하는 것이었다. 이러한 吾妻光俊 교수의 견해는 1945년대에 발표된 것이지만 이후의 학설에 커다란 영향을 끼쳤다.

157) 일본 吾妻光俊 교수의 견해에 의하면 사용자의 지배하에서 즉, 지휘명령 하에 있는 노동력에 대해 그 지배관계에 수반하는 위험 즉, 주로 사용자의 노동지배의 원천으로서의 생산수단의 소유로부터 오는 위험이 현실화하고 재해가 발생하여 근로자가 재해를 입은 경우에는 사용자는 그 책임을 부담하는 것이 형평의 원칙으로 보아 올바르다고 판단한다. 이렇게 산재보상책임의 근거를 노사간의 사용종속관계에서 구하는 것은 노동법의 통설적 정의인 「종속노동설」에 대응하는 것이었다. 따라서 이 종속노동설은 일본의 행정해석에 있어서도 채용되고 그 업무상 재해의 인정기준에 이론적 기초를 제공하고 있으며 실무에 대해서도 결정적인 영향을 주기에 이르렀다(保原喜志夫, 勞災補償責任의 法的性格, 現代勞動法講座 12 : 日本勞動法學會, 1983, 227~278面).

104

셋째, 生活保障說은 재해의 결과가 미치는 근로자의 生活面에 重
點을 두고 보상책임을 규정하고, 그 본질을 국가 자체의 생활보장의
무에서 구하여 社會保障制度의 일환으로 産災補償責任을 파악하려
는 것이다.158) 이것은 산업재해를 피해근로자의 노동력의 훼손으로
서의 면보다도 생활주체로서의 근로자의 생활위험이 한 양태로써
파악한다. 따라서 산재보상책임은 근로자의 損失의 原狀回復的 塡補
를 통해 근로자의 生活保障에 寄與하는 것이 아니고, 勞動障害나 勞
動不能을 일으킨 全 期間의 생활보장이라는 것에 그 목적을 두고
있다.159)

b) 오늘날 산업재해는 기업차원의 안전보건시설의 기술적 기량에
의해서도 방지할 수 없는 경우가 적지 않고, 勤勞關係上의 災害危險
을 모두 개별자본의 책임에 귀속시키는 것이 타당하지 않은 경우가
많기 때문이다. 여기에 개별자본의 補償責任으로부터 資本總體의 補
償責任을 認定하는 입장으로 재해보상책임의 법리를 구성하는 것이
타당하다는 점이 있게 된다. 이 견해는 다시 단체부양설, 근로권설,
생존권설로 구분된다.

첫째, 團體扶養說은 산재보상책임의 社會法的 性格을 강조하고
있는 학설로서 근로자에게도 사회인으로서의 인간다운 생활이 근로
관계에 의하여 유지될 것을 전제로 한다. 따라서 被害勤勞者의 不利
益은 생산조직에서 이를 전보할 책임이 있고 생산조직의 주체가 부

---

158) 金振雄, '現行勞動災害補償制度와 法的 性格', 355~356면.
159) 窪田準人, '災害補償の 今後の 問題, 現代勞動問題講座 6, 有斐閣, 1972,
    307面; 林迪廣, 災害補償責任の 法的性質, 新勞動法講座 8, 有斐閣, 1973
    을 참조할 것.

양받을 권리를 가지고 있으며, 그 부양관계는 근로의 자유를 전제로
하는 근로계약관계에 입각한 社會的 扶養이라고 한다.160) 왜냐하면
현실적인 근로관계의 내용이 근로자의 생활을 충분히 보장하고 있
지 않는 이상, 산업재해에 의한 피해근로자를 부양해야 할 자는 그
노동력을 사용하고 있는 기업경영체일 수밖에 없기 때문이다. 이 설
은 보상의 특질을 명확하게 파악하고, 산재보상의 構造的 側面을 體
系化하고 있지만, 보상책임의 구체적인 문제에 관하여 해석론이 없
기 때문에 어떻게 구체화되어 있는지에 관하여 명확하지 못하다는
단점이 있다.

둘째, 勤勞權說은 취로상태를 불가능하게 하는 勞動力의 毁損은
피해근로자의 生存權侵害이므로 그 침해에 대하여 勤勞權保障에 기
한 補償責任이 인정되어야 한다고 주장한다. 따라서 근로권상의 구
체화에 의하여 근로계약상 당연히 사용자에게 보상책임을 인정한다
는 思考方式이 그 기초가 되어 있다.

이것은 사용자의 보상근거를 근로권보장에 두면서 근로계약관계
와 결부시켜 설명하고 있는 점에 특색이 있지만, 반면에 補償責任의
法的 構造와 制度的 性質을 파악하는 데 있어서 統一性이 缺如되어
있다.161) 이 설에 의하면 산재보상책임은 근로자의 생존권과 결부
되어 있으므로 재해의 業務遂行性을 보상요건으로 파악하지 않는
점에 그 특색에 있다. 그러나 산재보상책임의 구체적 구조와 관련하
여 전개한 것이 아니므로 설득력이 없다.

---

160) 菊池勇夫, 勞働法의 主要問題, 有斐閣, 1973, 263面.
161) 金敎淑, ‘産災補償法理에 관한 硏究’, 釜山大學校 大學院, 博士學位請求 論
    文, 1988, 55面.

셋째, 生存權說은 제2차世界大戰 이후 生存權이 헌법에 의하여 기본적 인권으로 보장되어 있다는 것을 이유로 하여 산재보상책임을 生存權의 具體化로 把握하려는 견해이다. 즉, 헌법상 생존권보장은 일반 국민의 모든 생활위협에 대하여 최저한도의 생활을 보장하는 데 있으므로, 이러한 생존권보장만을 강조하면 산재보험과 다른 사회보험 사이의 본질적인 구별을 인정할 수 없고 또한 업무상 질병과 업무의 상병을 구별할 필요도 없다고 한다. 따라서 이 설을 고집함으로써 산재보상책임의 勤勞關係的 特質을 도외시한다면 산재보험의 특질이 사라질 가능성이 있다.162)

c) 이상에서 살펴 본 바와 같이 산재보상책임의 논리를 생존권과 결부시키든지 근로권과 결부시키든지 간에 현대의 산재법은 피해근로자의 生活保障的 機能을 가지고 있다는 점에는 이론이 없다. 따라서 산재보상책임이 개별기업의 사회적 책임이든 생산조직의 사회적 책임이든지 간에 현대의 산재법은 사회적 책임개념에 바탕을 두고 있으므로 산재보험의 勤勞關係的 構造와 관련시켜 산재법을 파악하는 것이 산재보상책임론의 중심과제라 하겠다.

3. 産災補償責任의 成立要件

(1) 業務上 災害의 意義

a) 산재보상책임이 성립하기 위해서는「업무상 재해」로서 인정이 되어야 한다.163) 어떠한 재해가「業務上 災害」로써 인정이 되는가

---

162) 荒木誠之, 勞働條件法理의 形成, 法律文化社, 1981, 173面.

하는 것은 곧 保險給與의 對象이 되는 保險事故로서 노사쌍방에 있어서 보상책임의 유무를 결정짓는 중요한 문제가 된다. 업무상 재해의 정의에 대해서는 산재법 제4조에서 '業務上의 災害라 함은 업무상의 사유에 의한 勤勞者의 負傷·疾病·身體障害 또는 死亡을 말한다. 이 경우 업무상의 재해의 인정기준에 관하여는 노동부령으로 정한다.'라고 규정하고 있다.

b) 그러나 이러한 규정만으로는 업무상 재해여부를 구체적으로 판단하기 어려우므로 산재법 시행규칙 제33조 제1항에서 判斷基準을 정하고, 제2항에서 업무상 부상으로 인한 업무상 재해의 유형을 제시하고 있다. 따라서 업무상 재해로서 산재보상책임의 성립여부를 판단함에 있어서는 보상제도의 취지·목적 등을 고려하여야 한다. 大法院判例는 업무상 재해라 함은 근로자가 사업주와의 근로계약에 기하여 事業主의 支配·管理下에서 당해 근로업무의 수행 또는 그에 수반되는 통상적인 활동을 하는 과정에서 이러한 업무에 기인하여 발생한 재해를 말한다.164)

(2) 業務上 災害의 範圍

a) 산재법 제4조 제1호의 '업무상의 사유에 의한 부상, 질병, 신체장해 또는 사망'이라는 규정 및 업무상 질병의 범위에 관한 勤勞基準法 施行令 제40조, 산재법 시행규칙 제32조(업무상 사고), 동 시행규칙 제33조(업무상 질병), 제34조(작업시간 중 사고), 제35조

---

163) 勤勞基準法 81條 「근로자가 업무상 부상 또는 질병에 걸린 경우에는……」,
    産業補償保險法 1條 「……근로자의 업무상의 재해를……」를 참조할 것.
164) 大判 1996. 2. 9, 95누16769.

(작업시간 외 사고), 제35조의 2(휴게시간 중 사고) 제36조(출장 중 사고), 제37조(행사 중 사고), 제38조(기타 사고), 제39조(업무상 질병 또는 그 원인으로 인한 사망)에 대하여 구체적으로 기본원칙을 정하고 있다. 따라서 業務上 災害의 판정은 산재법 시행규칙, 業務上 災害認定基準, 勤勞基準法 施行令 제40조에 의하여 합리적으로 판단할 수 있다.

b) 여기서 '業務'는 재해보상의 權利義務關係를 발생시키는 상병 등의 원인이 될 수 있는 것이어야 하는바, '사람이 그 사회적 지위에 있어서 계속적으로 종사하는 일'이라고 하는 것처럼 일반적 의미의 업무가 아니라 '산재보험의 적용범위 내에 있는 사업에 있어 당해 근로자가 종사하는 일'을 의미한다. 업무의 내용 및 범위는 勤勞契約, 就業規則, 團體協約, 勞動慣行 및 조리 등에 의해 결정되어지는 것이나, 일반적으로 근로계약을 기초로 하여 형성되는 使用從屬的인 勤勞關係下에서 근로자가 직무상 행하는 일은 물론 그 부수적인 행위를 총칭한다. 따라서 근로계약 등의 본지에 반하지 않는 한 사업주의 支配管理下에서 근로자가 행하는 제반행위가 포함된다고 할 수 있다.

(3) 業務上 災害의 成立要件

1) 二要件主義

a) 산재법에서는 산재보상책임의 성립은 업무상 사유에 의한 재해여부를 판단하고 있으나, 그 판별의 기준이 명확하지 못하여 당사자 간에 다툼이 끊임없이 일어나고 있다.[165] 일반적으로 업무상의

사유라고 하면 업무수행성과 업무기인성의 두 가지 요건에 의하여
규율된다. 그것은 보상의 대상이 되는 업무상의 재해는 업무와 재해
에 의한 손해 사이에 일정한 인과관계가 있어야 하며(業務起因性),
그 재해는 해당 근로관계하에 있어서의 것(業務遂行性)이어야 한다
는 것을 의미한다.

  b) 이는 영국의 근로자보상법상의 업무에 기인하고 업무수행 중에
발행하는(……arising out of and in the course of the employmen
t……) 규정까지 소급하여 원형을 구할 수 있다.[166] 그러나 업무수행
성과 업무기인성은 별개의 개념이라 할 수 있다. 즉, 英國의 1975년 社
會保障法(Social Security Act) 제50조 제3항에서도 업무수행이 인정
되는 경우에 업무기인성의 존재를 추정한다고 규정한 것도 이러한 양
자의 관련을 나타내는 예라고 할 수 있다.

  c) 英美法을 繼受한 미국에서도 二要件主義를 취하고 있다.[167] 그
러나 업무상의 판단은 업무수행성과 업무기인성의 상관관계에 의하
여 판단하여야 하지만 하나의 요건만 갖추면 족하다는 학설도 있
다.[168] 업무상의 성립요건은 산업재해에 특유한 사회현상을 중심으

---

165) 이와 관련하여 일본에서는 단일요건주의, 2요건주의, 선택단일요건주의가
    대립되고 있다고 한다(深山喜一郎, '業務上外의 認定', 勞動法大系5, 有斐閣,
    171面). 여기서 단일요건주의는 업무수행 중의 재해는 모두 업무상의 재해
    라고 보는 견해이고, 2요건주의는 업무수행성과 업무기인성을 모두 갖추었
    을 때 업무상의 재해라고 보며, 선택단일주의는 업무수행성 또는 업무기인
    성 중에서 어느 하나의 요건을 충족하면 업무상의 재해로 보는 견해이다
    (趙錫珽, 産業災害認定法理에 관한 小考, 勞動法論叢第2號, 1999, 93面).
166) 1975, Social Security Act. S. 50에서도 동일하게 규정하고 있다.
167) Malone, W. S & Plant, M. L & Little, J. W., Worker's Compensation
    & Employment Rights, 2nd(Minnesota: West, 1980), p.113.

로 파악하여야 한다. 즉 산업재해는 2가지의 요건이 결합하여 발생하는데 첫째는 근로자가 사용자의 지휘·명령하에서 업무에 종사한다는 것이고, 둘째는 근로자가 근무하는 기업의 위험성이다. 즉, 사용자가 근로자를 자기의 지휘·명령하에 두고 또한 기업시설에 위험성이 내재하고 있다는 의미에서 사용자는 피해근로자에게 보상책임을 부담하게 되는 것이다.

d) 업무수행성은 전자의 상태를 말하는 개념이고, 업무기인성은 후자에 중점을 둔 개념이다. 고전적 혹은 전형적인 산업재해의 관념은 이러한 것이다. 그리고 개개의 사용자가 직접적으로 사용자가 고용하는 근로자에게 보상업무를 부담하는 直接補償制下에서는 이 전형적인 산업재해에만 보상의 대상이 한정되어 있다. 이 전통적인 산업재해를 받아들이는 데 있어서 산재보상보험에 생활보장기능이 중시되고 제도적으로도 개별기업에 책임을 한정[169] 시키지 않고 모든 기업에 보상을 부담하게 하는 산재법이 일반화된 단계에서는 일정한 수정을 강요당하게 된다.

2) 現代的 意味의 業務上 災害

a) 산재법은 제정 시에 업무상 재해를 '업무수행 중에 업무에 기인하여 발생한 재해'로 규정하여 영국과 일본의 예에 따라 '업무수행성과 업무기인성'이라는 二要件主義로 입각해 왔다. 그리하여 종래에는 일반적으로 산재보상책임의 본질에 대해 손실전보라는 면을

---

168) 有泉亨, 勞働基準法, 有斐閣, 1980, 439面.
169) 金敎淑, '産災補償法理에 관한 研究', 釜山大學校 大學院, 博士學位請求論文, 1988, 117面.

강조하고 이를 기초로 하여 업무상 재해의 인정에 있어서도 民事上 歸責構造를 유추하여 요건을 엄격하게 요구하였다.

b) 종래에는 업무상 재해라고 하면 업무기인성과 업무수행성의 두 가지 요건을 충족하여야 업무상 재해로 인정한 것이다.170) 즉, 업무상 재해는 업무와 재해로 인한 상병 사이에 상당한 인과관계가 있어야 하며(業務起因性), 그 재해는 당해 근로자가 근로계약에 기인하여 사용자의 지휘·명령하에서 업무를 행하는 중에 발생하여야 한다(業務遂行性)고 이해하였다. 이러한 엄격한 2요건주의에 대해 비판이 제기되었고, 특히 산재법의 生活保障機能을 강조하는 입장에서는 2요건 자체가 무의미하다는 주장조차 제기되고 있다. 이에 따라 1981. 12. 7 제5차 법개정 시 일본의 勞災保險法과 같이 '업무상 사유에 의한 부상·질병·신체장해 또는 사망'으로 규정하였다.

c) 그러나 '업무상 사유에 의한'의 의미가 업무수행성과 업무기인성을 모두 충족시키는 경우를 말하는지 업무수행성만 있어도 업무상으로 본다는 것인지에 대한 의미가 불명확하여 해석상 논란이 제

---

170) 현재에는 엄격한 2요건주의를 완화하여 선택적 요건의 충족 시에도 업무상 재해를 인정하고 있다. 그러나 이러한 경우에도 업무수행성과 업무기인성 간에는 인과관계가 존재하여야 한다고 한다. 李相潤敎授는 이러한 입장에서 業務遂行性必要說과 業務遂行性不要說로 구분하여 설명하고 있다(李相潤, 勞動法, 法文社, 1997, 386~387面). 업무수행성불요설은 다시 推定肯定說과 推定否定說로 구분하고, 前者의 경우에는 업무수행 중에 발생한 재해가 대부분 업무에 기인한 것이고 업무기인성이 부인되는 경우는 예외적인 경우에 국한되므로 일반적으로 업무수행성에 의하여 업무기인성은 추정된다고 보는 반면, 後者의 경우에는 업무수행 중에 재해가 발생하는 경우에도 그 원인이 분명하지 아니한 경우에는 이를 업무에 기인하는 것으로 추정될 수 없다고 보면서 推定肯定說을 지지하고 있다.

기되고 있다. 이러한 업무상 재해의 해석상 논란은 산재보상제도의 본질, 즉 산재보상책임의 본질을 어떻게 파악하느냐에 따라 그 認定 範圍를 달리하여 왔던 것 같다.

d) 현행 산재법이 종래에 명시했던 업무수행 중 업무에 기인하여 발생한 재해라는 것을 삭제하고, 대신에 산재법 제4조 제1호에 '業務上의 事由에 의한'이라고 개정(1999년 12월 31일 법률 제6100호)한 것은 현대적 의미의 업무상 재해를 「起因性主義」에 의함을 나타낸 것이다. 이것은 업무상 재해의 인정기준을 판단함에 있어서 보다 탄력적이고 융통성이 있는 새로운 해석의 가능성을 제시하고 있는 것으로 보인다.

e) 최근에 학설의 입장은 업무기인성과 업무수행성을 업무상 재해의 인정기준으로 삼고 있으나, 업무기인성을 기본으로 하고 업무수행성을 업무기인성 인정의 제1차적 기준이라고 하는 견해(判斷基準說)와 업무상인가 아닌가의 판단은 업무기인성과 업무수행성의 상관관계로 판단해야 하며, 일방의 충족이 타방은 없어도 좋다는 견해(相關關係說)로 나타나고 있다.171) 그러나 업무상 재해에는 '업무·업무수행성 및 업무기인성'이란 개념이 내포되어 있으므로, 산재보상책임의 요건이 되는 업무상 재해의 인정범위의 문제는 바로 '업무·업무수행성 및 업무기인성'의 의미해석 문제에 귀착된다고 본다.

① 業務起因性

a) 재해의 발생이 업무 또는 업무행위를 포함하여 근로자가 근로계약에 기초하여 사업주의 지배하에 있으므로 해서 이에 수반하는

---

171) 文元柱·趙錫璉, 實務 産業災害補償保險法, 法元社, 184面.

危險이 現實化한 것으로 經驗法則上 認定되는 경우에 업무와 재해 간에 因果關係가 있다고 하며 이를 '業務起因性'이라 한다.172) 인과관계에 대해서는 통상 상당인과관계에 따라 업무와 재해 간의 조건관계가 있는 것만으로는 부족하고, 경험칙상 당해 업무에는 당해 재해를 발생시킬 수 있는 위험이 인정되는 경우에 업무기인성을 인정할 수 있다는 것이 다수설173) 및 판례174)의 태도이다.

b) 즉 업무와 재해 사이에 그 업무에 종사하지 않았더라면 당해 재해는 발행하지 않았을 것이라든가 재해발생의 원인이 된 상황 아래서 그와 같은 업무에 종사한다면 당해 재해가 발생할 수도 있다고 인정될 때에 업무기인성을 인정한다. 이와 같이 업무기인성은 업무와 재해 간의 상당인과관계가 존재하느냐의 여부를 업무상 재해의 인정기준으로 삼고 있는 것이다.175)

② 業務遂行性

a) 업무수행성은 업무기인성의 先行條件으로 '근로계약 등에 기초한 담당업무에 종사하고 있는 상태'를 말한다.176) 여기서 선행요

---

172) 업무기인성이란 산재보상의 권리의무관계가 발생하기 위한 요건으로서 사용자가 근로자에게 종사하도록 한 업무와 재해 사이에 일정한 인과관계를 말한다고 하여 인과관계에 중점을 두어 설명하기도 한다(日本法務省訟務局第2課職員編, 勞災訴訟의 實務解說, 財團法人 商事法務硏究會, 1991).

173) 金洙福, 産災補償의 法律知識, 크라운출판사, 1997, 66面; 金致善, 勞動法講義, 博英社, 1995, 275面; 金亨培, 勞動法, 博英社, 1995, 342面.

174) 大判 1997. 2. 28, 96누14883; 大判 1994. 8. 26, 94누2633.

175) 朴相弼, 韓國勞動法, 大旺社, 1989, 327~328面.

176) 대법원판례(大判 1994. 10. 25, 94누9498)의 입장은 업무상의 재해에 해당하기 위하여 요구되는 업무수행성이라 함은 사용자의 지배 또는 관리하에 이루어지는 당해 근로자의 업무수행 및 그에 수반되는 통상적인 활동과정에서 재해의 원인이 발생한 것을 의미한다고 판시하고 있다.

114

건이란 법률효과를 발생하기 위한 제1차원적 판단기준을 의미하고, 후행요건을 검토하기 위해 전제가 되는 것을 말한다. 업무수행성은 근로자가 근로관계하에 있을 것, 곧 근로계약에 기인한 사업주의 지배하에 있을 것을 의미한다. 따라서 업무에 종사 중에 있거나 그렇지 않은 경우에도 역시 관리를 받을 수 있는 여지가 있는 경우 또는 감독은 받지 않으며 사업주의 지배하에 있을 경우에도 업무수행성이 있다.177) 그러나 사업주의 관리하에 있으나 사업주의 지배하에 없는 경우에는 업무수행성이 없다.

b) 업무수행성은 어디까지나 사업주에 대한 근로자의 從屬狀態를 가리킨 機能的 觀念에 있기 때문에 사업주의 지배하에 있어 업무수행성이 인정되어도, 그 사이의 개개행위가 모두 업무행위가 되는 것은 아니다. 여기서 업무수행성의 구체적인 내용은 다음 3가지로 크게 구별할 수 있다.

첫째, 사업주의 지배·관리하에 있으면서 업무에 종사하고 있는 경우로서 업무행위 및 그에 따른 일정한 행위·작업 중에 있어 용변·물을 마시는 등의 생리적 필요행위나 반사적 행위, 작업전후에 있어 준비행위나 작업에 따른 필요행위, 긴급행위 기타 합리적 행위를 하고 있는 경우를 들 수 있다.

둘째, 사업주의 지배·관리하에 있지만 업무에 종사하지 않는 경우로서 휴식시간 등 사업장시설(사업부속시설 포함) 내에서 자유행

---

177) 판례도 이와 같은 입장에서 업무수행성은 반드시 근로자가 현실적으로 업무수행에 종사하는 동안만 인정할 수 있는 것이 아니라, 사업장에서 업무 시간 중 또는 그 전·후에 휴식하는 동안에도 인정할 수 있다고 본다(大判 1993. 3. 12, 92누17471).

동이 허용되고 있는 경우를 들 수 있다.

셋째, 사업주의 지배하에 있지만 관리·감독의 범위를 떠나 업무에 종사하고 있는 경우로서 출장용무·외출용무·화물여객 등의 운송업무 그 밖의 사업장외에서 용무에 종사하고 있는 경우, 그 용무처와의 사이를 통상 혹은 합리적인 순로 및 방법에 의해 왕복하는 도상에 있는 경우 등을 들 수 있다.[178] 이러한 업무의 범위에 속하는 일을 행하는 경우에 있어서는 업무수행성이 당연히 인정된다.[179]

---

178) 日本 勞働省勞働基準局, '業務災害及び 通勤勞災害認定の 理論と 實際, 勞働法令協會, 1991, 96~97面.

179) 사업주가 제공한 교통수단에 의한 출퇴근 도중 발생한 재해, 기숙사 시설이용 중 재해 등이 대표적인 예이다. 이러한 시설물 등의 이용행위는 사업주가 노무관리상 필요에 의해 동 시설물들을 제공했다는 점에서 업무와의 관련이 있으나, 근로계약 등에 의한 업무내용에 포함되지 않음은 물론 동 시설물 등의 사용이 강제되지 않음이 일반적이란 점에서 '업무수행성'의 범주에 포함시키기도 어렵다. 따라서 이러한 경우로 구태여 업무수행성을 따질 것이 아니라 '사업주 지배관리하' 또는 '근로관계하'라는 개념을 적용함이 좋을 것이다. 업무상 사유에 의한 근로자의 상병 등이라 함은 '업무수행 중에 그 업무에 기인하여 발생한 상병 등' 또는 '사업주지배관리하(근로관계하)에서 근로관계에 기인하여 발생한 상병 등'으로 해석할 수 있고, 이는 업무상 재해의 범위를 실질적으로 확대한 것으로 이해되어야 할 것이다.

제3절 產災保險과 民事賠償의 調整理論

I. 調整의 必要性과 産災訴訟의 許容論

1. 調整의 必要性과 救濟方式

a) 산재법은 過失責任理論에서 출발하여 오늘날 無過失責任理論을 수용한 산재보험제도상의 독자적인 보상체제를 구축하고 있다. 예컨대, 年金制度의 導入, 全事業에 대한 强制適用의 實施, 特別加入制度 및 通勤災害保護制度의 採擇, 勤勞福祉事業의 實施 등은 독자성을 나타내는 제도이다.[180] 그럼에도 불구하고 불법행위 등에 의한 민사배상과 경합이 되는 경우에는 사회보장제도의 사회기능을 일탈하여 불합리하게 운영되는 문제점을 나타내고 있다.

따라서 구상권의 문제는 동일한 사안에 대하여 과실책임주의와 무과실책임주의에 기초한 별개의 구제제도가 경합되는 경우에 이를 어떻게 효율적으로 조정할 것인가 하는 과제를 안고 있다. 이러한 이유로 각국은 실정에 따라 산재보상과 민사배상을 조정하기 위한

---

[180] 이때 어떠한 입법적 유형을 선택할 것인가에 대해서 제도의 역사적 연혁과 정착성을 존중하면서 産業災害의 豫防, 給付內容과 定度, 補償實施의 迅速性과 公定性 및 效率性을 종합적으로 검토하여야 함은 물론이다. 따라서 그 경우 쟁점을 노동법과 사회보장법에 한정할 것이 아니라 人身損害補償制度 全體로 확대해야 한다(保原喜志夫, スランスにおける 通勤途上 災害の 補償, シュリスト 第518號, 有斐閣, 1972, 285面).

다양한 입법정책을 선택하고 있다.[181]

b) 우리나라의 경우에는 업무상 재해에 대하여 勤勞基準法과 産業災害補償保險法, 民事上 損害賠償法에 의한 별개의 구제방식을 인정하고 있다. 그 결과 混合方式내지 並存方式에 의한 구제방식은 産災訴訟 등을 增加시켜 사회적·경제적으로 커다란 社會的 費用을 초래함으로써 사회보장제도의 도입취지를 반감시키게 된다.

이러한 원인은 산재법상 업무상 재해에 대해 보험사고의 특성과 인신사고에 대한 민사상 손해배상구조를 비교하여 독자성을 고려하지 않았기 때문이다. 따라서 産災補償의 水準이 일정수준까지 상승하여 民事上 損害賠償액과 비교하여 불이익이 없도록 하지 않는다면, 산재소송이 거듭되는 惡循環은 계속될 수밖에 없다.

2. 産災保險의 社會扶助性과 産災訴訟의 許容論

a) 원인의 여하를 불문하고 人身損害의 보상을 행하는 산재보험제도에서는 業務上外의 區別을 하나, 保險事故의 對象과 原因의 負擔範圍가 한정되어 있고, 보상책임의 한계를 명확히 하고 있다. 왜냐하면 불법행위제도가 排除되어야 하는 理由는 부당한 원인에 해당하는 人身損害까지도 산재보상의 대상에 포함되면 不公正할 뿐만 아니라, 보험재정의 건전성을 악화시킬 수 있기 때문이다. 따라서 산재보험의 財政負擔은 일반화된 사회적 위험으로 보상수준에 낮고 만족할 만한 손해의 회복이 어려운 계층을 특별히 고려한 社會扶助

---

181) 保原喜志夫, 前揭論文, 286面.

性이 요구된다.[182)

b) 그렇다면 산재보험의 보상수준은 일정한 한계성을 지니고, 피해자의 구제를 충분히 할 수 없으므로 별도의 산재소송의 절차를 존치시켜야 하지 않는가 하는 의문이 제기된다. 이러한 관점에서 英國의 '피어선보고서'는 산재보상책임과 민사배상책임을 병존시켜야 한다고 언급하고, 산재소송의 필요성을 인정하고 있다. 예컨대, 美國의 補償制度가 産業災害에 따른 民事損害賠償請求의 禁止를 '製造物責任의 法理'를 사용하여 업무상 재해에 의한 손해의 배상을 충족하는 것으로 설명할 수 있다. 또한 프랑스에서 '許容하기 어려운 過失(faute inexcusable)'에 의하여 손해배상제도를 부활한 1976년 입법은 영국이나 일본·한국과 같은 민사소송을 허용하는 병존주의의 조정방식을 취하고 있다고 본다.

Ⅱ. 産災保險과 民事賠償의 比較

1. 基本原理와 成立要件

a) 산재보험은 사용자의 個人補償責任을 공동책임의 방식인 責任保險의 性格으로 社會保險化한 것으로 無過失 責任主義에 입각하여 보상하되, 피재자의 상실된 노동력에 따른 逸失所得의 損失을 補償하는 請求權의 性格을 띠게 된다. 반면 손해배상제도는 타인의 불법

---

182) 保原喜志夫, 前揭論文, 276面.

행위로 인하여 권리를 침해당한 피해근로자의 實損害額을 전보하기 위한 것으로 過失責任主義에 입각하여 피해자의 과실유무, 노동력상실 정도, 일실소득의 상실, 정신적·육체적 피해에 따른 생활상의 불이익 등 그 不法行爲와 相當因果關係에 있는 전 손해를 실제적으로 보상하는 청구권의 성격을 가진다.

b) 산재보험급여는 사용자의 過失을 그 要件으로 하지 아니하며 業務遂行中에 발생하였거나 業務에 起因하여 발생하였다는 업무상 재해이면 족하므로, 모든 사업 또는 사업장에서 근로자가 從屬性을 가지고 근로를 제공하는 것을 성립요건으로 한다. 민법상의 손해배상제도는 가해자에게 고의·과실이 있고 不法行爲責任을 질 수 있는 責任能力이 있으며, 그 행위가 위법한 것으로 구체적인 손해가 발생하여야 한다는 것을 요건으로 한다.

2. 過失相計와 賠償原理

a) 산재보험은 무과실 책임에 근거하여 모든 보험급여를 지급함에 있어 과실상계를 인정하지 않으나 민사상 손해배상은 과실책임에 의하여 積極的 損害와 消極的 損害, 慰藉料로 구분하고, 손해배상 항목에 따라 過失相計가 가능하다. 따라서 당사자 간의 분쟁이 발생하였을 경우 손해배상의 경우에는 입증방법 및 정도에 따라 과실상계의 정도가 달라지게 된다.183)

---

183) 대법원판례(대판 1992. 3. 31, 91다37263)는 회사의 작업반장이 일용잡부로
　　　입사한 피해자에게 프레스기계작업에 관한 기술교육이나 안전교육 등 제

b) 산재보험은 被災勤勞者가 있는 손해에 대하여 전부 보전을 하여주는 것이 아니라 정신적 손해를 제외한 한정 배상주의에 의한 定率補償을 하는 방식을 채택하고 있다. 반면 민사배상은 실제의 손해와 정신적 고통 등을 감안한 完全賠償主義를 채택하고 배상의 범위도 逸失利益과 위자료를 포함하여 광범위하게 인정하고 있다.

c) 또한 산재보험은 라이프니쯔(Leibniz) 계산방식을 채택하며, 손해배상액의 산정 시(장해특별급여, 유족특별급여)에도 勞動能力喪失率을 기준으로 하며, 신 호프만식 방식에 비하여 상당히 불리한 보상액을 지급하게 된다.

d) 반면 민사배상은 단리 또는 복리의 호프만식이나 신 호프만식을 사용하게 되면, 재산적 손해와 의료비 및 장례비 등을 포함한 積極的 損害, 장래 가득할 수 있었던 逸失利益의 消極的 損害 등을 감안하여 산정하되, 쌍방 또는 일방의 過責有無에 의하여 손해배상액의 산출 시 여러 가지 變數를 고려하게 된다.

반 기초사항을 알려 준 바도 없고 프레스기의 수리요청을 받고서도 수리를 하여 주지 아니하였으며 프레스기에 부착되어 있는 전자감응식 안전장치마저 고장 난 상태여서 애당초 위 프레스기로 작업하도록 지시하여서는 아니 됨에도 불구하고 이를 무시한 채 피해자에게 계속 작업할 것을 지시한 과실로 사고가 발생하였다면, 프레스기로 작업을 함에 있어서 작업상의 주의의무를 소홀히 한 정도의 피해자의 과실만을 가지고 그 비율을 35%로 평가한 것은 회사 측의 과실내용에 비추어 볼 때 지나치게 무겁게 평가한 것으로서 형평의 원칙에 현저히 반하는 것이라고 한다.

<표 2-1> 産災補償責任과 民事賠償責任의 比較

구 분	산 재 보 상 책 임	민 사 배 상 책 임
제도의 배경	·산업재해의 불가피성·급증 ·신속·공정한 보상확보 ·개별책임을 집단책임으로 전환 (사회보험방식)	·사용자의 불법행위책임 ·공평한 부담의 실제보상 확보 ·개별책임에 손해배상 (과실책임방식)
구제목적	근로자 및 유족의 생존권확보	·불법한 권리침해를 받은 피해자 의 구제
성립요건	·사용자의 무과실 책임	·사용자의 고의·과실책임
보상의 범위	·미리 정해진 평균임금을 기초 로 정률보상방식에 의해 제한 적 보상 ·육체적 손해에 국한	·피해자가 받은 실손해를 적극 적 손해, 소극적 손해, 위자료 로 구분하여 배상 ·정신적·육체적 손해를 포함
지급방법	일시금 또는 연금	일시금
보상의 성격	손해의 전보	손해의 배상
시 효	단기(3년)	장기(10년)
과실상계	불 가	가 능
손 해 의 배상원리	·한정 배상주의 ·정률보상	·완전 배상주의 ·일실이익의 계산

3. 救濟節次

산재보험제도는 업무상 재해가 인정되면 勤勞福祉公團에 지급 청
구를 하고 이와 관련하여 行政處分에 이의가 있을 때 근로복지공단
에 심사청구를 하고 여기에 불복이 있을 때에는 産災審査委員會에
재심사를 청구할 수 있는 특별행정심판제도가 열려 있으며, 다시 이
의가 있을 때 행정법원, 고등법원, 대법원에 이르는 行政訴訟을 할 수

있다. 손해배상제도는 가해자의 任意履行이 없을 때 관할법원을 거쳐 民事訴訟을 제기하고 재판으로서 확정되며, 强制執行이 가능하다.

Ⅲ. 産災保險請求權의 競合과 調整論

a) 순수한 업무상 사유에 의한 보험급여의 事故對象이 아닌 경우에는 다양한 원인에 의한 사용자 또는 제3자의 고의, 과실에 의한 재해가 인한 불법행위의 요건을 만족하는 損害賠償責任과 競合된다. 이때 민법상 손해배상청구권과 산재보상청구권의 행사가 가능한데, 이를 어떻게 조정할 것인가 하는 문제가 생긴다. 양자를 경합될 때 모두 인정할 것인가 아니면 選擇的으로 인정할 것인가로 學說로 나뉘어 진다.184)

b) 산재보상책임과 민사배상책임의 이질성으로 인한 문제점을 해결하기 위하여 나라마다 시대와 경제사정에 따라 다양한 조정방식을 選擇하고 있다. 독일·프랑스·이탈리아 등에서 산재보험을 받는 근로자는 원칙적으로 사용자에 대한 損害賠償請求權이 排除되고 사용자가 고의로 재해를 발생시킨 경우에 대해서만 산재보험을 상회하는 손해배상청구를 인정된다. 미국에서는 산재보상을 받을 때에는 민사배상을 인정하지 않는다. 또한 영국·일본의 경우에는 양자의 존재를 인정하고 일정 한도 또는 일정한 방법으로 조정을 한다. 조

---

184) 創橋義定, 詳解民事損害賠償と 勞災保險給付の 調整, 勞務行政研究所, 1981, 258面.

정방식에 따라 다음과 같이 분류할 수 있다.

1. 産災保險과 民事賠償의 調整方式

(1) 産災保險優先主義

이 방식은 원칙적으로 산재보상책임이 인정하고 사업주의 배상책임을 부정하나, 事業主가 故意로 事故를 발생시킨 경우 등에 한하여 예외적으로 賠償責任을 인정하는 제도이다. 이와 같이 사업주에 대하여 별도의 民事損害賠償責任을 인정하지 않는 견해를 一方的 排他主義 또는 損害賠償排除方式을 말하며, 캐나다·독일[185]·프랑스[186]·이탈리아·뉴질랜드·미국의 대부분의 州가[187] 여기에 해당된다.[188] 이 견해에 의하면 산재보험은 민사책임에 따른 다면 배

---

185) 독일에서는 산업재해에 대해 원칙적으로 사용자의 민사배상책임을 부정하고, 다만 예외적으로 使用者의 故意가 있거나 一般交通途上에서 산업재해가 발생한 경우에 한하여 民事賠償責任을 인정하고 있다(W. Gitter, Sozialrect, München: C.H Heck, 1981, SS. 110~113).

186) 프랑스는 1946년 '産災職業病의 豫防과 補償에 관한 法律'에 의하여 産災保險급여와 損害賠償이 경합된 경우에 원칙적으로 民事賠償請求를 禁止하고 있으나(제466조), 예외적으로 제3자가 가해자이거나 사용자의 고의·과실이 있는 경우 또는 통근재해에 대하여 민사배상청구를 인정한다(岩村正彦, 勞災保險と損害賠償, 東京大學出版會, 1984, 309面).

187) 미국은 산재보험급여를 선택하지 않는 경우에 민사소송을 인정하는 택일주의를 선택하는 州가 뉴욕과 남 캘리포니아의 2개주에 불과하고 거의 대부분의 州는 산재보험우선주의를 선택하고 있다. 이때 어느 쪽을 선택할 것인가는 사용자에 의하여 결정되고, 이 경우 사용자는 그 취지를 산업재해의 발생 전에 미리 근로자에게 알려 주어야 한다(Redja, George E. Social Insurance and Economic Security, 3rd, ed., Prentice Hall Inc., 1988, p.273).

상을 받아낼 수 없는 경우에는 피해자에게 신속하고도 효과적인 사회적 보호를 할 수 있기 때문에, 이러한 균형을 유지하기 위하여 민법상 손해배상책임을 책임이 있더라도 예외적으로 배제하자는 것이다.[189] 그러나 산재보험급여로서 입은 손해를 완전히 전보하기 어려운 경우에는 어떻게 하느냐가 문제가 된다.

⑵ 選擇的 排他方式

이 방식은 산재보상책임과 손해배상책임을 모두 인정하되, 피해근로자가 어느 일방을 선택하면 다른 쪽의 請求權을 制限하는 견해로서 選擇主義 또는 擇一主義라고 하며 미국의 2개 州(New Jersey 州, South California州), 2차大戰前 英國이 여기에 해당된다.[190] 미국의 제도는 州에 따라 양자 중 어느 일방을 선택할 수 있으나, 最近의 傾向은 美國 內 大部分의 州에서 당해 재해가 산재보험의 대상범위에 속하는 한 실제로 산재보험을 받았는지 여부와 상관없이 산재보상청구 외에 일체의 다른 민사상 청구권을 행사할 수 없다는 排他性原則을 채용하고 있다.[191] 이 방식에 따르면 산재보험과 손해배상의 조정이라는 어려움은 없으나, 피해근로자가 법제도의 지식이 충분하지 않아 선택이 타당하지 못한 때에 오히려 불리함에도

---

188) 韓正鉉, 産災補償과 損害賠償의 關係, 損害賠償法의 諸問題, 博英社, 1990.
189) 金鎭錫, "産業災害補償保險金 支給請求權과 民事上 損害賠償의 關係", 勞動法研究, 서울大學校 勞動法研究會編, 도서출판 진원, 1998, 365面.
190) 韓庚植, 産業災害의 救濟法理에 관한 研究, 淸州大學校 大學院 法學博士 學位論文, 1998, 112면.
191) 오종한, '미국 산재보상제도의 역사적 전개와 현황', (노동법연구, 제4호), 1994, 174면.

불구하고 구제의 길이 없다는 단점이 있다.[192]

(3) 傾斜的 竝存方式

a) 이 방식은 동일한 사고에 대하여 산재보험과 민사배상의 競合을 인정하면서 산재보험을 충족시키는 경우에는 그 부분은 산재보험에 맡겨서 民事賠償에서 控除하는 방식이다. 따라서 산재보상책임과 민사배상책임을 모두 인정하면서 그 내용을 조정하는 相互補完性을 전제로 競合請求를 인정하되, 초과분의 청구에 대하여 조정하는 견해이다. 즉 산재보험은 완전하게 인정하고 損害額 중에서 産災補償額을 上廻하는 몫에 대하여만 사업주에 대한 손해배상청구권을 인정하는 방식이다. 민사배상을 청구하지 않으면 산재보험만에 의한 전보를 하게 되며, 民事賠償을 請求하였더라도 산재보험으로 커버되는 부분은 배상되지 않는다.

b) 산재보험급여가 年金方式일 경우 一時金으로 민사배상을 하는 나라는 將來支給豫定額을 포함하여 산재보험급여의 일시금으로 환산된 배상액에서 일괄하여 공제하게 된다. 이 방식에 의하면 양자의 범위가 명확하게 구분되므로 중복전보의 문제는 발생하지 않는다. 이 방식은 채택하고 있는 나라는 러시아이며, 특수한 케이스(고의 또는 과실이 있는 경우)에 대한 독일, 프랑스, 이탈리아, 미국 등의 예가 있다.

---

192) 김진석, '산업재해보상보험금 지급청구권과 민법상 손해배상의 관계', (노동법연구, 제7호), 365면.

⑷ 平等的 竝存方式

a) 이 방식은 산재사고에 대해 손해의 전보를 산재보상으로 하든지, 민사배상으로 하든지 被害勤勞者의 選擇에 맡기는 방식이다. 산재보상청구권과 민사손해배상청구권을 경합시켜 한쪽이 행사되면 그 한도에서 다른 쪽을 조정하는 것으로 競合調整主義라고 하며, 전후 영국·일본·한국 등이 여기에 해당된다. 이것은 피해근로자의 보험급여를 넘는 범위에서 損害賠償責任을 남겨둠으로써 사업주, 제3자의 이유 없는 免責을 防止하는 장점이 있다.

b) 이에 따라 산재보험이 먼저 지급되면 이 부분을 賠償額에서 控除하고, 반대로 민사배상액이 먼저 지급되면 그 배상액의 한도 내에서 지급을 정지한다. 이 방식은 被害勤勞者의 선택에 따라 부담하는 배상액이 증가하고, 賠償責任의 履行을 遲延시킬수록 손해배상액으로부터 控除하는 産災保險給與額이 증가하여 사업주가 부담할 배상액이 減少하는 불합리한 결과를 가져온다. 또한 산업재해에 대한 보상 내지 배상의 문제를 일거에 해결하지 못하고 중복의 절차를 거쳐야 하는 번거로움과 양 권리 간의 조정의 문제가 남는 단점이 있다.193)

---

193) 일본은 1981년 11월 1일 법개정을 하기 전까지 이 방식에 의하여 조정을 하였으나, 앞의 4가지 방식의 장단점을 비교하여 현재는 경사식 병존방식과 평등 병존방식의 중간적 형태의 방식으로서 민사배상에서의 조정은 선급금제도가 있는 경우에는 산재보험급여에 한하여 선급금 최고한도액의 범위 내에서 이행유예방식에 의한 조정방식을 채택하였고, 민사배상을 한 후에는 산배보험급여를 지급 정지한다. 이것은 집행유예방식을 통하여 현실로 보험급여를 지급하여 손해가 전보되었을 때는 그 급여액의 한도 내에서 사업주의 배상책임을 면책하도록 하여 보험료 부담자인 사

〈표 2-2〉 産災補償과 民事賠償에 대한 主要國의 立法例

구 분		내 용	도 표 화	국 가
배 타 방 식	일 방 적 배타방식 (산재보험 우선주의)	산재보상만 인정, 사용자에 대한 민사배상책임은 불인정	산재보상	미국 대다수 주, 캐나다, 독일, 프랑스, 이탈리아, 뉴질랜드 등
	선 택 적 배타방식 (택일주의)	산재보상과 민사배상의 어느 하나만 선택	산재보상 또는 민사배상	미국 3개주, 2차대전 전 영국
병 존 방 식	경 사 적 병존방식 (초과조정 주의)	산재보상은 완전하게 인정, 손해액 중에서 산재보상액을 상회하는 몫에 한하여 민사배상청구권 인정	민사배상 산재보상	소련, 고의 또는 중과실이 있는 경우 독일, 프랑스, 이탈리아, 미국, 일본 등
	평등적 병존방식 (경합조정 주의)	산재보상과 민사배상을 경합시켜서, 어느 한쪽이 행사되면 그 한도에서 다른 쪽을 조정	민사배상 산재배상	전후 영국, 일본, 한국

업주로서는 선급금 최고한도액 범위 내에서 이행이 유예되고, 유예 중에 산재보험급여가 지급되면 최종적으로 면책되므로 개별사업주의 이중부담을 방지하고 손해배상의 이행 시기가 늦어질수록 면책액이 커진다는 불합리성을 없앴다.

128

2. 外國의 産災保險調整方式

(1) 獨　逸

a) 독일에서 피해근로자의 예외적으로 사업주가 고의로 산업재해를 발생시킨 경우에 한하여 損害賠償請求權을 인정하고 일반적으로는 부정한다. 즉, 사업주는 故意로 産業災害를 발생시킨 경우 또는 일반 交通途上에서 발생시킨 경우에 한하여 그 사업에서 일하고 있는 被保險者나 그 親族과 遺族에게 年金請求權이 생기지 않더라도 다른 법률의 규정에 따라 산업재해에 기인하는 인적손해를 배상하는 의무를 진다.194)

b) 원칙적으로 산재보험급여를 수령하고 손해배상청구권이 인정되는 경우에도 産災補償金으로 받은 금액을 공제하여 조정한다. 독일에서는 산업재해가 인정되면 우리나라처럼 민사상의 손해배상책임과 기타의 손해배상책임, 산재보상책임 등을 각각 독립하여 청구하는 것을 인정한 후 각 請求權을 사후에 조정하는 原則(競合調整主義 내지 選擇的 竝合主義)을 취하는 것이 아니라, 우리의 근로복지공단과 같은 직업동업자조합(Berufsgenossenschaft)가 일차적으로 보험급여를 해야 하고(Zu erbringen hat), 피해근로자가 보험급여를 받게 되면 사용자나 加害勤勞者의 民事上의 責任(인신손해 및 위자료를 포함하나 물적 손해는 면책대상에서 배제된다)이 免除된다(독일 사회법전 제7권 제104조, 제105조).195)

---

194) Rüfner, W. Einfuhrung in das Sozialrects, Heck, C. H. 1981, SS.119~120.
195) 金永文, ‘産業災害補償保險法上의 求償權’, 勞動法學(2000. 8), 韓國勞動法學會, 209~210面.

c) 독일 산재보험의 보험급여가 민사상의 실손해액의 전보에 거의 육박하기 때문에, 그리고 산재보험은 다른 민사상의 손해배상체계와는 비교할 수 없기 때문에 이와 같은 책임배제, 특히 慰藉料責任의 排除는 연방헌법재판소에 의해서도 정당화된다.196) 그러나 우리나라의 산재보상급여는 일정액의 평균임금으로 제한되어 있기 때문에 실손해액의 전보에 미치지 못하여 독일과 같은 산재보험우선주의를 채택하는 것은 문제가 된다. 독일 사회법전 제7권 제104조나 제105조는 한편에서 가해근로자나 사용자의 피해근로자에 대한 책임을 배제하면서도 다른 한편으로 제110조에 따라 여전히 구상할 수 있는 길을 열어 놓고 있다. 따라서 수급권자를 대위하는 것이 아니고, 법률에 의해서 공단에게 독자적으로 인정되는 本源的 求償請求權이다.197)

(2) 프랑스

a) 프랑스는 원칙적으로 産災補償金을 받을 수 있는 경우에 일반법에 의한 損害賠償의 청구를 할 수 없도록 하고, 독일과 같이 例外規定으로 사업주의 고의로 재해가 발생하거나 제3자에 의한 재해인 경우에 한해서만 산재보상에서 전보되지 않은 한도 내에서 일반법의 원칙에 따라 손해배상의 청구를 할 수 있도록 하였다. 그러나 1976년 社會保障法의 改正으로 事業主의 不許容過失이 있었던 때에만 피해근로자가 社會保障金庫에 연금의 증액을 청구할 수 있었던

---

196) BVerfG 7. 11. 1972, BVerfGE 34, 118.
197) 李相光, 社會法, 博英社, 2002(1988), 591面.

것을 연금의 증액과는 별도로 慰藉料, 昇進可能性의 감소·손실 등에 대한 損害賠償을 청구할 수 있도록 하였다.

b) 또한 社會保障金庫는 불허용과실의 경우에는 年金增額을 위한 追加保險料를 사업주에게 징수하도록 되어 있다. 不許容過失로서는 피용자가 그 작업에 따르는 중대한 위험을 경고 받지 아니한 경우 또는 불가결한 안전조치를 태만히 한 사업주의 과실을 말한다. 不許容過失의 전형적인 사례는 첫째, 사용자가 고압선 또는 저압선을 절단하지 아니한 상태에서 그 부근에서 작업하게 한 경우, 둘째, 사용자가 전혀 안전장치를 취하지 아니한 상태에서 高架디딤판 위에서 근로자들을 작업하게 한 경우를 들 수 있다. 또한 재해가 事業主의 故意에 의한 경우에도 被害勤勞者 또는 그 유족에게 보상한 액을 재해를 일으킨 자에 대하여 구상을 할 수 있도록 되어 있다.

(3) 이탈리아

a) 이탈리아에서는 산업재해에 관한 민사책임은 「産業災害와 職業病의 强制保險에 관한 綜合規程」에서 '이 규정에서 정하는 保險에 의하여 사용자는 産業災害의 民事責任이 면제된다.'라고 규정하는 동시에 '災害事故로 형벌에 처하게 된 자는 民事責任이 면제되지 않는다.'라고 규정하고 있다. 또한 '사용자로부터 업무의 감독 또는 관리를 위촉받은 자가 刑事上의 判決에 의하여 産災事故의 責任을 져야 한다는 것이 확인되고 民事責任을 져야 하는 때는, 사용자의 민사책임도 면제되지 않는다.'라고 규정하고 있다.

b) 사용자의 민사책임은 同規程에 정하는 보험에 의해 면책되지

만 예외적으로 使用者 또는 指揮·監督權者에게 형사책임이 인정되었을 때에는 민사책임을 면제되지 않는다. 형사책임이 인정되는 사용자에 대한 민사손해배상은 산재보험급여액을 초과하는 부분에 대하여만 한정된다.

(4) 뉴질랜드

a) 오늘날 諸外國의 社會保障制度는 초기의 경제적·사회적 약자에 대한 國家的 保護라는 단계에서 더욱 발전하여 損失補償의 영역에까지 확장되고 있다. 사고가 발생하는 경우 기업이나 개인인 危險加害者에게 그 손실을 부담하게 하는 危險責任制度나 加害者에게 保險料를 종국적으로 負擔할 책임을 지우는 社會保險制度보다 일보 진전된 제도라고 할 수 있다. 그 대표적 立法例가 뉴질랜드의 事故補償法(Accident Compensation Act, 1972)이다.

b) 이 법에 의해 뉴질랜드에서는 전국민을 상대로 사고로 生命·身體에 해를 입는 경우 加害者의 過失有無 또는 業務上 與否와 관계없이 배상하고 있다. 인체에 관한 사고의 경우 국가(國家賠償委員會)가 개입하여 보상하도록 하는 한편, 피해근로자의 가해자에 대한 損害賠償請求訴訟은 금지된다. 이 사고배상제도는 과실주의에 기초한 민법상의 損害賠償請求權, 勞動者災害補償制度, 自動車事故時의 제3자에 대한 責任保險, 犯罪行爲로 인한 負傷 등의 보상을 대체하는 제도로서,198) 가해자에게 私法上의 賠償責任이 있을 것을 전제로 하지 않는다는 점에서 責任保險制度와 基本構造를 달리하고 있

---

198) 勤勞福祉公團, 各國의 産災保險制度 硏究, 1996, 17面.

다. 이러한 사회보장제도에 의한 사고보상은 앞으로 각국에 확대될 것으로 전망되며, 그때에는 민법의 불법행위책임은 적용영역이 축소될 것이다.[199]

⑸ 미 국

a) 미국은 사용자에 대한 民事賠償請求權에 대하여 各州의 災害補償法에 규정되어 있다. 미국도 초기에는 災害補償法에서 民事賠償請求權과 재해배상 중의 하나를 선택함으로써 양자의 조정을 하도록 되어 있었으나, 1912년 聯邦最高法이 강제적 용제를 채택하는 동시에 민사책임을 면책하는 아이오아州補償法을 合憲이라고 판결한 것을 계기로 민사배상청구권과 재해보상법상의 청구권을 선택하도록 하였다. 따라서 一部 州를 제외한 대부분의 주에서 災害補償制度가 强制適用하고 있으며, 독일이나 프랑스와 마찬가지로 災害補償을 청구하는 경우에는 民事賠償請求權을 인정하지 않는다.

b) 또한 사용주의 과실에 의한 사고일지라도 피해자는 사용주에게 민사배상을 청구할 수 없다. 그러나 제3자의 과실에 대해서는 民事賠償請求權을 인정하고 있다. 근로자에게 請求權의 선택이 허용된 경우 문제로 되는 것은 일단 근로자가 어느 하나의 請求權을 행사하여 성과를 거두지 못한 경우 다른 청구권을 다시 행사할 수 있느냐 하는 점이다. 이에 대하여 대다수의 판례는 損害賠償訴訟에서 敗訴하더라도 산재보상청구는 가능하며, 산재보상청구가 받아들여지지 않은 경우에도 損害賠償訴訟을 할 수 있다는 입장을 취하고 있다.

---

199) 林正平, 債權各論, 法志社, 1995, 643面.

그러나 産災補償請求가 일단 성공한 경우에는 대개 손해배상소송을 제기할 수 없으며, 손해배상청구가 일단 성공한 경우에는 대개 산재보상청구를 제기할 수 없다.

  c) 또한 근로자가 産災補償請求를 제기하여 놓고 아직 그 결과가 알려지지 않은 상황에서, 방향을 바꾸어 손해배상소송을 제기하는 경우에도 당해 補償問題에 대한 결정권은 補償委員會에 있다고 보아 敗訴될 가능성이 많다. 다만, 산재보상절차 進行中이라도 근로자가 除斥期間의 到過를 피하기 위하여 損害賠償訴訟을 제기하는 것은 허용된다고 보는 판례도 있다. 근로자가 산재보상청구를 전혀 제기하지 않은 경우에는 事實審 法院으로서는 단지 업무관련성을 보여주는 사실이 인정된다는 이유만으로 당해 사건의 산재보상법 적용여부를 결정할 권한을 상실하는 것은 아니다.

⑹ 英 國

  영국의 社會保障法에서는 산재사고에 관한 보상에 대해 判例法에서 인정되는 損害賠償과 産災保險給與의 兩立을 인정하고 있으며, 民事損害賠償에서 조정을 한다. 調整方法은 현재 발생되고 또 장래에 稼得하게 될 소득의 손실액에서 손해배상소송 제기 후 5년간에 지불되는 산재보험급여의 1/2를 공제한 잔여액을 民事損害賠償額으로 지급한다. 영국은 다른 나라와 달리 社會保障化되어 있어 일반 사회보험급여와 함께 종합적인 국민보험급여의 일환으로 실시되고 있으며, 특이한 것은 보험료를 사용자만이 아니고 노동자도 부담하고 있다는 것이다.

134

(7) 日　本

a) 일본은 산재발생에 대하여 산재보험으로부터 보험급여를 받고 또한 사용자에게 민사손해배상책임이 있는 경우에는 피해근로자 또는 그 유족은 그 손해에 대하여 민사배상을 청구할 수 있다. 民事損害賠償請求權 및 産災報償請求權의 成立要件과 청구할 수 있는 損害項目의 種類 등에서 다른 면도 있지만, 경우에 따라서는 산재사고로 인한 동일한 손해에 대해 2가지 청구권이 동시에 성립되고 행사될 수 있다. 이 경우 민법상의 손해배상과 부분적으로는 목적을 같이하지만 반드시 일치되는 것은 아니므로 민사책임을 배제하지 않는다.

b) 그러나 양자간에 중복되는 부분에 대하여 일반적으로 보험이익을 받는 자에게 생긴 손해에 대하여 중복하여 전보를 받게 하는 것은 타당하지 않으므로 損害賠償者의 代位法理에 의하여 보험자에게 이익을 귀속시키려는 취지에서 조정을 하고 있다.[200] 이와 같이 일본은 영국 등과 같이 양자의 존재를 인정하고, 일정 한도 내지는 일정한 방법으로 조정하는 이른바 平等 並存方式을 취하고 있다. 따라서 업무상의 재해에 대하여는 고의 또는 과실의 여부에 불구하고 사용자는 勞動基準法에 정하는 이상의 재해보상을 하지 않으면 刑事責任을 지게 되고, 고의 또는 과실이 없는 때에는 법적으로 그 이상의 賠償責任은 없으며, 고의 또는 과실이 있는 때에 비로소 민사상의 손해배상책임을 지게 된다.

c) 한편 일본은 勞災保險의 일환으로 노동복지사업에서 보험급여

---

200) 勞動部, 日本의 損害賠償과 勞災保險給付와의 調整, 1995, 197面.

사업에 부가하여 피해근로자의 원활한 사회복귀 촉진을 위하여 애프터케어(After care)의 실시, 特別支給金의 지급 등 여러 가지 사업을 하고 있다. 이러한 사업들은 社會復歸를 촉진하기 위하여 勞災保險給與를 절감시키거나 보완하는 기능을 하고 기본적으로 정형적인 보험급여로 커버할 수 없는 개개의 피해근로자의 구체적 실정에 맞는 조치를 하는 것이지만, 법적으로는 보험급여와 같은 권리성을 가지고 있지는 않다. 勤勞福祉事業에서 지급되는 특별지급금은 보험급여에 부가하여 慰勞金 또는 慰問金 性格으로 지급되는 附加給與이다. 또한 定型的·一切的으로 支給된다는 점에서 保險給與에 준하는 것으로 해석하고, 判例上 특별지급금을 民事賠償에서 控除하기도 한다. 일본은 우리나라와 같이 병존방식의 제도를 취하고 있지만, 이러한 특별지급금으로 노재보험급여를 보충하여 주기 때문에 우리나라에서와 같이 민사소송을 하는 사례가 많지는 않다.

(8) 러시아

러시아에서는 '국가사회보험료에 보험료의 지불의무가 있는 단체 또는 시민의 과실에 의하여 산재사고가 발생한 경우에는 그 손해액이 당해 근로자가 받을 수 있는 수당 또는 신체장해 이후의 실제로 받는 소정의 연금총액을 상회하는 부분에 대하여는 당해 단체 또는 시민이 배상하여야 한다.'고 규정하고 있다. 따라서 피해근로자가 사업주의 과실로 발생한 손해 중 보험급여를 상회하는 부분에 대하여만 손해배상을 청구할 수 있도록 함으로써 병존방식을 취하고 있다.

Ⅳ. 産災保險의 排他性과 使用者의 抗辯制限

1. 産災保險의 排他性과 損害賠償請求의 制限

a) 산재보험의 배타성(exclusiveness)이란 원칙적으로 근로자 및 그의 피부양자들이 사용자와 보험자를 상대로 산재보상법의 적용범위에 속하는 재해와 관련하여 산재보험청구권만을 인정하고, 일체의 다른 請求權을 배제하는 것을 말한다.[201] 만일 직업병을 사고성 재해가 아니라고 보아 보상범위에서 제외한 경우라면 이에 대하여는 민사상의 다른 청구권을 행사할 수 있을 것이나, 특정 재해가 산재보상의 범위에 속하는 한 실제로 보상이 이루어지지 않은 경우에도 산재보상 외의 다른 청구권은 행사할 수 없게 된다.

b) 미국의 경우에 산재보상의 배타성 원칙은 산재보상법의 적용을 받는 負傷에 대하여 사용자가 부담하는 Common Law상의 不法行爲責任만 배제하는 것이 아니라 모든 州 및 聯邦 立法上의 法定責任(statutory liability), 契約法 및 海事法(admiralty law)상의 책임도 배제한다.[202] 또한 美國 不法行爲法上 認定되는 懲罰的 損害

---

201) 吳鍾翰, 美國産災補償制度의 歷史的 展開와 現況, 勞動法硏究 제4호, 圖書出版 진원, 1994, 185面에서는 이와 같은 산재보상제도와 불법행위에 기한 청구권의 포기를 들어 社會的 妥協理論이라고 소개하고 있다.

202) 이와 같은 專屬性은 州 및 聯邦 使用者責任法(Employers' Liability Acts)상 負傷(injury)이나 不法生命侵害(wrongful death)를 이유로 한 일체의 청구를 배제할 뿐 아니라, 聯邦 不法行爲請求法(Federal Tort Claims Act)상의 청구권이나 그 밖의 建築作業法(Structural Work Act), 缺陷機械法(Defective Machinary Act) 등 특별법상의 청구권까지도 배제한다. 聯邦

(punitive damages)에 대해서도 各 州法上 산재보상으로 회복될 수 없는 손해이긴 하지만, 따로 청구할 수는 없다고 한다. 또한 직업병의 경우와 같이 최초의 노출시점으로부터 수년이 지나서야 발병이 확인됨으로써 請求期間 到過로 산재보상청구를 할 수 없는 경우에도 산재보험의 배타적 원칙을 엄격히 적용하여 Common Law에 기한 산재소송을 제기할 수 없다고 한다.[203]

2. 補償節次의 選擇과 使用者의 抗辯制限

a) 일반적으로 산재보상절차상 배타성을 규정하고 있는 제도에서는 업무상의 재해가 발생한 경우에 사용자나 근로자에게 産災補償節次의 적용여부를 선택할 수 있도록 허용하고 있다. 그러나 使用者가 産災補償節次의 적용을 거절할 경우에는 民事訴訟에서 同僚被傭者의 抗辯, 危險引受의 抗辯, 寄與過失의 항변을 할 수 없도록 일정한 불이익을 부과하기도 한다.

b) 이에 따라 사용자에 의한 산재보상절차의 선택을 유도하기 위한 것이지만, 실제에 있어서 사용자가 民事訴訟에 의해 勝算이 있거나 그 소송비용이 産災保險料의 上昇分을 하향할 것으로 판단할 경우에는 산재보상절차의 적용을 거절할 수도 있다. 미국의 경우에는

職業安全 및 保健法(Occupational Safety and Health Act)에서는 산재보상법과 관련된 책임에 대하여는 일체의 영향을 주지 않는다는 별도의 규정을 두고 있으므로 위법에 근거하여 산재보상법상의 배타성 규정을 부인할 수 없다(吳鍾翰, ‘美國産災補償制度의 歷史的 展開와 現況’, 勞動法硏究 제4호, 도서출판 진원, 1994. 193面 이하 참조).

203) 吳鍾翰, 前揭論文, 84面.

산재보상절차의 선택과 관련한 법원의 입장은 사용자에 의한 경우이든 근로자에 의한 경우이든지 대체로 그 거절에는 일정한 形式的 要件을 요구하고 있다.204) 그러나 明示的 拒絶이 없는 경우에는 그 적용을 선택한 것으로 추정하거나 그 形式性을 완화하여 예컨대, 실제로 산재보상금을 지급한 바 있거나 산재보상보험금을 수령한 것이 입증되면 적용을 선택한 것으로 인정하고 있다.

c) 미국은 산재보상절차의 적용을 강제하거나 선택을 허용하는 경우이든지 業務上 災害와 관련하여 民事訴訟을 제기당할 수 있는데, 그중의 하나가 바로 산재보험을 가입하지 않고 달리 自家保險者(self-insured)로서의 요건도 갖추지 못한 경우이다.205) 이때에는 無保險 使用者가 不法行爲訴訟을 당한 경우에 同僚被傭者抗辯, 危險引受抗辯, 寄與過失抗辯 등을 할 수 없다.

d) 또한 下受給人(subcontractor)이 산재보험에 가입하지 않았더라도 元受給人(general contractor)의 산재보험에 의하여 하수급인의 근로자들이 보호되는 경우 그 근로자들이 자신들의 사용자를 상대로 不法行爲訴訟을 제기할 수 있을 것인지 문제로 되는데, 이에 대하여는 법원에 따라 견해가 상충되고 있다.206)

---

204) 吳種翰, '美國産災補償制度의 歷史的 展開와 現況', 勞動法硏究 제4호, 도서출판 진원, 1994, 86面.
205) 미국의 법원은 이러한 요건을 해석함에 있어서 사용자가 산재보상책임을 법에서 의도한 바에 따라 실질적으로 담보할 수 있는 수단을 갖추었으면 된다고 넓게 해석하고 있으며, 실제로 산재보험의 적용을 받는 한 보험증권이 누락되었거나 제출되지 않은 경우 등에도 위 요건을 갖추었다고 본다.
206) 그리고 무보험 사용자에 대하여는 이상과 같은 불이익 외에도 州에 따라서는 별도로 민사상 보상액의 일정 비율에 해당하는 罰科金(civil penalties)이 부과되거나 刑事罰(criminal penalties)이 부과되는 경우도 있다. 아울러 무

e) 그러나 미국의 경우 使用者에 대한 罰則의 일종으로서 Common Law에 기한 민사소송을 허용하는 것에 대하여 Arthur Larson은 다음과 같이 비판하고 있다. 즉, 使用者側 立場에서 볼 때 사용자에 대한 민사책임의 위협은 항상 산재법의 준수를 유도하기에 충분한 유인책이 되고 있지는 못하며, 勤勞者側 立場에서 볼 때에도 사용자에 대한 민사책임의 추궁은 사용자의 과실을 입증할 수 있느냐 여부에 따라 때로는 위험한 도박으로 여겨질 수 있다는 것이다. 뿐만 아니라 이와 같은 절차의 선택에 있어서 과연 구속력 있는 선택이 이루어졌는지, 또 선택을 무효화시킬 수 있는 詐欺·錯誤·强壓이 있었는지 여부 등과 관련한 기술적 문제에 대한 불필요한 분쟁이 야기될 수도 있다는 점이 지적되고 있다.

보험 사용자들의 벌과금을 포함한 보상책임액이 근로자들에게 확실히 지급될 수 있도록 별도의 기금을 설정한 주도 상당수 있으며, 이 경우 그 기금에서는 근로자들의 권리를 대위하여 사용자들에게 구상권을 행사할 수 있다.

제3장 産災保險과의 求償關係

제1절 求償權의 對象

Ⅰ. 勤勞者災害保障責任保險

1. 勤災保險과 産災保險의 關係

a) 근로자재해보장책임보험(이하 '勤災保險'이라 한다)은 일정한 사업장에 고용된 근로자가 업무수행 중 불의의 재해를 당한 경우 사업주가 부담하여야 할 재해보상책임과 손해배상책임을 대신하여 보험자가 보상하는 확장담보특약을 말한다. 근재보험은 勞動法과 民法, 그리고 保險法의 法理가 혼재하는 構造的 特質을 지니고 있으며, 일반 배상책임과는 별도의 普通約款과 特別約款으로 구분되어 운영된다.

b) 근재보험은 산재법 제5조 단서규정에 의한 적용제외 사업장의 근로자재해를 담보하여 근로기준법에서 정하는 재해보상책임을 지는 勤勞者災害補償責任擔保特約(Workman's Compensation: W. C Cover)과 산재법에서 정하는 산재보상책임을 다하는 産災補償責任 擔保特約, 사용인이 고용한 피용인에 의한 손해배상책임을 담보하는

使用者賠償責任擔保特約(Employer's Liability: E. L Cover) 및 非業務上災害 擴張擔保特約(24 Hour of Duty Cover) 등의 상품으로 구분된다.

2. 勤災保險과 業務上 災害

a) 일반적으로 勤災保險은 근로자가 근로의 과정에서 입은 재해에 대하여 일정한 법적 책임을 지는 손해가 발생할 경우에 이를 보상할 것을 목적으로 한 私保險을 말한다. 따라서 사용자가 피재 근로자에 대하여 勤勞基準法과 船員法上의 재해보상책임이나 民法上의 손해배상책임을 부담하는 손해사고가 발생한 것을 전제로 하여 이를 담보할 것을 내용으로 한다. 보험자는 사용자가 부담해야 하는 근로자의 업무상 재해나 질병에 대한 勤勞基準法上의 최저의무기준인 각종 義務補償 외에, 特約으로 민법상 규정한 사용자의 賠償責任을 보험자가 대신하여 부담함으로써 사용자뿐만 아니라 근로자의 안정된 직업생활을 보장해주기도 한다.

b) 또한 업무상 재해 질병뿐만 아니라 비업무상 재해, 질병도 特別約款으로 부담함으로써 勤勞者保護를 강화하고 있다. 현행 손해보험의 분류상 勤災保險은 賠償責任保險의 한 분야로 볼 수 있으나, 배상책임보험은 '피보험자가 일정한 사고로 인하여 타인의 신체 또는 재물에 피해를 입힘으로써 발생한 법률상의 배상책임을 부담함으로써 입은 손해를 담보'하고 있다. 이에 반하여 勤災保險은 '피보험자인 사용자가 民法, 勤勞基準法, 船員法上의 업무상 또는 직업상

재해로 인하여 被傭者인 근로자의 부상, 질병, 장해 또는 사망에 대
하여 근로기준법, 선원법상의 재해보상 책임과 민법상의 손해배상책
임을 부담함으로써 입은 손해를 담보'하고 있다. 즉, 배상책임보험의
피해자는 불특정다수 인 제3자인 데 비하여 勤災保險은 한정된 피
고용 근로자를 대상으로 하는 데 그 차이가 있다.207)

  c) 勤災保險의 경우에 被保險者는 '민법, 근로기준법 및 선원법상
의 사용자 또는 선박소유자이고' 被災者(他人)는 '민법 근로기준법
및 선원법상의 피용자, 근로자, 또는 선원'이 된다. 또한 保險事故는
'민법, 근로기준법 및 선원법상의 업무상 또는 직무상 재해'이고, 補
償內容은 '신체상 부상, 질병, 장해, 사망 및 행방불명'을 그 내용으
로 하고 있으며, 擔保責任은 '근로기준법 및 선원법상의 재해보상
또는 민법상의 손해배상책임'을 담보하게 된다.

3. 勤災保險의 種類

(1) 國內勤災保險

a) 국내근재보험은 산재법의 적용제외 대상인 업종에 대한 勤勞
基準法의 災害補償責任(W/C)과 民法上의 使用者賠償責任(E/L)을
담보하는 보험을 말한다. 이 보험의 초창기인 1963년에는 산재보험
의 未適用事業場(1963년, 최초입법 시 500인 이상에서 1992년 5인

---

207) 좀 더 구체화하면 배상책임보험의 피보험자, 피재자(타인), 保險事故는
    '특약으로 정하여 지며' 補償內容 '신체상의 장해 또는 재물손해가 되고'
    擔保責任은 '법률상 손해보상책임'이다.

144

이상의 사업장)이 많았으나, 2000년 7월 1일 현재에는 모든 사업장으로 산재보험의 의무가입대상이 점차 확대됨에 따라 근로기준법상의 재해보상을 담보하는 W/C 분야는 실효성이 없게 되었고, 민법상의 배상책임을 담보하는 E/L 분야 위주로 운영되고 있다.[208]

b) 사용자 배상책임 분야는 특히 建設業種에서 국내근재의 대부분을 차지하고 있어 근재보험이 산재보험의 보완하는 역할을 하고 있으나, 특정업종에 편중되어 있는 문제점이 있다. 國內勤災의 使用約款은 과거에는 英文約款 및 國文約款을 혼용하여 사용하였으나, 적용상의 번잡성을 막기 위해 1992년 8월 14일 약관 및 요율체계 개편 시 國文約款으로 통합하였다.

c) 그 후 1993년 6월 9일 변경된 使用者賠償責任 特別約款은 사회가 보상하는 손해의 범위에서 피보험자가 업무상 재해를 입은 근로자에게 지급해야 할 損害賠償金은 1사고 당 업무상 재해에 대하여 증권에 기재된 補償限度額으로 하고 있으며, 또 피보험자가 손해배상에 관한 소송을 위하여 회사에 서면동의를 받아 지급한 금액 및 피보험자가 보통약관에서 정한 협력을 위하여 지급한 비용 전액으로 하고 있다.

(2) 海外勤災保險

a) 1960년대 월남전쟁에 우리나라 근로자가 진출하여 당시 大韓再保險公社와 美國保險協會(AIU ; Association Insurance United)가

---

208) 양자의 차이점은 W/C의 재해보상이 근로기준법에 의거 使用者 無過失責任主義에 따른다면 E/L 즉, 使用者賠償責任은 不法行爲에 따른 過失責任主義를 원칙으로 하고 있다는 점이다.

합작하여 海外保險事業을 하였고, 그 후 중동건설특수에 따른 해외 근재보험을 引受하였으며 정부는 1977년 12월 19일 산재법을 개정하여 국외사업에 대한 특례규정을 신설함으로써 이로 인하여 민간보험사가 해외근재보험사업을 할 수 있는 근거를 마련하였다. 따라서 우리나라가 당사국이 된 사회보험에 대한 협약이나 협정 기타 대통령령이 정하는 국가나 지역에서 우리나라 기업이 행하는 사업에 대하여는 민영보험사로 하여금 산재법에 의한 보험사업을 할 수 있게(산재법 제105조 국외사업에 대한 特例)하고 있으며, 同法上 特例條項의 내용은 다음과 같다.

첫째, 國外勤勞期間中 발생한 근로자의 재해를 보장하기 위하여 우리나라가 당사국이 된 사회보험에 관한 제약이나 협정 其他(이하 '사회보장 조약'이라 한다) 대통령령이 정하는 국가나 지역에서의 사업에 대하여는 노동부장관이 재무부장관과 협의하여 지정하는 자(이하 '보험회사'라 한다)로 하여금 산재보험법에 의한 보험사업을 자기의 계산으로 영위하게 할 수 있다.

둘째, 保險會社는 보험법의 규정에 의한 사업방법에 따라 보험사업을 영위한다. 이 경우 보험회사가 지급하는 보험급여는 산재법에 의한 보험급여보다 근로자에게 불이익하여서는 아니 된다.

셋째, 보험회사는 산재법과 근로자를 위한 사회보장 관련조약에서 정부가 부담하는 모든 책임을 성실하게 이행하여야 한다.

넷째, 해외 근로자를 위한 보험사업을 영위함에 있어서 보험회사는 산재법에 의한 勤勞福社公團의 권한을 행사할 수 있다.

b) 해외 근로자의 경우 적용되는 勤災保險約款은 근로자 재해보

상책임담보 특별약관에서 세분된 '災害補償責任擔保 特別約款(근로기준법의 적용대상 근로자)'과 '災害補償責任擔保 追加特別約款(산재법의 적용대상 근로자)' 그리고 非業務上災害 擴張擔保 特別約款(선원 및 해외 근로자용)이 쓰이며, 지역에 따라 '업무상 재해에 대한 補償特別約款(쿠웨이트 근로자용)' 및 업무상 재해에 대한 現地治療費 및 休業補償金 擔保附 追加特別約款(사우디아라비아 근로자용)이 사용된다. 여기에서 쿠웨이트 또는 사우디아라비아 근로자용 약관은 그 나라의 현지 사회보험제도에 따라 담보되는 부분을 제외하기 위한 약관이라는 점에서 특징이 있다.

(3) 勤災保險普通約款 및 特別約款

a) 勤災保險普通約款은 보상하는 손해와 보상하지 않는 손해에 대하여 구분하고 있다. 보상하는 손해는 피보험자의 근로자에게 생긴 업무상 재해로 인하여 피보험자가 부담하는 손해를 근재보험보통약관 및 특별약관의 규정에 의해 보상한다. 이 경우 災害原因이 된 사실이 보험증권에 기재된 보험기간 중에 생긴 경우에 한한다.

b) 보상하지 않는 손해를 살펴보면 첫째, 保險契約者 및 被保險者(법인의 경우에는 그 이사 또는 법인의 업무를 집행하는 그 밖의 기관) 또는 이들의 법정대리인의 고의나 법령위반으로 인한 손해, 둘째, 근로자의 고의 또는 범죄행위에 의한 손해는 보상하지 아니 하나, 이 경우 근로자가 입은 손해는 보상한다. 셋째, 無免許運轉 또는 음주운전 중에 생긴 손해는 보상하지 아니 하나 이 경우 근로자가 입은 손해는 보상한다. 넷째, 피보험자의 하도급인 및 근로자에

게 생긴 손해는 보상하지 아니 하나, 보험계약을 맺을 때 미리 정하여 이에 해당하는 보험료를 납부하였을 때는 보상한다. 이외에 지진, 분화, 해일 또는 천재지변, 전쟁 등과 비슷한 손해 등의 경우에는 면책하고 있다.

c) 또한 勤災保險特別約款은 첫째, 해외 근로자의 송환비용을 합리적인 금액으로 한정하여 부담하거나 임금의 부실고지를 방지하기 위하여 마련된 것으로 둘째, 보험계약자 또는 피보험자가 고지한 월임금이 동약관에서 정한 일정액 미달할 경우에 요양비를 부담하는 요양보상의 특별조항을 포함하는 약관을 말한다.

⑷ 使用者賠償責任特別約款

사용자배상책임특별약관에 의한 근재보험은 사용자가 민법 제750조에 의하여 고의 또는 과실로 인한 위법행위로 근로자를 사상케 하거나 민법 제756조에 의한 피용자가 그 사무집행에 관하여 제3자에게 손해를 준 때, 즉 被害勤勞者를 死傷케 한 경우에 손해를 보상하는 것이다. 이 경우 사용자는 부주의 즉, 주의를 게을리 하여 위법한 결과를 발생시키지 않는 한 과실책임이 없다. 그러나 産業安全保健法의 위반이나 불안전한 기계의 사용 등에 따른 산업재해의 발생가능성을 예견하지 못하여 결과회피를 하지 못하였으면 주의의무위반으로 과실이 인정된다.

4. 産災保險給與와의 求償關係

근재보험이 산재보험과의 구상관계에서 주로 문제가 되는 것은 국외사업장의 보험회사가 구상권을 행사할 수 있는가 하는 것이다. 산재법 제54조의 구상권은 保險事業의 주체가 되는 자에게 모두 적용된다고 보아야 한다. 따라서 國外事業場에서 근로자가 재해를 당한 경우에는 산재법 제105조에 의해 국외사업의 특례가 적용되므로, 보험회사도 이법에 의한 勤勞福祉公團의 권한을 행사할 수 있다. 또한 국내사업이라도 근로자의 피해에 대한 배상책임을 전제로 보험에 가입한 경우 또는 사용자의 고의나 과실에 대한 使用者賠償責任을 근재보험에 가입하여 손해를 담보하는 경우에는 산재보험과 求償關係가 성립한다.

Ⅱ. 交通事故에 의한 第3者의 加害行爲

1. 自動車事故와 産災保險의 免責

(1) 運行者責任과 損害賠償의 範圍

a) 自動車損害賠償保障法(이하 '자배법'이라 한다)은 민법상의 불법행위책임원리의 수정형식으로 출발하여 자동차의 운행으로 사람의 생명·신체가 사상된 경우에 그 손해배상을 보장하는 제도를 확립함으로써 피해자의 보호를 도모하고 자동차 운송의 건전한 발달

을 촉진함을 목적(자배법 제1조)으로 제정되었다. 자배법 제3조에 의하면, '자기를 위하여 자동차를 운행하는 자(이하 '운행자'라 한다) 는 그 운행으로 인하여 타인의 생명 또는 신체를 사상한 때에는 승객 이외의 자가 사상한 경우에 있어서는 첫째, 자기 및 운전자가 자동차의 운행에 관하여 주의를 태만히 하지 아니하였고 둘째, 피해자 또는 운전자 이외의 제3자에게 고의과실이 있으며 셋째, 자동차의 구조상 결함 또는 기능의 장애가 없었음을 모두 주장입증하지 않는 한 그리고 승객의 경우에 있어서는 고의 및 자살행위로 인하여 사상한 경우임을 입증하지 않는 한 언제나 손해배상책임을 진다.'고 규정하고 있다.

 b) 타인을 사용하여 어떤 사무에 종사하게 한 자 및 사용자에 갈음하여 그 사무를 감독하는 자는 피용자가 그 사무집행에 관하여 제3자에게 손해를 입힌 때에는 그 피용자의 선임 및 사무감독을 게을리 하지 않았음을 입증하지 못하면 손해를 배상할 책임이 있다. 이는 일반적으로 피용자는 재력이 부족하기에 보다 財産能力이 충분한 사용자에게 이러한 사용자 책임을 부여하여 피해자보호에 만전을 기하기 위한 제도이다. 이러한 使用者責任(민법 제756조)은 일반 不法行爲와 달리 특수한 경우인데, 민법의 사용자책임에 대한 특칙이 바로 自動車損害賠償保障法 제3조이다.

 c) 使用者責任을 인정시키기 위한 성립요건으로는 첫째, 타인을 사용하여 어느 사무에 종사하게 할 것, 둘째, 피용자가 사무집행에 관하여 손해를 주었을 것, 셋째, 제3자에게 손해를 가했을 것, 넷째, 피용자에게 책임요건이 있을 것 등을 들 수 있다. 피용자 즉, 근로

150

자의 과실로 어떠한 손해가 생긴 경우 그 근로자의 행위가 사무집행에 관한 것이었다면 그 사용자로서 사업주가 책임을 지게 된다.209) 이는 自動車損害賠償保障法 제3조의 運行支配 및 運行利益과 관련되는 것으로서, 이와 관련해 주로 다뤄지는 것이 택시회사의 운전직 근로자가 다른 회사의 근로자를 치어 사고가 일어나는 교통사고를 들 수 있다.

(2) 特別規定과 優先的 適用

a) 자배법의 규정내용을 민법 제750조와 비교하면 첫째, 損害賠償의 범위를 인적 손해에 국한시키고 둘째, 불법행위요건 중 가해자의 고의·과실을 배제하고 셋째, 운전자보다도 운행자에게 중한 책임을 과한 결과, 운행자는 이러한 세 가지 면책요건상 규정한 과실이 있다고 추정함으로써 입증책임을 전도시켜 무과실책임에 가까운 손해배상의무를 정하고 있다. 이와 같은 법규정취지를 결합하면 자배법은 민법 제750조 및 제756조의 특별규정이라고 해석된다.

b) 대법원은 한때 請求權競合說210)을 취한 적이 있으나, 「자배법은 민법 제750조의 특별규정이므로 자배법의 적용을 소구하지 아니

---

209) 교통사고로 인한 손해배상액 산정에 있어 피해자에게도 잘못이 있는 경우 법원은 그 비율만큼 損害賠償額을 감액한다. 이와 같이 피해자의 과실을 참작하는 것을 過失相計라고 한다. 과실상계는 법원에서 직권으로 결정한다. 한편 불법행위에 있어서 가해자의 과실은 義務違反이란 강력한 과실인 데 반하여, 피해자의 과실을 따지는 과실상계에 있어서의 과실이란 앞의 것과는 달리 사회통념상 신의성실의 원칙상 공동생활상 요구되는 약한 의미의 부주의를 가리키는 것으로 보아야 할 것이다.

210) 大判 1970. 8. 31, 70다714.

하였다 하여도 민법상 손해배상의 규정에 우선하여 자배법을 적용하여야 한다.」고 누누이 判示[211]함으로써 法條競合說을 취하고 민법의 특별규정임을 확실히 하였다. 그러나 자배법이 優先適用된다 하더라도 민법적용이 배제되는 것은 아니다. 따라서 차량의 후진을 유도하던 피해자는 자배법상 '他人'으로는 보호받지 못하므로 민법상의 불법행위책임을 추궁할 수밖에 없다.[212] 또한 자동차에 키를 꽂아놓은 채 도로상에 방치하여 제3자의 절취운전을 가능케 하고, 그 절취운전으로 인하여 손해를 입은 피해자는 역시 민법상의 불법행위책임을 추궁할 수밖에 없다.[213]

(3) 自動車保險의 免責約款

a) 자동차사고의 발생은 자동차를 소유·사용 또는 관리하는 자의 고의나 과실 또는 무과실에 기인한다고 할 수 있다. 여기에서 고의에 의한 고의사고, 과실에 의한 과실사고, 무과실에 의한 無過失 事故로 분류된다. 미래 우연한 사고를 전제로 하여 성립되는 모든 보험계약의 각 보험약관에서는 물론, 보험계약법인 商法 제659조(保險者 免責事由) 제1항에서도 고의사고에 대해서는 보험자의 책임이 발생하지 않는 것으로 규정하고 있다.

b) 自動車損害賠償保障法에 기초하여 최저보상을 행하고 있는 責任保險의 約款 제3조(보상하지 아니하는 손해)에 의하면, '회사는 보험계약자, 피보험자의 고의로 인한 손해에 대하여는 보상하지 않으

---

211) 大判 1967. 9. 26, 67다1695.
212) 大判 1987. 10. 28, 87다카1388.
213) 大判 1988. 3. 22, 86다카2747.

며, 회사는 고의로 인하여 손해가 발생한 경우, 자배법 제12조의 규정에 따라 회사가 피해자에게 손해배상을 지급한 때에는 피보험자에게 그 금액의 지급을 청구할 수 있다'고 규정하여 피보험자 측의 고의사고에 대해서도 피해자의 직접청구가 있으면 우선 피해자의 손해를 보상하고 추후에 피보험자 측에 그 금액의 반환을 청구하도록 하고 있다.

(4) 綜合保險約款上 免責事由

1) 免責事由의 意味

보험계약은 보험기간 안에 보험사고가 생긴 경우에는 보험자가 保險金支給責任을 지는 것으로 하는 한편 일정한 경우 보험자의 보험금지급책임을 면제하는 사유를 정하고 있는데, 이를 보험자의 면책사유라 한다. 보험제도가 보험단체 안에서 위험을 효율적으로 분산시켜 위험에 대비하기 위한 제도라는 점에서 보험계약자 등에 의한 도덕적 위험을 방지하고, 나아가서는 보험사업의 합리적인 운영을 위해서 보험자의 면책사유를 인정하고 있다. 면책사유는 商法에 규정하고 있는 商法上免責事由(法定免責事由)와 각 약관에서 정하고 있는 約定上免責事由(約定免責事由)로 나누어진다.214)

---

214) 법적면책사유에는 상법 제4편(보험) 제1장(통칙)에 규정되어 있는 손해보험, 인보험의 공통면책사유, 동법 제2장(손해보험)에 규정되어 있는 손해보험 면책사유 및 동법 동편 제3장(인보험)에 규정되어 있는 인보험 면책사유 등이 있다.

2) 責任保險의 免責事由

綜合保險約款 제3조의 '보상하지 아니하는 손해'에 대한 규정에 의하면, 회사는 보험계약자, 피보험자의 고의로 인한 손해에 대하여는 보상하지 않는다고 규정하여, 責任保險에서 보험자의 면책사유는 유일하게 '고의로 인한 손해' 하나만 정하여져 있다. 미래의 우연한 사고를 전제로 성립하는 보험계약에 있어서 被保險者側의 고의로 인한 손해는 우연성이 결여되어 있어 보험자의 책임을 면제하는 것은 당연한 것이다. 그러므로 피보험자 측의 고의로 인한 손해만 보험자 면책사유로 규정하고 있을 뿐 다른 면책사유가 존재하지 않는 것은 사실상 無免許保險이 실현된 것이다.[215]

3) 勤勞者災害의 免責事由

a) 綜合保險普通約款 제10조의 特則規定에 의하면 賠償責任義務가 있는 피보험자의 피용자로서 산재법에 의한 재해보상을 받을 수 있는 사람(이하 '被傭者災害免責規定'이라 한다)과 피보험자가 자동차를 사용자의 업무에 사용하는 경우 그 사용자의 업무에 종사 중인 다른 피용자로서 산재법에 의한 재해보상을 받을 수 있는 사람(이하 '同僚災害免責規定'이라 한다. 다만, 피용자인 記名被保險者가 法律上損害賠償責任을 지는 경우에는 그 손해를 보상한다.)이 죽거나 다친 경우에는 종합보험에서 보상하지 아니한다고 규정하고 있다. 이 두 면책규정을 합하여 勤勞者災害 免責規定이라 한다. 이는

---

215) 강경식 외 3인, "산재보험제도와 다른 보험제도의 연관성에 관한 연구" 고려대 산업정보대학원 수료 논문집, 1997, 26면 이하.

154

피보험자동차를 사용자가 사용·관리 중에 그 사용자의 업무에 종사 중인 피용자를 사상케 하거나, 동 자동차를 그 사용자의 피용자가 사용자의 업무에 사용하던 중 다른 同僚被傭者를 사상케 한 경우에는 綜合保險對人賠償에서는 보상하지 아니한다는 의미이다.

b) 이와 같이 본래 제3자에 대한 배상책임으로 인한 손해를 보전하기 위한 自動車保險의 保險事故를 기업의 위험에 속하는 것으로 보아 산재보험의 위험으로 처리하고자 하는 것이다. 면책규정에 대한 또 하나의 이유는 근로자 업무상 재해를 당한 경우에는 사용자의 피용자에 대한 책임을 근로기준법상의 재해보상책임 또는 산재법상의 산재보상책임으로 넘기는 것과 동시에 자동차가 업무에 사용될 경우에 그 운행으로 업무에 종사 중인 피용자가 재해를 당할 위험이 일반적으로 높기 때문에 그와 같은 위험을 전형적으로 綜合保險對人賠償의 보상대상으로부터 제외시키고 있다.

c) 자동차보험 등의 손해배상액의 지불과 산재법에 의한 보험급여는 다같이 피해자가 입은 손해의 전보를 목적으로 하는 것이기 때문에 양자를 조정할 필요가 생기게 된다. 제3자에 대한 賠償責任을 전보하는 것을 목적으로 한 자동차종합보험의 對人賠償範圍에서는 勤勞者災害를 제외하고 있는 취지는 商法 제659조에 규정된 免責事由보다 보험계약자에게 불이익하게 변경된 규정이라고 볼 수 없다.216)

---

216) 大判 1989. 11. 14, 88다카29177.

⑸ 業務上 災害의 免責條項에 대한 學說

1) 有效說

이 설은 自動車綜合保險約款 제11조 제2항 제4호 대인배상 Ⅱ-責任保險超過損害의 경우 賠償責任義務가 있는 피보험자의 피용자로서 산재보험법에 의한 산재보험을 받을 수 있는 사람이 죽거나 다친 경우에는 보상하지 아니한다는 이른바 免責條項이 유효하다는 입장이다.[217]

---

[217] 이러한 유효성을 인정하는 논거는 다음과 같다. 첫째, 업무상의 자동차사고는 통상적인 자동차의 운행으로 인한 사고와는 구별되는 위험이기 때문에 자동차보험에서 담보할 성질의 것이 아니다. 즉, 자동차가 업무에 사용되는 경우에는 그 운행에 의하여 업무에 종사하는 피용자가 재해를 입을 위험이 일반적으로 높아지기 때문에 그와 같은 위험을 정형적으로 자동차보험의 대상에서 제외한 것은 타당하다고 한다.

따라서 위 면책조항은 업무상 재해사고를 그 인수위험의 범위에서 제외하는 담보위험제외사유를 규정한 데 불과하므로 책임면책사유를 대상으로 한 상법 제663조나 약관규제법 제7조의 위반 문제는 생길 여지가 없다는 것이다. 둘째, 업무상 자동차사고는 일반 자동차사고보다 그 위험률이 높기 때문에 자동차보험의 보험료를 산정함에 있어서 업무상 사고로 인한 손해까지도 담보하려면 그에 상응하는 보험료를 추가로 지급받아야 하는데 이를 고려하지 아니하였기 때문에 현재의 보험료체계하에서 이를 담보하라는 것은 부당하다는 것이다.

셋째, 우리나라에는 업무상 재해보험으로서 국가에서 운영하는 산재보험 외에도 민영의 근로자재해보상보험(Workmen's Compensation Insurance)에 가입할 수 있고, 이들 보험의 보상한도를 초과하는 법률상 손해배상책임을 담보 받고자 할 때에는 사용자배상책임보험(Employer's Liability Insurance)에 가입할 수 있으므로 사용자는 자동차사고를 포함한 모든 업무상 재해에 대비할 수 있으며, 영국, 독일이나 프랑스, 일본 등의 외국에서도 업무상 자동차사고는 자동차보험이 아닌 업무상 재해보험에서 담보하고 있다는 것이다. 넷째, 자동차임의대인배상책임보험을 무한배상책임보험으

2) 無效說

이 설은 자동차종합보험보통약관 중 근로자의 업무상 재해에 대한 면책조항이 商法, 約款規制法 등의 諸規程에 비추어 무효라는 입장이다. 이에 대한 논거는 위 면책조항에 의하면 자동차사고의 피해자가 우연히 근로기준법에 의해 재해보상을 받을 수 있다는 사실을 자동차보험에서 보상하지 아니할 사고로 정하고 있으나, 이 경우 피해자는 자동차의 운행을 지배하는 지위에 있는 것도 아니고 그 자동차사고와 피해자의 업무수행 사이에 직접적인 관계가 있는 것도 아니라고 한다. 단지 피해자가 우연히 다른 보상을 받을 수 있다는 것뿐이며, 그러한 우연한 사유를 가지고 보험회사가 보상하지 아니할 사유를 가진다면 민사상의 불법행위책임을 보장하는 자동차보험의 취지에 어긋난다는 것이다.[218]

로 한 데 대하여는 오늘날 보험정책상 많은 비판이 제기되고 있다.

218) 이외 논거는 다음과 같다. 첫째, 근로기준법에 의한 재해보상은 그 한도가 정하여져 있는데 민사상의 불법행위책임은 한도가 정하여져 있지 않다. 이로 인하여 약관 제11조 제2항 제4호의 경우와 제5호의 경우 공히 피보험자가 근로기준법에 의한 재해보상을 넘는 손해에 대하여 실제로 민사상의 배상책임을 지게 된다. 제4호 제5호 사이에 사실상의 차이를 발견할 수 없었는데도 제5호는 약관심사위원회의 무효심결에 의하여 단서 규정으로서 결국 피보험자가 근로기준법에 의한 재해보상을 넘는 손해에 대하여 민사상의 배상책임을 지게 되어 면책문제가 해소되었으나, 제4호는 여전히 이러한 민사책임의 인수를 거부하고 있어 보험계약자 및 피보험자에게 부당하게 불리할 뿐만 아니라 계약의 거래형태 등 제반 사정에 비추어 예상하기 어려운 조항이므로 약관규제법 제6조 제2항 제1호 및 제2호에 해당되어 무효라는 것이다.
둘째, 산재보험은 사용자가 근로자의 업무상 재해로 인한 손해를 전보할 능력이 없는 경우에 대비하여 근로자를 보호하기 위한 필요 최소한의 금

3) 折衷說

a) 사용자나 근로자 모두 업무상 재해위험과 통상의 자동차위험이 서로 다르며, 업무상 재해위험을 담보하기 위한 산재보험 등이 마련되어 있다는 사실들을 인식할 수 있을 것이다. 따라서 約款規制法 제6조 제2호가 고객이 계약의 거래형태 등 여러 사정에 비추어 예상하기 어려운 약관조항은 이를 계약내용으로 삼지 않는다는 이

액을 지급하는 제도인데 산재보험제도가 있다고 하여 근로자의 업무상 자동차사고로 인한 손해가 자동차보험의 담보위험에서 제외되었다고 풀이하는 것은 근로자를 보호하려고 생긴 제도가 도리어 근로자에게 피해를 주는 결과를 가져오게 되어 부당하다는 것이다.

셋째, 현행 산재보험만으로는 재해의 충분한 보상이 어렵고 근로자재해보상보험 및 사용자배상책임보험은 실제 이용률이 극히 저조하여 거의 무의미한 제도이며, 자동차사고로 인한 산업재해를 자동차사고로서의 측면과 성질을 무시하고 산재로만 파악하여야 할 합리적 이유가 없는데, 산재보험과 자동차보험은 양자가 중첩되는 부분을 넘어서서 자동차보험의 완전면책을 약관에 정하는 것은 商法 제663조의 不利益變更禁止規定에 위반하여 무효라 할 것이고 나아가 約款規制法 제7조 제2호에 해당하여 무효라는 것이다. 넷째, 근로자의 업무상 자동차사고는 하나의 사고가 업무재해이면서 자동차사고라고 하는 이중적 성격을 가지기 때문에 두 가지 보험급여청구권이 동시에 발생하는 것이지만 이 양 급여의 관계에서는 그 조정이 필요할 뿐 어느 하나의 청구권을 행사할 수 없도록 하는 위 면책약관의 효력은 원칙적으로 무효라고 한다. 다만, 이중적인 성격을 갖는 사고를 어느 하나의 사고로만 취급하여 그 보상관계를 처리하는 것은 실질관계에 부합하지 아니할 뿐 아니라 피해자 구제를 적정한 보상을 실현할 수 없으므로 산재보험급여의 한도를 초과하는 현실의 손해에 대하여는 자동차보험에서 이를 보상해줄 수 있도록 개정하는 것이 타당하다. 즉, 개정 전 自動車保險普通約款 제10조 제4호를 삭제하고 제10조 제3항을 신설하여 배상책임의무 있는 피보험자의 피용자가 동일한 사유에 대하여 산재보험급여를 받을 수 있는 경우에는 그 보상의 한도에서 면책된다는 뜻을 규정하는 것이 바람직하다고 한다.

른바, 意外性의 原則通用이 배제된다고 할 수 있다는 견해에 대하여 피보험자가 산재보험이 별도로 있다는 사실을 알았으나 그 적용대상이 되지 않아서 가입하지 못하여 산재보상을 받지 못한 경우도 免責約款이 적용되는 것이라면 오히려 意外性의 原則은 통용되어야 한다는 입장으로 볼 수도 있다.

b) 우리나라의 보험모집 실태와 일반 보험계약자 또는 영세한 사용자, 더욱이 일용근로자의 처지에서 볼 때 그 구체적인 내용에 대한 豫想可能性이 있었다고 보는 것은 무리이므로 이 면책조항은 근로자가 산재보험의 보상을 받을 수 있는 때에 보험자가 그 범위 내에서 책임을 면하는 것으로 이해하여야 한다. 즉, 근로자의 수령 또는 수령 가능한 산재보험급여의 범위 내에서만 위 免責約款이 유효하고 그 범위를 넘어서면 무효라고 해석함이 타당하다. 이 설은 면책약관이 완전히 무효라는 입장이라기보다는 산재보험급여를 초과하는 부분에 대한 효력을 배제하고자 하는 一部 無效說이라 할 수 있다.

⑹ 産災保險給與와 求償關係

1) 自動車保險과의 求償關係

a) 우리나라에서 현재 실시되고 있는 자동차보험은 두 가지 종류로 나누어 볼 수 있다. 첫째는 自動車損害賠償責任保險이고, 둘째는 自動車綜合保險이다. 前者는 가입이 강제되는 것으로서 피보험자가 자동차의 운행으로 타인의 생명 또는 신체를 사상케 하여 손해배상 책임을 지게 되는 경우에 보험회사가 一定金額의 範圍內에서 보상해 주는 보험이다. 이 보험은 그 보험금액의 한도가 정하여져 있고

모든 자동차의 소유자는 반드시 이 보험에 가입하여야 한다(자배법 제5조).

後者의 경우에는 自動車事故와 관련된 인적 손해 및 물적 손해의 보상을 목적으로 하는 보험으로서 보험자가 배상보험의 항목을 선택하여 가입할 수 있는 任意性을 지니고 있다. 따라서 자동차종합보험은 보험사업자와 보험가입자 간에 보험약관에 의하여 보험계약이 체결되므로 일정한 免責事由를 정하고 있다. 이러한 보험은 근로자의 업무 중 교통사고에 대하여 면책처리를 하고 있어 求償權行使에 문제가 되고 있다.

b) 산재보험이 자동차보험과 조정이나 求償權行使의 사유가 경합되는 경우에는 첫째, 被害勤勞者가 업무를 수행 중에 있을 때 제3자인 운행자가 고의 또는 과실로 근로자를 死傷하게 하는 경우로서, 이때에 被害勤勞者나 유족은 加害者側이나 自動車保險을 상대로 損害賠償을 청구할 수 있다. 동시에 우선적으로 산재보험을 청구한 경우에는 勤勞福祉公團이 求償權을 代位할 수 있다. 둘째, 加害者인 勤勞者로서 업무로 운행 중 고의 또는 과실로 다른 근로자에게 피해를 주었다면 가해자 측의 피해는 자동차종합보험의 약관상 면책된다. 그러나 피해자는 업무수행 중이냐의 여부에 따라 산재보험이나 자동차보험을 선택적으로 청구할 수 있다. 이러한 경우에 被害勤勞者와 관련하여 求償權行使의 문제가 발생한다.

2) 産災保險과의 調整對象

자동차 손해배상책임보험에서 지불되는 손해배상은 부상의 경우에는 치료비, 逸失所得으로서 賃金喪失分, 身體障害로 인한 障害補

償을 포함하고 사망 시에는 일실이익으로서 책임보험, 장례비 등이 일정액 한도에서 지급된다. 또한 대물피해에 대하여도 자동차보험의 종류에 따라 피해보상을 하여 준다. 이 경우 자동차보험에서 지급되는 금품은 피해근로자의 월 급여를 기준으로 산정한다. 그러나 자동차보험과 산재보상보험에서 조정대상이 되는 것은 동일한 사유인 치료비와 임금상실분에 국한한 것이며, 고통에 대한 금액인 정신적·육체적 위자료의 성격을 가지는 것은 조정의 대상이 되는 금품에 포함되지 않는다.

3) 損害賠償請求와 立證責任

a) 교통사고의 경우 당사자 간에 적절히 합의가 되어 해결되면 다행이지만 합의가 이뤄지지 않는 경우 피해자는 가해자를 상대로 損害賠償請求訴訟을 제기하거나 산재보상보험을 청구할 수 있다. 소송을 제기하기 위해서는 무엇보다도 타당한 주장과 사실관계를 입증할 만한 증거자료가 필요하다. 따라서 정확한 교통사고의 경위를 기술하고 손해배상의 책임 있는 사람을 상대로 손해에 대한 구체적인 증거에 의하여 그 배상액을 산정하여 주장하여야 한다. 또한 산재사고의 경우 업무상 재해여부를 고려하여 산재보험을 지급하므로 業務遂行性을 입증하여야 한다. 따라서 교통사고의 경우 근로자가 출장을 가거나 업무수행 중에 있었다는 것을 입증하여야 한다.

b) 또한 근로자가 일정한 직업을 갖고 한달에 180만 원씩 받았었다는 것에 대해 믿을 만한 증거를 제시하여야 보험급여 또는 자동차보험금을 수령하는 데 불이익이 없다. 만일 주장만 해놓고 정확한 증거를 제출하지 못하면 이러한 주장은 배척된다. 자배법에 의하여

賠償請求를 하는 경우에는 원칙적으로 불법행위를 주장하는 피해자에게 주장의 立證責任이 있으므로, 피해자인 근로자는 고의·과실, 위법성, 손해의 발생, 인과관계 등에 관하여 주장·입증해야 한다.

2. 鐵道事故에 의한 災害

(1) 旅客의 損害에 대한 責任

1) 旅客運送契約

a) 여객운송계약은 여객을 안전하게 지체 없이 목적지에 운송할 것을 목적으로 하는 것이므로 운송인은 善良한 管理者의 주의의무로서 채무를 성실히 이행하여야 한다. 旅客運送契約은 승차권에 표시된 始發驛과 到着驛 사이에 존속하는데, 운송인은 여객이 열차에 승차한 후 운송도중 사고가 발생하였거나 여객이 승·하차 중에 실족·추락하는 경우는 물론 승차권을 구입하여 열차를 타려고 또는 열차에서 내려 역 밖으로 나가려고 하다가 일어난 역구내에서 일어난 사고에 대하여도 그것이 운송과 밀접히 관련된 경우에 역시 그 책임이 있다고 할 것이다.[219]

---

219) 다만, 입장권을 소지한 자가 객차 안까지 들어가 전송을 한 다음 진행 중인 열차에서 뛰어 내리다가 사망한 사고에 대해 판례(대판 1991. 11. 8, 91다20623)는 「입장권 발매로써 여객운송계약이 체결되었다고 볼 수 없고, 아울러 위 사고가 오로지 위 망인이 구내방송에 따라 우선 열차 내에 오르지 아니 하여야 하고, 승차한 경우라도 열차 출발 전에 조속히 하차하여야 하는 등 주의의무를 위반한 과실로 발생한 것이므로 국가(철도청)의 여객운송인으로서의 책임이나 사용자책임을 인정할 수 없다」고 판시하였다.

b) 그 의무의 내용은 운송방법·거리·운임 등 각종의 사정에 따라 다를 것이고, 또 계약의 내용에 따라 결정되어야 할 것이다. 旅客運送人은 자기 또는 그 사용인이 운송에 관하여 주의를 게을리 하지 않았음을 증명하지 않으면 여객이 운송으로 인하여 받은 손해를 배상할 책임을 면하지 못한다(商法 제148조 제1항). 이 규정은 債務不履行으로 인한 損害賠償에 관한 일반 원칙을 재확인한 것이다(民法 제390조 이하 참조).

2) 損害賠償의 範圍

여객이 운송인의 채무불이행으로 인하여 손해를 입은 경우에는 그것이 사상에 의한 손해이든 피복의 손해이든 이를 배상하여야 한다. 여객이 사망 또는 상해를 입은 경우에 여객은 재산적 손해뿐만 아니라 정신적 손해(慰藉料)의 배상을 청구할 수 있다. 다만, 상법 제148조 제2항은 「손해배상의 액을 정함에는 법원은 피해자와 가족의 정상을 참작하여야 한다.」고 규정하고 있어서, 당사자의 特別損害에 대한 예견유무를 묻지 않고 법원이 이를 참작한다. 이는 여객의 개성을 중시한 여객보호의 규정으로서 민법의 일반 원칙에 대한 예외를 이루고 있다(민법 제393조 제2항). 여객에 대한 損害賠償의 시효에 관하여는 특별규정을 두고 있지 않으므로, 商行爲에 의하여 생긴 채무로서 5년의 短期時效가 적용된다(상법 제64조).

(2) 公衆에 대한 損害

1) 事故의 特殊性

철도사고는 자동차사고에 비하여 많은 特殊性이 인정된다. 기차
는 일정한 궤도 위를 고속으로 달리게 되므로 보행자나 자동차보다
優先通行權을 인정받고 있다. 따라서 보행자나 自動車運轉者는 건널
목(철로교차로)을 통과할 때에는 항상 기차의 경적이 나지 않는가를
잘 주의하고 건널목에서 일시 정지하여 좌우를 살펴볼 의무를 진
다.[220) 또한, 보행이 금지된 軌道區域內나 철교 위를 걷거나 횡단하
여 사고를 당한 경우에는 위험의 인도가 있는 것으로서 損害賠償請
求權이 부정되는 경우도 있다.

2) 건널목의 事故

철도사고에 관한 특별법이 없는 현재로서는 민법의 일반원칙에
의해서 판단하는 수밖에 없다. 따라서 건널목 사고의 책임을 판단하
기 위한 기준으로서의 두 가지 경우를 생각할 수 있다.[221) 즉, 첫째
민법 제750조 이하의 一般不法行爲理論에 의하고, 둘째 민법 제758
조의 공작물 등의 점유자·소유자의 책임에 의하는 것이다. 前者는
기차의 운전사 또는 건널목지기(간수)의 과실의 유무를 판단하고(민
법 750조), 과실이 있는 경우에는 사용자인 철도경영자(鐵道廳)에
使用者責任을 지우는 방법이다. 後者는 궤도설비 전체를 하나의 공
작물(민법 758조)로 보고, 건널목의 保安設備의 危險豫防義務와 설

---

220) 大判 1967. 9. 19, 67다1719.
221) 黃迪仁, '事故責任', 經營法學全集 제5권, 新榮出版社, 1970, 203面.

비의 하자가 있는지에 따라 판단하여야 한다. 더욱이, 민법 제758조에 의한 경우는 무과실책임을 부담하여야 하는 것이므로 피해자에게 유리하다.

3) 軌道上의 事故

궤도운전사는 橫斷步行者나 다른 차에 주의하여 운전하지 않으면 안 된다. 注意義務의 구체적 내용으로서는 첫째, 궤도를 따라 보행하는 자가 있는 경우에 運轉士는 경적을 울리고 서행하여야 하며 둘째, 또 전방을 특별히 주시 경계하여야 하고 셋째, 對向車가 있는 경우에는 그 동정을 주시하고 어느 때나 급정차를 할 수 있도록 용의주도한 주의를 하여야 하는 것 등이다.

(3) 産災保險給與와의 求償關係

철도사고에 관해서는 우리나라에 특별법이 아직 제정되어 있지 않다. 그러므로 철도사고에 관하여는 민법에 의하는 수밖에 없다. 다만, 운송화물의 멸실·훼손 또는 지연으로 인하여 발생한 손해에 대한 鐵道經營者의 責任에 관하여는 실정법상의 규정이 있으나(鐵道法 제72조 이하, 鐵道運送規程 제72조 이하), 人身事故에 대하여는 규정하는 바가 없다.222) 따라서 산재보험과의 관계에서 경합이

---

222) 철도사고에 의한 책임에 관하여는 각국이 그 모습을 각기 달리하고 있어서, 독일의 경우는 아주 일찍부터 철도사고에 관한 무과실책임을 인정한 특별법을 제정하고, 스위스도 대체로 이와 비슷하다. 프랑스의 경우에는 특별법을 제정함이 없이 민법의 규정(동법 제1384조)의 확장해석으로 무과실책임을 인정하고 있다. 이점에 있어서 우리나라는 프랑스의 경우와 같다. 철도사고에 의한 책임은 여객에 대한 손해와 그 밖에 공중에 대한 손

되는 것은 근로자가 업무수행을 위해 여객으로 탑승을 한 경우나 일반 공중인으로 건널목을 통과할 때 일어나는 사고가 구상대상이 된다. 철도궤도상의 재해는 일반인의 경우 사고의 개연성이 매우 적으나, 철로보수공사나 직무를 수행하는 경우에는 사고원인의 경합으로 구상권의 대상이 될 수 있다.

3. 航空機의 墜落・滅失

(1) 災害經緯와 求償關係

a) 항공기가 沈沒・顚覆・滅失 등의 海難事故로 행방불명되어 근로자의 생사가 불명하거나, 기타의 사고로 생사를 확인할 수 없을 때에는 근로자가 사망한 것으로 추정한다. 이러한 사고로 동시에 다수인이 사망한 경우에는 同時死亡으로 추정한다. 이 경우 사망의 추정은 사고가 발생한 날 또는 行方不明된 날로부터 3월간 불명한 때를 사망의 추정으로 보며(법 제39조), 그 사망 시기가 불명한 때에는 産災法 施行令 제27조 제2항의 규정에 의한 날에 사망한 것으로 추정한다.[223] 이 경우 문언상 추정으로 되어 있으나, 인정사망으로

해가 문제될 수 있다(權龍雨, 不法行爲法, 圖書出版 新陽社, 1985, 213面).
223) 산업재해보상보험법 시행령제 27조 제1항에서는 '법 제39조에 의하여 사망으로 추정하는 경우는 다음 각호에 해당하는 경우로 한다'고 명시하면서 제1호에서는 '항공기가 추락, 멸실 또는 행방불명된 경우에 근 항공기에 타고 있던 근로자의 생사나 사고가 발생한 날로부터 3월간 불명한 때'를 사망으로 추정하도록 하고 있다. 또한 같은 조 제2호에서는 '항해 중의 항공기에 타고 있던 근로자가 행방불명되어 그 생사가 행방불명된 날부터 3월간 불명한 때'를 사망의 추정사유로 하고 있다.

해석함이 타당하다.

b) 이러한 제도는 민법 제27조의 失踪制度와 같이 선고에 의한 사망의 간주와 다르며, 不在者와의 재산 및 혼인관계 등의 정리를 위한 법적 효과가 발생하지 않는다. 단지 사망인의 유족의 생존권을 보장하기 위하여 신속·공정하게 보험급여를 실시하는 사회보장적 기능을 하는 데 불과하다.

1) 人命損害와 無過失責任

a) 항공기의 추락, 항공기로부터의 投棄物, 항공기로부터의 離脫物 등에 의해서, 또는 항공기의 이착륙에 있어서 지상 및 해상에 있는 인적 손해를 입힌 경우가 있다. 이러한 사고의 대부분은 機上의 사람과 機體 自體를 침해하고 지상 및 해상에 있는 사람에 대하여 壞滅的인 손해를 주는 것이 보통이기 때문에 이러한 人的證據를 상실한 후에 입증을 한다는 것은 매우 곤란하다.[224]

b) 그리고 항공기사고는 全員性, 大量性 및 손해의 巨額性, 瞬間性, 從屬性, 國際性 등의 특성이 있으므로 운송업자 및 항공기제조자에게 사소에 대한 예방점검 및 검수의 의무가 있으므로,[225] 항공기 사고의 책임을 과실책임으로 할 것이냐 아니면 무과실책임으로 할 것이냐 하는 것은 피해자의 보호라는 면에서 대단히 중요한 의무를 가진다.[226]

---

224) 徐希源, '無過失 損害賠償責任에 관한 考察', 韓國文化硏究院 論叢(梨花女大) 제20권, 1972, 214면.
225) 金斗煥, '航空機事故의 民事法上 責任에 관한 硏究－航空機製造業者의 法的 責任을 中心으로－', 法曹(法曹協會) 제30권 제1호, 1981. 1, 41면.
226) 權龍雨, 不法行爲論, 圖書出版, 新陽社, 1998, 219面 이하 참조.

c) 이에 관하여 독일·프랑스·영국 등에서는 항공기의 화재로 인한 신체·건강·물건에 손해를 입힌 경우에는 불가항력 그 밖의 피할 수 없는 사고에 있어서도 항공기의 소유자는 책임을 지도록 하는 이른바 無過失責任主義를 채용하고 있으나, 우리나라는 아직도 특별법이 제정되어 있지 않다. 항공기 사고로서는 여객에 대한 손해와 지상(해상)손해로 나누어 생각할 수 있다.

2) 國際運送時의 旅客損害

a) 국제선 여객기에 의하여 여객이 손해를 입은 경우에 관하여는 바르샤바조약(정식명칭은 「국제항공운송에 관한 어떤 규칙의 통일에 관한 조약」임)이 있으며, 이는 1929년에 폴란드의 수도 바르샤바(Warszawa)에서 체결되었다. 이 조약에 의하면, 국제운송에 있어서의 승객의 人身事故에 대하여 航空會社는 고의 또는 중대한 과실에 의하여 사고를 일으킨 경우를 제외하고 금 125,000프랑(franc ; 약 8,000달러)을 제도로서 賠償責任을 지게 된다(동 조약 제22조). 물론 이보다 고액의 責任制限을 약관으로서 설정하는 것은 무방하다.

b) 바르샤바조약은 책임한도에 관한 규정뿐 아니라 피해자의 보호를 위한 운송인의 과실을 추정하는 규정을 두고 있다(동 조약 제17조·제20조 제1항). 그리고 화물에 대한 손해에 관하여는, 바르샤바조약은 責任制限(동 조약 제22조 제1항 및 제3항) 및 過失推定(동 조약 제18조·제22조 제1항)의 규정을 두고 있다.

c) 또한, 바르샤바조약이 체결된 이후 1955년에 헤이그(Hague)의정서, 1966년에 몬트리올(Montreal)의정서(동 의정서는 화물 및 우편물운송에 관한 규정을 개정하여 1975년에 제4추가의정서로 개정

됨), 1971년의 과테말라(Guatermala)의정서 등이 항공기사고 시의 손해배상책임에 관한 조약으로 각각 체결되었다.[227]

d) 그런데 위 조약들은 國際航空運送을 규율하는 일부 규칙의 통일을 위한 것이므로 계약당사자의 능력, 계약의 성립·효과, 취소, 不履行問題, 운송인 및 그 이행보조자의 법적, 운송인의 권리와 소멸 시효 등의 여러 가지 문제들에 대하여는 협약상 아무런 규정이 없으므로,[228] 이에 대한 것들을 합리적으로 규율이 필요하다.[229]

3) 國內運送에 대한 旅客損害

바르샤바조약은 國內線에는 적용되지 않으므로, 국내선의 경우에는 運送約款에 의한 責任制限이 행하여지고 있다. 약관에 의한 책임제한은 약관이 미리 제시되고, 그것이 합리적이고 타당한 것으로 인정되면 여객 및 귀가를 약속하는 것이며, 더욱이 그것은 계약상의 청구권뿐만 아니라 불법행위로 인한 청구권도 구속한다. 그러나 문제는 그 책임한도가 지나치게 낮은 경우에 어떻게 볼 것인가 하는 것이다. 이 경우에는 이를 전부무효로 할 것이 아니라 다른 항공회사의 약관 등과 비교·판단하여 일부 무효의 법리에 의하여 해결함으로써 약관의 책임제한규정을 허용하는 방향으로 나아가야 한다.[230]

---

227) 崔埈璿, '國際航空運送人의 民事責任', 成均館大學校 大學院 博士學位論文, 1985, 34~47면.
228) 金斗煥, '航空運送人의 責任과 그 立法化에 관한 硏究', 慶熙大學校 大學院 博士學位論文, 1983, 153면; 朴憲穆, '空中運送人의 民事責任 小考(上)' 司法行政, 1985. 10, 42면.
229) 다만, 국제항공운송에 관한 항공기사고에 관한 손해배상책임에 관련하여 우리나라의 판례는 종래 바르샤바조약의 관련규정을 근거로 판시하고 있다(서울고판 1982. 7. 9, 82나170: 서울민사지판 1983. 3. 4, 82가합4536).

4) 地上事故에 의한 人身損害

a) 항공기에 의한 地上(海上)損害(인신 손해 및 물적 손해의 양자를 포함)에 관하여 종전에는 국가에 따라서는 과실책임주의를 취하는 경우와 무과실책임주의를 취하는 경우로 나누어져 있었다. 이것을 국제적으로 통일하기 위하여 1933년에 로마조약(정식명칭은 「외국항공기에 의한 지상 제3자의 손해에 관한 조약」임)이 21개국의 서명을 얻어 체결되었고, 그 후 1952년 신로마조약이 체결되었다. 이 조약은 지상(해상)손해에 관하여 無過失責任主義를 採用하고 있으며(동 조약1조), 航空運送人의 有限責任制度를 취하고 있는 것이 특징이다(동 조약 11조). 즉, 사고 1건당의 책임한도가 항공기의 중량에 따라 정하여지며, 인적 손해에 대한 보상최고한도를 한정하고 있다.231)

b) 생각건대, 지상이나 해상의 제3자는 항공기의 운항에 의한 이익과는 아무런 관계도 없으며, 또한 항공기로 인한 각종 재해에 대하여는 누구나 속수무책이며, 그러한 위험에 대해서 豫防手段을 강구하여 대비한다는 것도 불가능하다. 뿐만 아니라, 이러한 경우에 항공기운행자는 無過失을 입증하는 것은 가능하나, 지상이나 해상의 피해자가 항공기운행자의 과실을 입증한다는 것은 도저히 불가능하다. 이와 같은 경우에 있어서는 危險責任論에 입각하여 航空機運行者에 대하여 무과실책임을 물어야 한다. 즉, 피해자는 항공기운행자의 과실을 입증하지 않더라도 그것이 운행 중의 항공기로 인하여 발생한 손해인 한 비록 불가항력의 경우라 할지라도 손해의 배상을

---

230) 黃迪仁, 前揭論文, 202面.
231) 黃迪仁, 上揭論文, 200面.

청구할 수 있도록 해야 한다.[232)

⑵ 産災保險給與와의 求償關係

a) 근로자가 업무상으로 항공기 기타 탈 것을 이용 중에 재해가 발생한 경우에 원칙적으로 産災保險給與의 대상이 됨에는 이론이 없다. 그러나 피해근로자나 그 유가족이 산재보험급여의 수령만으로 손실된 손해의 보전을 받는 데 지장이 없다면 별 문제가 없겠으나, 부족분이 발생한 경우에는 별도의 訴訟節次에 의하여 訴求할 수 있다. 그러나 사고의 원인이 항공기의 결함이나 안전에 의한 사고, 운항 중 氣象異變에 의한 추락사고인 경우에는 과연 산재보험급여에 가입한 사업주의 危險責任範圍에 속하는 것으로 보아야 할 것인가, 아니면 운송시설의 제공자의 危險責任의 범위에 속하는 것으로 보아야 할 것인가 논란의 여지가 있다.

b) 그러나 이러한 특별한 위험의 경우에는 별도의 보험에 가입하여 손해배상을 예정하고 있다고 본다. 따라서 통상의 범위 내에서 偶發的 내지 偶然的 損害가 아닌 특별한 손해에 대하여도 별도의 손실을 이중으로 보전하는 것은 타당하지 않다. 그러므로 항공기의 추락이나 선박의 침몰 등에 의한 경우에도 하나의 危險損失에 대하여 보전을 하여야 하며, 그 범위 내에서 산재보험급여를 행한 경우에는 危險引受에 따른 求償權行使가 가능하다고 생각한다.

---

232) 徐希源, 前揭論文, 214 ~215면.

4. 船泊衝突 및 海難事故

(1) 船舶衝突事故와 損害賠償責任의 分配

선박의 충돌은 불법행위의 한 경우이지만 해상여행의 기술적 성격 등 그 원인도 다양하며, 또한 쌍방의 과실의 有無·輕重의 판단은 그리 쉬운 것이 아니다. 선박충돌에 있어서 다루어져야 할 문제는 첫째, 충돌선박의 두 선박소유자의 관계, 둘째, 충돌선박의 제3자에 대한 관계, 셋째, 시효에 관한 것 등이다.[233]

1) 衝突船舶과 船舶所有者의 責任關係

두 선박이 충돌한 경우 어느 선박의 선원의 과실에도 의하지 않은 경우, 즉 불가항력에 의하거나 충돌의 원인이 명백하지 않은 경우에는 각 선박이 그 입은 손해를 부담한다(商法 제844조). 그러나 선박의 충돌이 일방의 선원의 과실로 인하여 발생한 때에는 그 일방의 선박소유자는 피해자에 대하여 충돌로 인한 손해를 배상하여야 한다(商法 제845조). 만약에 쌍방의 선박의 선원에게 과실이 있는 경우에는 각자의 과실의 경중에 따라 손해배상의 책임을 분담하고(商法 제846조 제1항 전단), 그 경중을 판정할 수 없는 때에는 손해배상의 책임을 均分하여 부담한다(동조 제1항 후단).

2) 衝突船泊의 第三者에 대한 連帶責任

선박의 충돌로 인하여 제3자에 입힌 손해(死傷)에 대하여는 쌍방의 선박소유자가 연대하여 그 책임을 진다(商法 제846조 제2항).[234]

---

233) 權龍雨, 不法行爲論, 圖書出版 新陽社, 1998, 229면.

이는 민법 제760조의 이른바 共同不法行爲와 동일한 취지의 규정으로 당연한 것이다. 그러나 선박충돌로 인하여 생긴 損害의 賠償에 관하여는 상법 제846조 만이 적용되고, 民法上의 共同不法行爲(제760조)에 관한 규정은 그 적용이 배제된다.[235]

3) 損害賠償請求權의 消滅時效

선박의 충돌로 인하여 생긴 損害賠償의 請求權은 그 충돌이 있은 날로부터 2년 동안 행사하지 아니하면 소멸한다(商法 제848조). 이는 一般不法行爲의 그것보다 短期時效(民法 제766조)에 대한 特別規定이다.

(2) 海難事故

1) 海難事故의 原因

a) 海難이라 함은 일반적으로 화물과 여객을 실은 선박의 안전한 운항을 저해하는 각종의 사고를 말한다.[236] 한편, 海難審判法은 ① 선박이 손상 또는 멸실되거나 선박의 운용에 관련하여 선박 이외의 시설에 손상이 생긴 경우, ② 선박의 안전 또는 운항이 저해된 경우의 세 가지 것 중 어느 하나에 해당되는 경우를 海難이 발생한 것으로 규정하고 있다(동법 제2조 제1항). 海難事故에는 물적 증거가

---

234) 그러나 제3자의 사상으로 인하여 발생한 손해가 아닌 재산에 생긴 손해(물적 손해)에 대하여는 과실의 경중에 따라 충돌선박 5의 소유자가 분담하여 책임을 지게 된다(대판 1972. 6. 13, 70다213).
235) 大判 1972. 6. 13, 70다213.
236) 김세원, '유조선의 해난사례 안전대책', 해난방지세미나 발표요지, 1977. 5. 15, 39면.

남지 않아 사고의 원인을 규명하기가 대단히 곤란한 경우가 많다.

b) 또한, 실제에 있어서 하나의 원인으로 사고가 발생하는 경우는 극히 적고, 대개는 여러 가지 요인이 복합적으로 경합하는 경우가 많다. 더욱이 예측 곤란한 자연현상과 운항종사자의 당시의 심리상태와 운항 당시의 순간적인 사고 등 예측하기 곤란한 요소도 첨가되므로 海難事故의 원인의 규명은 결코 간단하지 않다. 그러나 일반적으로 설명되고 있는 해난사고의 원인은 내부적 원인과 외부적 원인으로 구분하여 볼 수 있다. 여기서, 「내부적 원인」이라 함은 船腹의 규모·선박의 종류·선박의 감항성(堪航性) 등을 말하며,[237] 「외부적 원인」이라 함은 선원의 과실·天候氣象·시간적 및 공간적 요소를 뜻하는 것이다.[238]

2) 海難事故의 審判과 原因糾明

해난사고는 무엇보다도 직접 운항의 책임을 지고 있는 선원의 자질향상으로 예방할 수 있을 것이며, 이는 물론 선원 자신이 책임의 중대함과 선원의 교육·지도 또한 중요하다. 해난사고는 선원의 자질과 주의력만으로 방지되는 것은 아니다. 선박의 堪航性維持에는 造機와 造船에 관한 기술의 향상이 있어야 할 것이며, 아울러 선원

---

237) 이원석, '해난심판법 연구', 단국대학교 대학원 박사학위논문, 1969. 75면.
238) 또한, 최근의 해난사고의 원인과 관련하여서는 선원의 요인으로서 선원의 운항과실 이외에 하급해기사의 사고율증가·해기사의 해상교통법 숙지도의 미흡이 강조되고 있으며, 이 밖에 자연적 요인으로서의 폭풍 및 태풍의 영향·안개의 영향과 교통환경적 요인으로서의 교통지리적 조건·교통설비의 환경적 조건 및 선박소유자의 요인으로서 감항성이 결여된 선박의 요인·임금이 낮은 개발도상국의 선원을 선호하는 경제적 요인 등이 강조되고 있다(김세원, 전게논문, 40~51면 참조).

의 근로조건이 보다 개선되어야 할 것이다.[239] 이러한 해난사고의 예방은 船舶安全法 및 船員法 등을 제정 또는 개정하여 제도적인 노력을 기울여야 한다. 海難審判法도 해난사고의 원인을 분석하여 동일한 해난사고를 예방하기 위한 行政審判法이라고 할 수 있으므로[240] 사고예방을 위한 입법으로 기능하고 있다.

3) 海難事故와 船舶所有者의 責任

a) 해상기업주체로서의 선박소유자가 海商企業을 운영함에 있어서 부담하는 채무에 대하여 어떻게 규제할 것인가의 문제는 해상법에 있어서 대단히 중요한 과제의 하나이다. 해난사고의 위험성이 매우 높으므로 선박소유자에 대하여 특히 유한책임을 지우는 근거로서, ① 예로부터 인정되어 온 沿革的인 理由,[241] ② 거액의 선박으

---

239) 權龍雨, 前揭書, 225面.
240) 權龍雨, 前揭書, 226面.
241) 여기서, 선박소유자에 대하여 유한책임을 인정하여 온 입법의 연혁은 1733년에 네덜란드 등의 유럽국가와 격심한 경쟁을 하고 있던 영국의 해운업자들이 현저하게 엄격화된 사용자책임을 적용함으로써 결과적으로 영국의 해운업이 쇠퇴하는 것을 예방하기 위하여 손해배상의 범위를 일정하게 제한하는 입법의 제정을 구하는 청원을 의회에 제출하여 1734년에 제정된 선주책임제한법을 그 효시로 한다. 이 법의 정식명칭은 「선박소유자가 선장 혹은 승무원의 행위에 대하여 어느 한도에서 책임을 부담하여야 할 것인가를 해결하기 위한 법률(An Act to Settle how far Owners of Ships shall be answerable for the Acts of the Master or Mariners)」로서 당초 이법은 선주의 책임을 승무원의 절도행위 등의 특정한 행위에 한정하였으나, 그 후 1854년에 상선법(Merchant Shipping Act)에서 선주가 「자기의 실제적 과실 또는 관여 없이(without his actual fault or privity)」 발생하는 일체의 멸실 또는 손상에 대하여는 전혀 배상책임을 지지 않는다고 하는 유한책임의 근거를 밝힌 이후 'actual fault or privity'의 법리가 선박소유자의 유한책임의 근거법리로서 정착

로서 위험성이 많은 항해를 하고 있는 해상기업을 보호할 필요가 있다는 점이다.[242] 현재와 같이 해상보험이 발달하고, 또한 운송계약상의 免責約款이 이용되고 있는 실정에서 선박소유자의 유한책임제도의 가치에 대하여 의문이 없지 않지만, 이 제도는 아직도 해운보호의 방법으로서 유력하다.

b) 선박소유자가 책임제한을 주장할 수 있는 경우로서는 상법 제746조에서 「선박소유자는 請求原因의 여하에 불구하고 일정한 制限債權에 대하여 이 규정에 의한 전액의 제도로 그 책임을 제한할 수 있다」고 규정하고 있다. 責任制限의 대상이 되는 채권으로서 첫째, 선박에서 또는 선박의 운항에 직접 관련하여 발생한 사람의 사망·신체의 상해 또는 그 선박 이외의 물건의 멸실 또는 훼손으로 인하여 생긴 손해에 관한 채권, 둘째, 운송물·여객 또는 수하물의 운송의 지연으로 인하여 생긴 손해에 관한 채권, 셋째, 첫째 및 둘째 이외에 선박의 운항에 직접 관련하여 발생한 계약상의 권리 이외의 타인의 권리의 침해로 인하여 생긴 손해에 관한 채권, 넷째, 첫째 내지 셋째의 채권의 원인이 된 손해를 방지 또는 경감하기 위한 조치에 관한 채권 또는 그 조치의 결과로 인하여 생긴 손해에 관한 채권 등 네 가지를 열거하고 있다.

c) 선박소유자 자신의 고의 또는 손해발생의 염려가 있음을 인식하면서 무모하게 한 행위 또는 不作爲로 인하여 생긴 손해에 관한

되기에 이르렀다(유남영, '선주유한책임과 불법행위(1)', 대한변호사협회지 제147호, 1988. 11, 69~70면).

242) 鄭熙喆·梁承圭, 商法學原論(下), 博英社, 1987, 162면; 權龍雨, 前揭書, 227면 再引用.

것인 때에는 책임제한이 인정되지 않는다(상법 제746조 단서). 이와 같은 責任制限의 阻却事由는 손해발생에 船舶所有者에게 고의 등이 있는 때에도 책임제한을 부정하는 것이 타당하기 때문이다. 그러나 선박소유자 아닌 被傭者·代表權이 없는 업무집행이사 등의 作爲 또는 不作爲에 의하여 손해가 발생한 경우에는 선박소유자는 책임제한을 주장할 수 있다. 그러나 商法 제748조는 선장, 해원, 기타 사용인으로서 그 직무가 선박이 업무에 관련된 자에 대하여는 인적 손해의 경우에 유한책임을 배제하고 있다.

(3) 産災保險給與와의 求償關係

선박의 충돌사고가 선박시설의 피해에 국한되는 경우에는 구상권의 문제가 발생하지 않으나, 근로자가 선박을 이용 중에 사상을 당한 경우에는 인적 피해로서 업무상과 경합되면 구상관계가 발생한다. 또한 근로자가 선박을 이용하는 목적이 업무수행성이라면 선박소유자를 상대로 충돌·멸실·조난·침몰사고가 발생하거나, 회사의 근로자들이 단체로 선박을 이용하여 수련대회 또는 여행의 목적으로 船舶을 利用中에 해난사고를 당한 경우에 발생한 사람의 사망이나 신체의 장해 등의 人命損失은 일정금액의 범위 내에서 배상이 이루어지는 선박소유자의 책임이 제한되고, 그 범위 내에서 求償權行使의 대상이 된다.

Ⅲ. 火災事故에 의한 災害

1. 火災事故의 意義

(1) 火災의 槪念과 保險事故

a) 火災란 일반 사회통념에 따라 화재라고 인정할 수 있는 성질과 규모를 가진 화력의 燃燒作用을 의미한다고 보는 견해가 일반적이지만, 自力으로 진행되는 급격한 酸化作用이라고 보는 견해도 있다. 화재라고 하면 사람이 이용하는 통상의 방법에 의하지 않고 진행되는 독립한 화력의 燃燒作用이라고 할 것이므로, 단순히 열의 작용 또는 백열물질과의 접촉은 화재라고 볼 수 없다. 또한 통상적인 화력이용시설에 불타거나 그 열기에 의해 서서히 진행되는 燃燒作用은 商法 제683조의 火災保險契約에 의한 保險事故로서의 인적 손상에 대하여는 보상하지 않는다.243)

b) 화재는 폭발·지진·낙뢰 등의 결과로서 발생하는 일이 흔히 있다. 그런데 일단 화재에 의해서 보험의 목적에 손해가 발생하면 그 화재의 원인을 불문하고 보험자는 보험금지급의무를 진다. 이를 危險普遍의 원칙이라고 하며, 일반적으로 채택하고 있는 원칙이다 (화보약관 제6조 제5호). 그러나 화재보험보통약관에서 각종의 화재원인에 관해 約定免責條項을 두고 있으므로 이러한 한도에서는 이 원칙은 제한되어 있다(화보약관 제6조 제6호).244)

---

243) 李基秀, 保險法·海商法學, 博英社, 2000, 167面.
244) 商法 제659조, 제660조 및 제678조가 정한 보험자의 免責事由가 火災保

c) 그러나 화재로 인한 보험가입에 관한 법률(이하 '火災保險法'이라 한다)은 화재로 인한 인명 및 재산상의 손실을 예방하고 신속한 재해복구와 인명피해에 대한 적정한 보상을 위한 것이므로 산재보험과 구상관계에 있는 보험상품이다. 이 법은 '신체손해배상특약부화재보험'이라 하며, 화재로 인한 건물의 손해와 법제4조제1항에 규정한 손해배상책임을 담보하는 것을 말한다(화재보험법 제2조 제2호). 화재보험법 제4조 제1항에 의하면 특수건물의 소유자는 그 건물의 화재로 인하여 타인이 사망하거나 부상한 때에는 과실이 없는 경우에도 제8조의 규정에 의한 보험급여의 범위 안에서 그 손해를 배상할 책임이 있다.

d) 실화책임에 관한 법률의 규정에 불구하고 특수건물소유자에게 경과실이 있는 경우에도 또한 같다. 따라서 특수건물의 소유자는 손해배상책임의 이행을 위하여 그 건물을 손해보험회사가 영위하는 신체손해배상특약부화재보험(이하 '특약부화재보험'이라 한다)에 가입하여야 한다. 다만, 종업원에 대하여 산재법에 의한 산재보험에 가입하고 있는 경우에는 그 종업원에 대한 화재보험법 제4조 제1항의 규정에 의한 손해배상책임을 담보하는 보험에 가입하지 아니할 수 있다.

險에 적용되는 것은 물론이다. 따라서 보험계약자 또는 피보험자의 방화·중대한 과실에 의한 실화로 인한 손해, 전쟁 기타 변란으로 인하여 생긴 화재로 인한 손해 및 보험목적의 성질·하자로 생긴 자연발화로 인한 손해에 대해서는 화재보험자는 補償責任을 지지 않는다. 火災保險普通約款 제6조에서는 각종의 면책사유를 들고 있는데, 이 중에는 法定免責事由를 재확인하거나 화재보험의 내용에 맞게 이를 수정하고 있는 것도 있다(李基秀, 前揭書, 164面).

(2) 保險事故의 對象과 補償範圍

a) 화재보험법에 의한 특약부화재보험에 가입하여야 하는 '특수건물'이라 함은 국유건물, 교육시설, 백화점, 시장, 의료시설, 흥행장·숙박업소·공장·공장·공동주택 기타 다수인이 출입 또는 근무하는 근무하거나 거주하는 건물로서 대통령령이 정하는 건물을 말한다(화재보험법 제2조 제3호). 이 화재보험법 제8조 제1항 제2호에 의한 보험금액은 사망의 경우에는 6천만 원을 지급하며, 부상의 경우에는 [별표 1]에 의한 일정 한도의 금액을 지급한다.245) 다만, 지급보험금은 실손해액을 초과할 수 없다.

b) 또한, 부상이 경우 그 치료가 완료된 후 당해 부상이 원인이 되어 신체에 장해(이하 '후유장해'라 한다)가 생긴 때에는 [별표 2]에서 정하는 금액을 지급한다.246) 이때 부상자가 치료 중에 사망한 경우에는 사망 및 부상에 해당하는 보험금을 함께 지급한다. 부상한 자에게 후유장해가 생긴 경우에는 상해구분에 의한 보험금과 후유장해구분에 의한 보험금을 함께 지급한다(시행령 제5조 제4항). 부상의 경우 그 치료가 완료된 후 당해 부상이 원인이 되어 신체장해보험금을 지급하였으나, 다시 부상이 원인이 되어 사망한 경우에는 사망보험금에서 신체장해보험금으로 지급한 금액을 공제하고 지급한다.

---

245) [별표 1]은 상해구분 및 보험금액에 의해 제1급 1500만 원에서 제14급 20만 원까지 배상기준을 마련하고 있다(시행령 제5조 제1항 제2호 관련).
246) [별표 2]는 후유장해구분 및 보험금액을 제1급 6000만 원에서 제14급 240만 원에 해당하는 신체장해등급기준을 정하고 있다(시행령 제5조 제1항 제2호 관련).

2. 産災保險給與와의 求償關係

화재보험법상 근로자가 보험금대상이 되는 경우에는 타인성이 인정되는 경우로서 산재보험급여를 지급사유와 경합이 되는 경우에 구상권행사의 대상이 된다. 따라서 근로자가 학원[247] · 병원[248] · 연면적 3천 제곱미터 이상인 호텔, 공연건물 · 방송국 또는 영화 · 텔레비전촬영소, 대규모점포 · 유흥주점 · 초중등학교건물 · 16층 이상의 아파트 및 부속건물, 연면적 3천 제곱미터 이상의 공장건물, 11층 이상인 건물 등을 업무상으로 이용 또는 거주 등을 하던 중 화재로 인하여 부상 또는 사망하는 경우에 화재보험의 지급대상이 되며, 산재보험급여의 구상대상이 된다. 이 경우에 구상금의 청구대상은 특수건물의 소유자이나, 화재보험의 지급책임을 손해보험회사가 담보하고 있으므로 구상채권의 당사자에 해당한다고 생각한다.

Ⅳ. 不法行爲에 의한 災害

1. 共同不法行爲에 의한 災害

a) 제3자와 보험가입자 또는 그 所屬勤勞者의 不法行爲가 경합되

---

247) 학원의설립및운영에관한법률 제2조의 규정에 의한 학원으로 사용하는 부분의 바닥면적의 합계가 3천 제곱미터 이상인 건물을 말한다(시행령 제2호).
248) 의료법 제3조 제2항의 규정에 의한 종합병원 또는 병원으로 사용하는 건물로서 연면적의 합계가 3천 제곱미터 이상인 건물을 말한다(시행령 제2조 제3호).

어 발생한 재해의 경우에도 산재법 제54조의 적용은 어떻게 할 것인가? 이 법문에는 단지 「제3자의 행위로 인한 재해」라는 말을 쓰고 있어 제3자와 보험가입자 또는 그 소속근로자의 과실이 경합되어 발생한 공동불법행위로 인한 재해에 대하여 勤勞福祉公團의 保險者 代位가 이루어지지 아니한다고 볼 여지가 없지 아니하다. 이와 같은 공동불법행위에 의한 재해에 대해 그 구상을 인정하게 되면 제3자는 보험집행기관인 근로복지공단이 受給權者에게 보험급여를 함으로써 그 한도 안에서 共同不法行爲者인 보험가입자와 공동으로 면책되었을 경우에 해당된다.[249]

b) 보험가입자의 제3자에 대한 求償金債權을 대위한 근로복지공단은 공동불법행위에 있어서의 그의 過失比率만큼 求償義務를 負擔하는 외에 또 다시 수급권자의 제3자에 대한 손해배상채권을 대위한 결과 全額求償義務를 부담하게 되어 이중으로 그 범위가 다른 구상의무를 부담하게 된다. 이러한 이유로 근로복지공단의 구상권은 受給權者가 입은 재해가 순전히 제3자만의 불법행위로 인한 경우에만 발생한다는 소극설[250]이 있다.

c) 그러나 근로복지공단은 보험가입자의 제3자에 대한 求償金債權을 대위하는 것이 아니라 受給權者에 따라서 동일재해로 인한 피해근로자가 여러 명인 경우에 각 수급권자가 제3자에 대하여 갖는 각각의 損害賠償請求權만을 대위하는 것이다. 따라서 제3자가 근로복지공단에 대하여 이중으로 그 범위가 다른 求償義務를 負擔하는

---

249) 大判 1996. 01. 26, 95다19751.
250) 同旨 : 서울民事地判 1984. 5. 5, 84가합801 : 1987. 5. 7, 86가합3357.

것이 아닐 뿐 아니라, 현실적으로는 순전히 제3자의 불법행위에만 기인하는 재해보다 共同不法行爲로 인한 재해가 많다할 것이다. 이에 대하여 근로복지공단의 구상권이 생기지 않는다면 당해 불법행위로 인한 損害額中 自己의 過失部分에 있어서는 종국적인 책임을 져야 할 제3자가 우연히 피해자가 산재보험의 수급권자였다는 점만으로 면책된다는 결과로 되어 심히 부당하게 된다(적극설).

d) 대법원은 이러한 적극설에 의해 당해 재해가 제3자만의 불법행위에 의하여 발생한 경우이거나 또는 제3자의 불법행위가 경합하여 발생한 경우이거나를 가리지 않고 적용된다고 하고 있다.[251] 제3자와 소속근로자가 공동불법행위를 하여 업무상 재해가 발생한 경우에 근로복지공단이 피해근로자에게 보험급여를 한 경우에 제3자에 대하여 전액 구상을 청구할 수 있는가 의문이 제기된다. 이에 관하여 대법원은 산재법 제54조 제1항에 의한 공단의 구상권은 보험급여를 받은 자의 제3자에 대한 損害賠償請求權을 대위한 것이므로 그 구상권의 범위는 保險給與額의 한도 내에서 급여를 받은 피해자가 불법행위를 한 제3자에 대하여 갖는 損害賠償請求權의 범위와 동일하고, 피해자가 제3자와 보험가입자 또는 그 근로자의 과실비율에 따른 부담 부분에 관계없이 구상권을 행사할 수 있다고 한다.[252]

e) 따라서 근로복지공단의 구상에 응한 제3자가 장차 保險加入者에게 過失比率에 따라 그 負擔部分의 再求償을 할 것까지 예상하여 보험가입자의 그 負擔部分에 대하여는 구상권을 행사할 수 없으므

---

251) 大判 1988. 3. 8, 85다카2285: 大判 1992. 2. 25, 91다28276.
252) 大判 1988. 3. 8, 85다카2285: 大判 1989. 4. 25, 88다카5041: 大判 1989. 6. 27, 87다카1946.

로 전액 구상을 인정해야 한다.253) 이러한 근로복지공단의 구상권
은 당사자 간의 내부적 부담관계의 약정에 의하여 영향을 받지 않
는다.254)

2. 使用者에 의한 故意的 加害行爲

a) 사용자, 또는 사용자의 대리인, 기타 사용자와 동일시할 수 있
는 자가 근로자에게 고의적으로 가해(Intentional Injury)한 경우 사
용자를 상대로 민사소송을 제기할 수 있다. 여기서 말하는 '故意的
(intentional)'이라 함은 중과실이나 법규위반, 기타 사용자가 가해를
의식하지 못하고 행한 일체의 有責行爲를 제외하는 개념으로 엄격
히 해석해야 한다.

b) 사용자가 근로자에게 위험한 작업환경인 것을 알면서도 작업
하게 하였다거나, 극히 위험한 작업인 것을 알면서도 하도록 명하는
등 의도적으로 안전규정을 위반한 때에는 고의성이 있다고 보아야
한다. 그러나 근로자가 들어올릴 수 있는 중량에 관한 의사의 지시

---

253) 大判 다카3109; 大判 1990. 2. 13, 89다5997; 大判 1992. 2. 25, 91다
28276; 大判 1992. 12. 8, 92다23360.

254) 이에 대하여는 그 구상권의 범위를 피해자의 제3자에 대한 손해배상채권
전액이라고 한다면 근로복지공단으로부터 구상을 당한 제3자는 다시 공
동불법행위자인 보험가입자에 대하여 보험가입자 측의 과실비율에 해당
하는 금액을 재구상할 수 있게 된다. 이때 보험가입자는 피해자의 재해
로 인한 손해배상채권액 중의 일부를 종국적으로 부담하게 됨으로써 산
재보상보험법제의 본래의 취지에 반하게 된다. 따라서 구상권의 범위를
피해자의 제3자에 대한 손해배상채권 중 당해 재해에 가공한 제3자의 과
실비율에 해당하는 금액의 범위 내로 한정하여야 할 것이다.

를 의도적으로 무시하였다거나, 아픈 근로자에게 집에 가지 못하게 하고 의료조치도 제공하지 않았다거나, 工場內의 수은 등과 같은 위험물에 대한 정보를 제공하지 않았다거나, 브레이크에 결함이 있는 트럭을 운전하게 하였다는 등의 사실만으로는 사용자의 고의를 입증하기 부족하다.[255]

3. 同僚勤勞者의 加害行爲

a) 同僚勤勞者의 가해행위에 대하여는 구상권을 인정할 것인가에 대하여 견해가 나누어진다. 小數說은 이에 대해서 근로복지공단은 구상권을 행사할 수 있다고 보는 견해로서 使用者의 責任保險으로서의 산재보험의 성질을 무시한 것이라는 비판하기도 한다.[256] 多

---

255) 한편 미국은 州에 따라서 사용자가 의도적인 有責行爲(wilful misconduct), 또는 故意的 加害(intentional injury)를 한 경우 Common Law에 의한 소송을 제기할 수 있는 선택권을 부여하는 법규정을 두고 있는가 하면, 어떤 주에서는 근로자에게 안전장비를 제공하지 않았거나 법규상의 안전수칙 등을 준수하지 않은 경우에는 산재보상액의 일정비율을 증액하고 있는 경우도 있다. 근로자의 有責行爲로 인한 재해의 경우에도 이제는 보상이 완전히 거절되는 경우는 드물고 사용자의 有責行爲와 마찬가지의 원리로 보상액의 일정비율을 감액하는 추세로 점차 가고 있으며, 이와 같은 유책행위에 대한 벌칙제도(penalty system)는 안전한 작업관행을 강제함과 아울러 피해근로자에게 일정한 보상을 행함으로써 산재보상제도에 있어서 충돌되기 쉬운 2가지 목적을 동시에 달성할 수 있다는 점에서 미국에서는 바람직한 제도라는 평가를 받고 있다.

256) 왜냐하면, 가해근로자에 대한 구상권 인정은 결과적으로 이러한 책임보험으로서의 산재보험을 무의미하게 만들기 때문에 수용할 수 없다(金永文, 産業災害補償保險法上의 求償權, 勞動法學(2000, 8), 212面).

數說이 가해근로자에의 구상은 근로자보호라는 제도목적에 반한다고 하나, 이에 찬동할 수 없다. 왜냐하면 산재보험은 피해근로자를 구제하기 위하여 위험을 사회적으로 분산하는 제도이지, 이 보험에 가해자를 보호한다는 목적은 내재되어 있지 않다. 오히려 근로관계에 있어서 재해가 사전에 예방되어야 한다고 한다면 산재보험도 이를 제도적으로 반영해야 하며 그 한 방법이 근로자의 責任意識을 고취시키기 위해서 구상권을 인정해야 한다.

b) 물론 가해근로자는 일반적으로 손해를 배상할 능력이 없기 때문에 구상권이 실현되기는 어렵게 될 것이지만, 그렇다고 하여 가해근로자의 책임을 완전히 배제하는 것은 사업장에서의 부주의와 재해를 조장하는 결과가 된다. 따라서 상한액을 정하는 등 제한된 범위에서 구상권을 강화해야 하며, 이것이 재해의 산재예방이라는 산재보험의 한 기능에도 부합하는 것이다.

c) 이와 같이 본다면 多數說이 근로자보호의 목적 때문에 加害勤勞者에게 求償할 수 없다는 것은 산재보험의 기능에도 반하는 것이다. 산재보험이 1인 이상의 근로자를 고용하는 사업장으로 확대되었다 하더라도 사업주가 産災保險加入을 회피하거나 保險加入申請을 하지 않는 경우 재해에 의해서 사업이 도산한다면[257] 피해근로자는 여전히 가해근로자에게 배상받을 수밖에 없다. 이런 점에서 본다면 가해근로자의 책임법적 보호를 피해근로자의 보호와 동일시할 수 없다.

---

257) 1대의 고가장비를 가지고 생산하는 영세사업장에서 바로 이 장비가 손괴되면서 업무상 재해가 발생하는 경우가 이에 해당할 것이다.

186

d) 또한 다수설은 가해자에 대한 구상권의 인정은 근로자가 스스로 부주의한 사고로 재해를 입은 경우에도 過失相計를 부인하고 원칙적으로 産災保險請求權이 상실되지 않는다는 것과 모순 된다고 한다.258) 따라서 피해자의 과실을 묻지 않고 보험보호를 행한다고 하여 가해자의 과실마저 이와 等價的으로 보호되어야 한다고 할 수는 없다. 산재보험이 사용자를 위해 責任保險의 성격을 갖는다고 하여도 여기에는 사회보험의 원리상 인과성의 원칙이 적용되기 때문이다. 즉, 보험료라는 寄與金의 납부가 있기 때문에 일정한 責任法的 保險保護가 행해지게 된다. 산재보험료를 납입하지 않는 가해근로자는 인과성의 원리에 따라 산재보험의 責任法的 保險保護를 향유할 지위에 있지 않다.

4. 他人의 暴力에 의한 死傷

a) 타인의 폭력행위에 의하여 근로자가 死傷한 경우로서 첫째, 재해발생경위 및 사상한 근로자가 담당한 업무의 성질이 加害行爲를 유발할 수 있다고 사회통념상 인정될 것, 둘째, 타인의 가해행위와 사상한 근로자의 사상 간에 상당인과관계가 있을 것의 요건에 해당

---

258) 그러나 산재보험이 피해근로자의 과실을 묻지 않고 보상급여를 하는 것은 산재보험이 자기책임이나 과실책임에서 벗어나 위험의 사회적 분산이라는 사회보험의 원리를 취하고 있기 때문이다. 말하자면 산재보상은 피해근로자의 노동능력상실에 대한 생존보장과 부상에 대한 요양급여를 통해 건강을 회복하여 사업장이나 사회로의 복귀(Rehabilitation)를 도모하는 보험이다. 이 보험은 궁극적으로 피해자구제보험이기 때문에 피해근로자의 과실은 처음부터 문제되지 않는다.

되는 경우에는 이를 산재법 제54조의 규정에 의한 제3자의 행위에 의한 업무상 재해로 본다(시행규칙 제38조 제1항).

b) 타인의 폭력에 의한 재해라 할지라도 재해가 명백히 업무와 관련이 있고, 재해의 원인이 된 업무상의 사실과 가해행위 간에 시간적 장소적으로 상당인과관계가 있으면 업무상 재해로 인정한다.[259] 예컨대 노무과장이 근로자의 勤勞不誠實을 이유로 주의를 주다가 폭행을 당한 경우, 경비원이 괴한으로부터 피습을 당한 경우, 경비원이 괴한으로부터 피습을 당하여 사망한 경우 등은 업무상 재해이다.[260]

5. 第3者의 行爲에 의한 災害

a) 제3자의 행위에 의하여 발생한 사고로 인하여 작업시간 중의 사고에 해당되는 행위를 하고 있던 근로자가 사상한 경우에는 이를 산재법 제54조의 규정에 의한 제3자의 행위에 의한 업무상 재해로 본다. 다만, 업무와 사상 간에 상당인과관계가 없음이 명백한 경우에는 그러하지 아니하다(시행규칙 제38조 제2항). 음주가 금지된 海

---

259) 대법원판례(大判 1995. 1. 24, 94누8587)는 근로자가 타인의 폭력에 의하여 재해를 입은 경우, 그것이 직장 안의 인간관계 또는 직무에 내재하거나 통상 수반하는 위험의 현실화로서 업무와 상당인과관계가 있으면 업무상 재해로 인정하되, 가해자와 피해자 사이의 사적인 관계에 기인한 경우 또는 피해자가 직무의 한도를 넘어 상대방을 자극하거나 도발한 경우에는 업무기인성을 인정할 수 없어 업무상 재해로 볼 수 없다고 판시하고 있다.
260) 보상 1455. 6-6382, 1971. 6. 18.

外事業場에서 사내에서 불법으로 양조된 주류를 마신 동료직원의 폭행에 의하여 재해가 발생하였다면 사용자의 管理義務怠慢을 이유로 하여 이는 업무상 재해이다.[261] 따라서 기타의 재해의 경우에 업무상 재해 여부를 판단하기 위해서는 다음과 같이 구별하여 살펴볼 수 있다.

첫째, 당초의 업무상 상병과 현재의 상병 사이에 條件關係조차 없는 경우이다. 이 경우는 업무상 부상했을 때 작업장 내에 우연히 폭탄이 떨어져 동료근로자와 함께 폭사한 경우에는 업무상 부상하지 않았어도 폭사했을 것으로 생각되므로 업무 외이다. 다만 대피의 기회가 있었음에도 업무상 부상으로 인해 대피하지 못한 경우라면 업무상 재해로 인정하여야 한다.

둘째, 당초의 업무상 상병과 현재의 상병 사이에 條件關係가 있는 경우이다. 물론 조건관계가 있는 것만으로 업무상으로 인정할 수는 없다. 업무상으로 손가락을 부상해 通院하는 도중에 交通事故를 당해 사망한 경우 당초 상병과 현재의 상병 사이에 조건관계는 성립되나(업무상 재해가 없었다면 통원치료도 받지 않았을 것이고, 통원하지 않았다면 교통사고도 당하지 않았을 것) 당초의 상병이 없었더라도 교통사고로 인해 사망할 수 있었을 것이므로 당초 상병과 현재의 상병 간에 인과관계가 없다. 다만 업무상 재해를 당해 회사차량 등 사업주가 제공한 차량을 이용하여 병원으로 후송도중 교통사고를 당한 경우에는 사업주의 지배관리 책임을 인정하여 업무상으로 볼 것이다.

---

261) 중노위 1986. 3. 14.

셋째, 당초의 업무상 상병과 현재의 상병 등과의 사이에 相當因果關係가 있는 경우(현재의 상병도 업무상으로 인정된다)이다.

넷째, 자기 또는 他人의 故意있는 행위가 개재된 경우 원칙적으로 현재의 상병은 업무 외로 보아야 한다.262) 故意란 어떤 결과가 발생한 것인가를 알면서 그것을 실현시키려는 의사를 말하는 것으로 일반적으로 자유로운 의사는 인과법칙에 따르지 않고 새로운 인과관계를 창출하는 것이므로 인과관계가 중단된다. 따라서 業務起因性을 인정할 수 없다. 보험급여를 사취하기 위하여 상병부위를 자해하여 악화시킨 경우가 이에 해당한다.

b) 업무상 부상으로 요양 중 '외상부정신증'이 병발하여 심한 정신분열 증세 등 심신이 박약한 상태이고 판단력이 불안전하여 정상인으로 볼 수 없는 상태에서 음독사망한 경우에는 외상성의 전신증이 있으나 재가요양을 받을 정도의 상태에서 자해한 것이므로 업무상 재해로 볼 수 없다.263) 이때 업무상 재해여부는 첫째, 自害行爲는 정상인이 행한 행위를 말하는데, 과연 心身喪失이 薄弱한 상태인가, 둘째, 최초 상병명과 인과관계가 인정되는가, 셋째, 현실적으로 보호할 실익이 있는가에 의하여 판단하여야 한다. 그러나 최근 判例264)에 의

---

262) 노동부산재심사위원회의 재결례에서는 청구인은 신생기계(주) 소속 부장으로서 '96. 4. 22. 18:30경 사무실에서 나와 동료근로자와 함께 거래처 직원의 접대를 마친 후 익일 02:00경 귀가를 위하여 합정전철 지하보도를 내려가다가 신원미상의 괴한으로부터 안경 낀 눈을 구타당하고 지갑을 탈취당하는 등의 폭행행위에 대하여 요양신청을 한 사안에서 이는 회사 거래처 직원의 접대를 마치고 집으로 귀가하다가 발생한 퇴근 중 재해로 사업주의 재배관리를 벗어난 사회적 위험으로부터의 재해이므로 업무상 재해에 해당하지 않는다고 한다(산심위심결 1996. 8. 14, 제96-2360호).
263) 1987. 4. 6 보상 32540-5576.

하면 진폐증의 증상이 악화되어 그로 인한 정신적 이상증세를 일으
켜 자살한 경우 업무상 재해에 해당한다고 판시하고 있다.

6. 建設裝備 等의 賃貸借關係와 業務上災害

a) 건설공사의 경우에는 원수급인이 수차의 하도급절차를 거치거
나 작업의 독립성 여하에 따라 별도의 사업주에게 각종 중장비를
임차하여 작업을 수행하게 된다. 타워크레인, 기중기, 포크레인 등의
建設裝備를 임대업자로부터 임차하여 사용하던 중 사업주를 달리하
는 運轉勤勞者가 당해 현장에서 업무를 수행하는 근로자에게 고의
또는 과실로 상해를 입힌 경우에는 불법행위책임을 진다.

b) 그러나 피해근로자의 입장에서는 업무수행 중에 있음으로 근
로복지공단에 산재보험급여를 청구할 수 있고, 또는 가해자를 상대
로 손해배상청구를 할 수 있다. 이때 加害勤勞者가 無資力者인 경우
에는 그의 고용인인 사업주를 상대로 使用者責任을 물어 손해배상
청구를 할 수 있다. 근로복지공단이 보험급여를 지급하는 경우에는
동일위험·동일작업장에 해당하는 보험가입자가 아닌 경우에는 가
해자 측의 근로자나 그 사업주를 상대로 구상권을 행사할 수 있다.

---

264) 大判 1993. 10. 22, 93누13777.

V. 施設物 또는 有害危險物에 의한 災害

1. 施設物의 缺陷 또는 管理上의 瑕疵

a) 근로자가 특정의 사업장에서 근로를 제공하거나, 시행규칙 제
32조 제1호에서 명시한 사업주가 제공한 시설물의 결함이나 관리상
의 하자로 인하여 재해가 발생하는 경우가 있다. 이때의 시설물은
기숙사, 체육시설, 목욕시설, 휴게실 이외에 근로를 제공하기 위하여
사업주의 관리하에 있는 모든 사업시설과 부속건물 등을 총칭한다.
사업주가 관리하는 공장시설의 기중기, 엘리베이터, 계단 및 난간대
등이 모두 시설물이라고 할 수 있다.

b) 또한 제재소 야적장에 쌓아놓은 원목더미가 폭우에 의해 굴러
내려와 근로자가 재해를 당한 경우에도 동 事業場內의 원목더미도
시설물로 해석되며, 원목더미가 무너져 내려 재해가 발생한 사고에
대한 災害補償責任의 근거는 「관리상의 하자」로 볼 수 있다.[265] 이
경우에는 천재지변 기타 자연재해와 경합된 것이므로 구상권행사의
대상이 될 수 없다.[266]

---

265) 민법 제758조 제1항은 공작물의 설치 또는 관리의 하자로 인하여 배상책
   임을 명시하고 있다. 이 경우 공작물이라 함은 인공적 작업에 의하여 만
   들어진 물건으로서, 이에는 토지의 공작물, 건물 내의 공작물, 기업설비
   등이 있다. 산재보상보험법 시행규칙 제32조 제1호는 이와 같은 법리를
   원용한 것이다.
266) 불가항력에 의한 재해는 재해의 원인을 사람의 힘으로 막을 수 없거나,
   폭우나 폭설, 산사태, 기타 자연현상이나 기상이변에 의하여 발생하는 것
   을 말한다. 이러한 재해는 계절적 변화나 기상이변에 의한 외부적 요인

c) 그러나 건설기계나 중장비의 운전을 하는 자가 주의의무를 태만히 하여 운행이나 작업 중 다른 근로자를 死傷한 경우에는 구상권의 행사가 가능하다. 또한 정상적인 재해회피노력에도 불구하고 기중기가 무너져 내려 고층에서 떨어져 추락사한 재해의 경우에 보상책임의 근거는 기중기 시설물의 하자 또는 결함에 의한 재해라고 생각된다. 사업주를 달리하는 근로자가 타인이 관리하는 시설물 또는 관리상의 하자로 인한 돌발적인 事故性 災害를 당한 경우에는 구상권행사의 요건이 될 수 있다.

2. 有害危險物에 의한 被暴 또는 墜落

a) 기계문명의 발달과 더불어 현대사회에서 생산된 全裝備는 인간에게 편리함을 주는 반면, 보다 많은 새로운 위험을 양산하고 있다. 사업장에서 자주 일어나는 재해도 사고의 경중에 따라 상해를 입기도 하고 사망하기도 한다. 재해의 발생은 개인의 생명과 재산에 막대한 피해를 주고 국가의 생산능력을 마비시키는 위협을 초래한

에 의하여 재해가 발생하는 것으로 보통 業務外로 보게 되어 산재보험의 지급대상으로 볼 수 없다. 그러나 업무외적 요인이 작용하더라도 사업주의 지시에 의한 출장 중의 교통사고가 발생한 경우라면 비록 폭우 속에서 상대방의 차량이 빗물에 미끄러져 피해근로자의 차량을 가격하였고 그 결과 출장업무수행자인 근로자가 사망하였다면 업무상 재해로 보아야 한다. 이때 가해자는 천재지변에 의한 우발적 내지 불가피한 사유를 들어 과실이 없다거나, 배상책임이 성립되지 않는다고 항변할 수 없다. 다만 사고의 경위나 주의의무의 정도 및 이행여부 등을 참작하여 과실을 경감할 수 있을 뿐이다. 천재지변 기타 불가항력적 사유와 경합된 경우에는 구상권이 성립되지 않는다.

다. 이러한 재해원인에 대해 미국의 H. W. Heinrich는 '물체·물질·사람 등의 작용 또는 반작용 때문에 사람에게 상해를 가져오는 계획되지 않고, 制御의 범위외의 사건이 일어나는 것'이라고 정의하였다. 위험기계나 유해한 가스(gas)에 기인하는 재해와 근로자의 기능이나 지식의 부족에 기인하는 것으로 콘트롤(control)을 이탈한 폭발현상이나, 에너지(energy)와 인체의 충돌, 접촉에 의한 상해현상 등이 있다.

b) 유해한 가스를 사용하는 配管施設의 결함에 의한 독가스의 누출사고, 압축가스나 가연성가스 등 위험물을 저장한 탱크의 안전사고, 염화가스, 암모니아, 아황산가스, 시안화수소 등 유해가스에 피폭되는 경우에는 인체에 치명적인 위험성을 초래한다. 이와 같은 사고가 부주의 또는 과실에 의하여 발생한 경우에는 그 원인에 따라 不法行爲責任 또는 債務不履行責任이 발생하므로 구상권행사의 대상이 될 수 있다.

c) 건설장비나 기중기 등을 이용한 고층건물에서의 운전작업 또는 건축자재의 운반 및 조적작업 중에 추락하여 사망하는 경우에는 시설장비의 소유자가 누구인가, 장비의 기능상 또는 안전작업상 이상이 없는가 등에 의하여 과실책임의 유무가 규명되고 손해배상 및 산재보험의 범위나 인정여부가 정하여 진다. 이 경우에도 관련장비의 賃貸借契約에 의한 작업이냐, 아니면 都給이냐에 따라 산재보험의 지급이나 구상권의 행사여부가 결정된다. 그러나 작업장 내에서 낙하하는 물체에 맞아 사망하는 경우에는 산재보험과 손해배상이 이루어지더라도 제3자의 가해행위가 경합되거나 원인이 되지 않은

이상 구상권의 행사대상이 될 수 없다.

VI. 派遣勤勞와 災害原因의 競合

1. 派遣勤勞와 使用關係

a) 일반적으로 근로관계는 사용관계와 고용관계가 일치되어 있으며, 근로자파견사업은 다른 회사의 근로자의 노동력을 이용하는 근로계약의 형태로서 특별법 즉, 公衆衛生法 제2조 제2호 나목에 해당하는 '衛生管理用役業'이나 用役警備業法 제2조에 해당하는 '용역경비업'의 경우에 예외적으로 인정되고 있다.

따라서 雇傭形態의 다양화에 따른 근로관계의 해석을 종래의 노동법적 시각에서 본다면 상당한 제약을 받게 된다. 즉, 기존의 노동법적 시각과는 달리 근로관계가 사용관계와 고용관계가 분리되기 때문에 용역직 근로자와 파견근로자의 법률관계를 명확히 해석하기 곤란하다. 특히 임금·근로시간·산재보상·해고 등의 법률문제를 파견사업주와 사용사업주 중 누구의 책임으로 할 것인가 하는 법적 책임문제와 사용자의 역할에 대한 기능적 책임문제가 애매해지기 쉽다.267)

---

267) 최근에는 기술혁신이나 산업구조의 고도화 및 정보산업화, 근로자의 욕구변화 등에 의하여 고용형태가 다양화되고 있다. 이에 따라 종래의 常時雇傭形態와 다른 파트타임근로자, 소사장제, 촉탁근로자, 용역근로자, 파견근로자 등의 다양한 직종의 고용형태가 나타나고 근로를 제공하는

b) 최근에는 사용과 고용의 분리에 따른 勤勞者槪念이나 사용자 개념을 기초로 하는 고용형태 및 근로관계에 새로운 해석이 필요하게 된다. 이것은 고용관계와 사용관계의 분리라는 새로운 「派遣勤勞關係」라는 법률관계를 창출하여 종래의 노동법에 없는 새로운 분야를 법제화하게 된다. 파견근로자보호법은 종래의 고용관행을 노동시장의 변화와 조화시켜, 근로자의 근로조건 등에 관한 기준을 확립함으로써 파견근로자의 고용안정 및 복지증진을 도모함으로써 새로운 관점에서의 노동력수급시스템을 법제화하는 데 의의가 있다.[268]

2. 派遣勤勞中의 災害發生과 求償關係

(1) 派遣勤勞의 業務

a) 파견근로자는 제조업의 直接生産工程業務를 제외하고 전문적

형태도 재택근로, 선택적근로, 집중근로제, 총시간근로제 이외에 특정 기간이나 사업의 특성에 따라 탄력적으로 근로자를 활용할 수 있는 非正規職 雇傭形態가 급속히 증가하고 있다.

또한 파견근로의 형태는 통역·번역·간병인 등 비정규적인 업무뿐만 아니라 경비·청소용역 등의 분야에까지 광범위하게 나타나고 있다. 앞으로 파견대상업무 이외에 생산직·사무직 등 회사의 상시적 업무에까지 파견근로자로 대체하여 근로자를 파견하는 것은 파견근로자보호법의 시행에 따른 부작용을 초래하기 쉽다. 이러한 업무는 派遣勤勞者保護法과 職業安定法 제33조의 勤勞者供給事業의 禁止條項에 저촉되어 위법이다.

268) 파견근로자보호등에관한법률(이하 '파견근로자보호법'이라 한다)은 근로자파견을 위하여 파견사업주와 고용사업주 사이에 근로자파견계약을 체결하여 파견근로자의 근로조건 등을 보호함과 동시에 근로파견사업의 적정한 운영을 통하여 인력수급을 원활히 하고자 하는 노동법규의 총체라고 정의할 수 있다(李相國, 勤勞者派遣의 法律知識, 靑林出版社, 1998, 32면).

인 지식·기술 또는 경험을 필요로 하는 업무로서 대통령이 정하는 업무를 수행한다(파견법 제5조 제1항). 이러한 근로자파견대상업무는 대통령령에 의한 26개 직종의 업무를 대상으로 하며, 이를 常時許容業務라고 한다. 전문지식·기술·경험을 필요로 하는 대통령령이 정하는 업무는 ① 塵肺의예방과진폐근로자의보호등에관한법률 제2조 제3호의 규정에 의한 분진업무, ② 産業安全保健法 제44조의 규정에 의한 健康管理手帖交付의 대상업무, ③ 醫療法 제2조의 규정에 의한 의료인의 업무 및 동법 제58조의 규정에 의한 간호조무사의 업무, ④ 旅客自動車運輸事業法 제2조 제3호의 규정에 의한 여객자동차운수사업의 운전업무, ⑤ 貨物自動車運輸事業法 제2조 제3호의 규정에 의한 화물자동사업의 운전업무를 말한다(파견법시행령 제2조 제3항).

b) 대상업무의 분류는 통계청 규정에 의한 韓國標準産業分類表(통계청고시 제1992-1호)에 의한다(파견법시행령 제2조). 또한 출산, 질병, 결혼 등으로 생긴 경우 또는 일시적·간헐적으로 인력을 확보하여야 할 필요가 있는 경우에는 근로자파견사업을 행할 수 있다(파견법 제5조 제2항 본문). 이는 인력관리의 유연성 제고를 위해 출산, 질병 등으로 정규직원의 결원 시 업무공백이 있는 경우나 계절적 요인 등 일시적인 업무증가로 인해 인력보강이 필요한 경우에 한시적으로 인정하는 것이다.

c) 그러나 첫째, 건설현장에서 이루어지는 업무로서 파견업무, 둘째, 港灣運送事業法 제3조 제1항, 鐵道運送事業法 제2조, 農水産物流通및價格安定에관한法律 제33조의2, 貨物流通促進法 제2조 제1호 및

제10호의 규정에 의한 하역업무로서 職業安定法 제33조의 규정에 의하여 근로자공급사업의 허가를 받은 지역의 업무, 셋째, 船員法 제3조의 규정에 의한 선원업무, 넷째, 産業安全保健法 제28조는 유해위험작업의 도급금지에 대하여 명시하고 동법 제1항은 안전·보건상의 유해 또는 위험한 작업 중 대통령령이 정하는 작업은 노동부장관의 인가를 받지 아니하고 그 작업을 분리하여 도급(하도급을 포함)을 줄 수 없다고 규정하고 있다.

(2) 災害發生經緯와 求償關係

a) 파견근로자는 파견사업주와 派遣勤勞契約을 체결한 후 사용사업체에 파견되어 사용사업주의 지휘명령을 받으며 근로를 제공한다. 이러한 과정에서 사용사업장의 근로자에 의하여 업무상 재해를 당하거나 다른 파견회사의 소속근로자로부터 재해를 당하는 경우가 있다. 이 경우에 근로복지공단은 피해근로자와 가해근로자가 각각의 산재보험에 가입한 사업의 소속근로자인 경우에는 구상권을 행사할 필요가 없다.

b) 그러나 피해자와 가해자 사이에는 불법행위에 의한 손해배상관계는 잔존하므로 양 당사자의 사이에 산재보험급여액을 초과하는 손해가 있다면 이를 배상하여야 한다. 이 경우 근로복지공단은 損害賠償全額을 보상하는 것이 아니므로 일방의 근로자가 업무수행 중에 불법행위를 하였다고 하여 배상책임의 범위까지 위험을 인수하는 것이 아니므로 구상권을 행사할 수 없다.

그러나 加害勤勞者의 私的行爲에 의한 불법행위와 피해근로자의 재해가 경합되는 경우에는 피해근로자의 산재보험급여의 범위 내에서 위험책임을 인수한 것이므로 그 금액의 한도 내에서 손해배상청구권을 행사할 수 있다.

c) 또한 派遣勤勞者가 2개 이상의 사업장을 派遣事業主나 사용사업주의 지시에 의하여 이동중에 교통사고나 안전사고를 당한 경우에는 그 가해자나 과실책임자에 대하여도 구상권을 행사할 수 있다. 파견사업주의 소속근로자가 파견근로자에게 불법행위로 피해를 입힌 경우에는 파견사업주가 산재보험에 가입해 있는 한 산재보상책임을 지나, 초과한 손해에 대한 손해배상은 사용사업체의 근로자가 가해자로서 손해배상책임을 지게 된다.

제2절 求償權의 範圍

Ⅰ. 逸失利益

1. 給與生活者의 逸失利益

a) 逸失利益이란 사고가 없었더라면 얻을 수 있었던 소득의 합계로서 소득적 손해로 파악되어 왔고 이것이 종래의 所得喪失說의 입장이다. 그러나 稼動能力喪失說에서는 사고로 인하여 잃어버린 피해자의 가동능력에 대한 총평가액으로 보고, 따라서 적극적 손해로 파

악하게 된다. 그러나 가동능력에 대한 總評價額이라고 해도, 稼動能力에 물건처럼 교환가치를 인정할 수는 없으므로, 그 평가에 있어서는 피해자의 순수익을 기초로 가동기간을 곱하고 중간이자를 공제하는 방법 외에는 도리가 없고, 따라서 所得喪失說에서의 산정방법과 조금도 다를 것이 없다.

b) 급여생활자의 일실이익을 산정함에는 사고 당시의 급여를 기준으로 하는 것이 원칙이고, 장래의 불확실한 변동은 고려될 수 없다. 급여는 勤勞基準法上 임금이라고 생각되므로, 이 법 제18조에서 정의한 「사용자가 근로의 대상으로 근로자에게 임금, 봉급 기타 여하한 명칭으로든지 지급하는 일체의 금품」을 말하는 것이다. 따라서 본봉, 현업수당, 급식수당, 특근수당, 상여금 총액이 이에 포함된다. 원래 賞與金은 사용자가 경영실적, 근무성적 등을 참작하여 재량적 은혜적으로 지급하는 불확정한 급여로서 임금에 포함되는 것은 아니다.[269]

그러나 노사간에 합의된 보수규정상은 위와 같은 취지로 되어 있더라도 사실상 계속적 정기적으로 일률적인 지급이 이루어져 왔다면 이것은 호의적, 은혜적 급여를 떠나 임금의 일종으로 보지 않을 수 없다. 따라서 이와 같은 상여금은 모두 임금으로 일실이익산정의 기초가 될 것이다.

---

269) 상여금은 정기상여 및 비정기상여 또는 固定賞與 및 變動賞與 등 다양한 방법으로 구분되나, 그 명칭의 다양성에도 불구하고 법적 성질은 임금성을 지닌 것과 경영성과로서의 성격을 지닌 것으로 구분된다. 특히 후자에 대하여는 특별상여라고도 하는데, 이 경우에는 賃金性을 부정하는 것이 일반적 견해이다(李相國, 勤勞基準法, 中央經濟社, 1997, 203~215面).

2. 逸失退職金의 算定

a) 근로자가 일정한 직장에서 일정 급여를 받으며 계속근무를 하다가 사고로 인하여 사망하거나 不具化됨으로써 부득이 퇴직하게 되면 일정액의 퇴직금을 못 받게 되거나 기존의 稼動能力喪失로 인하여 적은 액수의 퇴직금밖에 받을 수 없게 된다. 勤勞基準法 제34조는 '사용자는 繼續勤勞年數 1년에 대하여 30日分 이상의 평균임금을 퇴직금으로 퇴직하는 근로자에게 지급할 수 있는 제도를 설정하여야 한다.'고 규정하고 있다.[270) 퇴직금은 사회보장적인 성격과 功勞補償的 성격이 포함되어 있기는 하지만 근로기준법상 사용자와 근로자의 관계에서는 근로의 대상인 후불 임금적 성격이 있으므로 일실이익으로 산정된다.

b) 근로기준법 제34조의 소정의 평균임금이란 동법 제19조 제1항에서 이를 산정하여야 할 사유가 발생한 날 이전 3월간에 그 근로자에 대하여 지급된 임금의 총액을 그 기간의 총일수로 제한 금액을 말한다. 이러한 사유가 발생한 날 이전 3개월간의 기산에 있어서 사유가 발생한 날인 初日은 민법 제157조에 따라 산입되지 아니한다. 여기서 임금의 총액에는 임시로 지불된 임금, 수당과 통화 이외의 것으로 지불된 임금으로서 노동부장관이 정하는 이외의 것은 산

---

270) 근로기준법 제10조 및 동 시행령 제1조에 의하여 위 퇴직금제도에 관한 규정은 5인 미만의 근로자를 사용하는 사업 또는 사업장에는 적용되지 아니하므로 피재자가 근무하던 직장이 5인 미만인 경우에는 단체협약이나 취업규칙에 따른 퇴직금 지급규정이 없는 한 일실이익으로 퇴직금을 청구할 수 없다.

입하지 않는다.

c) 상여금은 임금의 일종으로 보는 이상 근로기준법 제19조의 사유발생일 이전 3개월분의 상여금을 미리 임금의 총액에 포함시킨 다음 그 총액을 그 기간의 총수로 나누는 것이 합리적인 계산방식이다. 또한 예규에 근거를 두고 특수한 기능 등을 가진 의사들에게 그의 특수한 근로에 상응한 대가로서 제도적으로 매월 지급하여 온 의사특별상여금은 일종의 임금의 성질을 가지므로 퇴직금산정기준에 산입하여야 한다.271)

d) 勤勞基準法 施行令 제2조 제1항이 규정취지는 3개월간에 지급된 임금의 총액을 그 3개월에 실제로 근무한 일수와는 관계없이 3개월간에 실제로 근무한 일수가 적어서 3개월간에 수령한 임금총액이 소액일 경우에는 평균임금의 액수가 지나치게 저액으로 되어 부당한 결과가 된다. 따라서 근로자가 자기사정으로 정상취업을 못한 경우 평균임금이 저하되어 그로 인하여 근로자에게 부당한 손해가 미치는 것을 방지하기 위하여 평균임금의 하한선을 통상임금에 두고 있다. 이 경우에 통상임금이란 평균임금의 산정과는 달라서 실제

---

271) 그러나 학부형이 조직한 육성회에서 학교법인의 종업원들에게 지급하는 금원, 철도종업원의 승무여비 등은 임금이라 할 수 없다. 위와 같이 임금의 총액을 계산하여 평균임금을 산출하였으나 그것이 당해 근로자의 '통상임금'보다 저액일 경우에는 그 통상임금을 평균임금으로 한다(근로기준법 제19조 제2항). 근로기준법 시행령 제6조는 통상임금을 정의하여 시급인 경우에는 그 금액을, 일급인 경우에는 그 금액을 소정 근로시간수로 제한 금액을, 주급인 경우에는 그 금액을 주소정 근로시간수로 제한 금액을, 월급인 경우에는 그 금액을 월소정 근로시간수로 제한 금액을 말한다고 규정하고 있다.

근무일수나 실제 수령한 임금에 구애됨이 없이 고정적이고 평균적인 일반임금 즉, 기본적인 임금과 이에 준하는 고정적으로 지급되는 수당의 1일 평균치라고 보아야 한다.[272]

3. 後遺障害로 因한 逸失利益의 算定

a) 피해근로자가 노동능력의 일부 상실로 종전직업에 종사할 수 없게 된 경우 그 사실만으로 바로 그는 장래 일용노동에서만 종사하게 될 것이라고 추정할 수는 없을 것이고, 피해근로자의 연령, 교육정도, 경력, 사고 전의 직업과 기능자격의 유무, 後遺障碍의 부위 정도, 職業選擇에 의한 회피의 가능성, 사회적·경제적 조건 등에 비추어 판단하여야 한다.

b) 따라서 그 피재자는 日傭勞動賃金보다 소득이 많은 직업이나 직종에 종사하기 어렵고, 일용노동에만 종사할 수밖에 없을 것이라고 예측되는 특별한 사정이 있을 때에 한하여 그의 장래의 소득을 日傭賃金相當額이라고 추정할 수 있다.

그 일실이익은 사고가 없었더라면 얻을 수 있는 종래의 소득에서, 감소된 노동능력을 가지고 취업할 직업에 종사하여 얻을 수 있는

---

272) 업무상 재해로 인하여 입은 상해의 후유증으로 퇴직하게 됨으로써 입은 일실퇴직금 상당의 손해라 함은 퇴직일로부터 정년 시까지의 기간에 해당하는 퇴직금상당이라 할 것이다. 이의 산정은 총 근속기간에 걸친 퇴직금 전액에서 위 퇴직으로 인하여 지급받게 될 퇴직 시까지의 근속 기간에 해당하는 퇴직금을 공제한 나머지이며 불법행위로 인하여 상해를 입은 피해자가 근로능력의 일부를 상실하여 그가 얻고 있던 수입 중 노동능력상실 정도에 상응하는 부분만을 상실하게 된 것이라고 봄이 상당하다.

향후소득을 공제하는 방법으로 산정할 수 있을 것이므로 피해근로
자의 연령 등 여러 가지 사항을 종합하여 피해자가 감소된 노동능
력을 가지고 장래 어떤 직업에 종사하여 얼마의 소득을 얻을 수 있
을 것인가 하는 점을 감안하여야 한다.

 c) 이에 따라 장래의 직업과 거기에 종사하여 얻게 될 향후소득
이 밝혀진다면, 그의 종래의 소득에서 그 향후소득을 공제하는 방법
으로 그 일실이익을 산정할 수 있을 것이다. 이상에서 언급한 여러
가지 조건 등을 종합하여 심리하고 경험칙을 충분히 활용하여 고도
의 개연성 있고 객관성 있는 일실이익을 산정하여 그 소극적 손해
배상액을 결정하여야 한다.

Ⅱ. 旣往治療費 및 向後治療費

1. 旣往治療費

 a) 사고와 치료비 사이에는 상당인과관계가 있어야 한다.[273] 예컨
대 사고 이전부터 앓고 있던 旣往症의 치료를 위한 비용임이 밝혀
졌다든가, 과잉치료를 받았다든가 하는 경우에는 그 부분은 모두 상
당인과관계가 없는 손해로서 그 청구가 기각될 수밖에 없다. 의료행
위는 필요 적절한 것이어야 하고, 치료기간, 치료비용은 상당성·적
정성을 지녀야 하며, 비상식적인 고액진료비는 배제된다.

---

273) 李宙興, 實務損害賠償責任法, 博英社, 1996, 366면 이하 참조.

b) 醫療酬價는 의료사회 일반의 보편적인 진료비수준, 특히 건강보험수가[274]가 바람직할 것으로 보이나, 현실적으로 병원 측에서 자의적으로 정한 任意酬價로 치료비가 책정되고 있고, 진료비산정기준에 의거하여 조정하고 있다. 기왕치료비는 손해배상 항목 중 적극적 손해에 해당하며 산재보험의 요양급여와 동일한 성격을 지니므로 구상금의 대상이 된다.

(1) 特室·特診費用과 韓方治療費

a) 입원치료 당시 특실입원료, 특별진찰료, 특실식대, 전화요금 등으로 지출된 金源(일반병동 입원치료 시와의 차액 부분)이 문제되는 바, 피해자의 연령, 신분, 지위, 상해의 부위 정도, 치료의 필요성 등 諸般事情에 비추어 특실사용, 특진 등이 합당하다고 보여지면 그 비용은 상당인과관계에 있는 손해로 인정하여야 할 것이다. 그렇지 않을 경우 이는 통상의 범위를 넘는 것으로서 사고와 상당인과관계에 있는 손해로 인정할 수 없다.

b) 한방치료비도 그것이 교통사고로 입은 상해의 치료를 위한 것이거나, 직접적인 치료방법이 아니더라도 상해로 인한 쇠약을 회복하기 위하여 복용한 것 혹은 生理的 毁損을 치유하기 위한 것이면 그 청구가 인용될 것이다.[275]

---

274) 大判 1988. 4. 27, 87다카74.
275) 大判 1971. 5. 24, 71다576.

⑵ 入院中 患者食代와 交通費

a) 입원 중 환자의 식대는 종전에 사고가 없더라도 지출되어야 할 비용이라는 이유로 이를 治療費損害에서 제외하였다.276) 그러나 식대가 입원치료에 부수된 비용으로 광의의 치료비로 볼 수 있으며,277) 그 후 그 여명기간 동안 계속 병원에 입원하여 있어야 할 식대가 광의의 입원치료비에 해당되어 이를 배상하여야 한다는 법원의 판결에 따라 여명기간까지의 일실수입을 산정함에 있어서 피해자가 지출할 통상의 식비는 손해배상액에서 포함하도록 하였다.278)

b) 법원의 판결에 따라 피해자가 사고로 입은 상해를 치료하기 위하여 입원·퇴원·전원·통원하는 데 지출한 교통비와 통원을 위한 병원소재지에서의 숙박비는 일반적으로 사고와의 상당인과관계를 인정된다.279) 피해근로자의 近親者가 치료기간 중 병원을 내왕하면서 지출한 교통비, 숙박비 등의 通院滯在費도 피해자 본인의 것과 마찬가지로 相當因果關係를 인정하여야 한다.

2. 向後治療費

a) 향후치료비의 부상이 치유된 후 남아 있는 반흔 등을 제거하는 성형수술, 골절고정에 사용된 內固定金屬鉦의 除去手術費와 물리치료 등과 같은 症狀改善費用 그리고 증상악화방지, 생명연장을 위

---

276) 大判 1966. 11. 15, 66타1761 ; 大判 1967. 7. 18, 67다1092.
277) 大判 1980. 5. 27, 80다664.
278) 大判 1979. 2. 27, 78다2131.
279) 大判 1965. 9. 28, 65다1577.

한 항경련제, 항생제 복용비용 또한 만성증상이 지속되면서 두통 등을 제거하기 위한 약복용비용 등이 있다.

b) 판례는 「치료비 등 적극적 손해의 배상을 청구한 전 소송의 변론종결 후에 새로운 치료비손해가 발생한 경우에 그 전 소송의 변론종결 당시 그 손해의 발생을 예견할 수 없었고 또 그 부분청구를 포기하였다고 볼 수 없는 등 특단의 사정이 있다면 비록 그 전 소송에 관한 청구의 유보가 되어 있지 아니하였다 하더라도 그 부분에 대한 손해배상의 청구는 위 전 소송의 소송물과 동일성이 없는 별개의 소송물로서 새로이 청구할 수 있다」고 한다.[280] 보조구는 치과보철·의안·의수·의족·보청기·목발·휠체어 등 의료보조기구를 착용하는 것을 말하고, 그 수명과 가격은 통상 감정의사의 감정의견으로 결정된다.

Ⅲ. 介護費 및 身體鑑定 등 附帶費用

1. 介護費

a) 피해자가 중상을 입어 그 치료기간 동안 타인의 간호를 받아야 할 경우 또 치료종결 후에도 불치의 후유장해로 평생 동안 타인의 助力을 받아야 할 경우 이에 필요한 비용을 개호비라 하고, 적극적 손해로 파악한다.[281] 이러한 개호는 대체로 보행, 기동, 탈착의,

---

280) 大判 1980. 11. 25, 80다1671.

배변, 배뇨, 체위변경 등 일상생활에 필요한 것이나, 반드시 이에 제한되는 것은 아니고 이외에 산책, 일광욕, 외출, 문화시설이용, 여행 등도 포함하는 인간으로서의 기본적인 삶을 영위하는 데에도 필요하다. 이와 같은 취지에서 대법원은282) 원고는 일상생활을 스스로 할 수 있으나, 屋外外出時 身體的 運動制限과 認知機能障害를 보호해줄 개호인이 필요하다 하여 屋外外出도 개호가 필요한 일상생활의 일부로 보는 듯하다.

b) 개호의 필요성과 상당성은 피해자의 상해 또는 후유장해의 부위·정도·연령치료기간 등을 종합하여 판단한다. 개호가 필요한 주요 신체장해로는 사지마비, 하반신마비, 보행장애, 보행불가능, 중증뇌좌상, 양측하지강직성 마비, 배변배뇨장애, 정신장애, 양안실명 등을 들 수 있다.283) 개호기간은 입원기간 또는 대부분의 경우는 평균여명 이내의 기간 또는 감정 등에 의하여 판단한다. 특히 중환자로서 그 평균여명까지 생존가능성이 불투명한 경우에는 평균여명까지 살수 있다고 할 것이 아니라, 전문의의 면밀한 감정결과에 따라 산출된 합리적 기간 동안으로 개호비를 산정하여야 한다.284)

c) 대법원 판례에285) 의하면「원래 회복이 불가능한 精神疾患者로서 항상 개호인의 간호가 필요하였더라도 불법행위로 인하여 양쪽 발을 절단하는 부상을 입은 경우 정신질환만으로 인한 개호의 경우와는 그 개호의 필요 및 개호인이. 하여야 할 일과 비용이 다르

---

281) 李宙興, 實務損害賠償責任法, 博英社, 1997, 371面.
282) 大判 1990. 10. 23, 90다카151171.
283) 大判 1991. 2. 26, 90다15419.
284) 金相容, 不法行爲法, 469面.
285) 大判 1983. 7. 12, 83다카308.

다 할 것이므로 별도의 개호비청구를 인정함이 상당하다」고 판시하였다. 병원에는 간호인이 있으나, 현실적으로 간호인에 의한 간호의 불충분으로 보통 보호자 또는 看病人(附添人)이 환자를 간병한다. 이 경우 환자가 독립적으로 활동할 수 없는 이상 그 비용은 배상대상으로 인정된다. 다만, 중환자실에 입원하고 있는 경우에는 그러하지 아니하다.[286]

 d) 상해의 내용과 정도에 비추어 상당성이 인정되는 범위 내에서 입원기간 중의 개호비가 인정될 것이므로, 상해의 부위와 정도에 비추어 개호의 필요성이 인정되지 않는 경우에는 실제로 개호하였어도 개호비를 청구할 수 없다. 여기서 職業介護人을 고용한 경우 그 지급비용 중 도시일용노동초과분은 상당인과관계를 벗어난 것인지가 문제된다.

 e) 대법원 판례[287]에 의하면 피해자가 개호가 필요할 정도로 부상하여 개호인을 고용한 경우 부첨인에게 지급한 보수를 통상 손해라고 한다. 그러나 통설에 의할 때 이러한 경우에도 상해 자체가 직업간병인의 특별한 개호를 필요로 하는 것이라는 점에 대한 주장·입증이 없는 이상 성인보통인부의 일용노임에 의하여 산정한다. 대법원은[288] 원래 불법행위법에 기한 손해의 전보는 공평타당의 견지에서 이루어져야 하는 것이지, 반드시 실제 지출된 금액에 구해되어야 하는 것은 아니라 하여 일용노임으로 보았다.

---

286) 大判 1980. 6. 24, 80다801.
287) 大判 1971. 3. 9, 71다222.
288) 大判 1987. 4. 28, 86다카2841.

2. 身體鑑定 등 附帶費用

a) 대법원은 타인의 불법행위로 인하여 상해를 입었을 경우 형사고소 또는 민사 손해배상청구를 함에 있어서 진단서의 제출은 거의 필요한 것이라는 이유로 진단서를 작성하기 위하여 지출한 비용은 불법행위로 인한 손해에 포함시키고 있다.[289]

그런데 당사자가 신체감정에 수반하여 법원의 감정명령에 따른 定額化된 鑑定料 이외의 비용을 추가로 지출하였다든지 또는 법원이 감정을 명하는 증거결정을 하였을 뿐 신체감정을 위한 비용을 미리 정한 바가 없어서 당사자가 직접 감정인에게 지출한 제 비용은 그 상당인과관계의 범위가 문제되므로, 訴訟費用節次보다는 辯論에서 적극적 손해의 범위로 심리하는 것이 타당하다.

b) 그러나 대법원 판결에 의하면「신체감정 비용은 모두 소송비용에 해당하는 鑑定費用에 포함되는 것으로서 소송비용으로 지출된 금액은 재판확정 후 소송비용확정절차를 거쳐 상환 받을 수 있으므로 이를 별도의 적극적 손해라 하여 그 배상을 소구할 이익이 없다」고 한다.[290]

---

289) 大判 1974. 11. 12, 74다483; 大判 1967. 10. 31, 66다2185.
290) 大判 1995. 11. 7, 95다35722; 大判 1987. 6. 9, 86다카2200; 大判 1987. 3. 10, 86다카803.

Ⅳ. 保險給與의 種類와 求償關係

1. 保險給與의 種類

산재보험의 종류는 생존시에 지급을 하는 요양급여와 휴업급여, 상병보상연금, 장해급여가 있고, 사망 시에 그 유족이 받는 유족급여 및 장의비가 있다. 또한 민사대불제도로서 사업주의 고의나 과실을 전제로 손해배상청구에 갈음하여 보험급여를 하는 장해특별급여와 유족특별급여가 있다.

(1) 療養給與

a) 요양급여라 함은 적용사업에 종사하는 「근로자가 업무상 사유에 의하여 부상을 당하거나 질병에 걸린 경우에 당해 근로자에게 지급하는」 것으로서(법 제40조 제1항), 保險管掌者가 요양을 직접 행하든지 또는 요양에 소요되는 그 비용을 근로자에게 지급하든지 어느 한 방법으로 보험급여로써 부담하는 것을 말한다. 요양급여는 업무상 재해에 의한 상병을 치유하여 노동능력을 회복시키는 것을 목적으로 행하는 급여로서, 원칙적으로는 現物給與이다. 요양급여는 상실된 노동력의 원상회복을 주목적으로 하고 있다.[291] 노동력 회복기간과 정도는 근로자의 생존권보호에 있어서 뿐만 아니라 상병 상태의 변화에 따른 다른 보험급여의 기초가 되는 근본적인 것으로 부상, 질병 등과 연계성을 가지고 있다.

---

291) 李相國, 産業災害補償保險法, (주)청암미디어, 2001, 401面.

b) 療養給與는 노동력의 회복을 목적으로 함에 반하여 다른 보험급여는 업무상 재해로 상실된 노동력 수입을 일정수준까지 보장하는 것을 주목적으로 하는 점에서 그 성격이 다르다. 요양급여는 당해 상병이 치유될 때까지 즉, 상병의 상태가 고정·안정되어 그 이상의 치료효과를 기대할 수 없을 때까지 계속된다. 치유 후에도 장해가 잔존하게 되면 장해급여가 지급되고 그 후에도 勤勞福祉事業으로서의 社會復歸(rehabilitation)문제로 이행하게 된다.[292]

c) 산재법 제40조 제2항 「요양급여는 요양비의 전액으로 하되, 근로복지공단이 설치한 보험시설 또는 지정한 의료기관에서 요양을 하게 한다. 다만, 부득이한 경우에는 요양비를 지급할 수 있다」고 규정하고 있는 것이다.[293] 요양급여의 대상이 되는 재해는 「업무상 부상 또는 질병」이어야 한다. 업무상 부상 또는 질병이란 재해가 발

---

292) 金裕盛, 社會保障法, 東星社, 1985, 236面.
293) 근로기준법 제81조는 「근로자가 업무상 부상이나 질병에 걸린 경우에는 사용자는 그 비용으로 필요한 요양을 행하거나 요양비를 부담하여야 한다」고 규정하고 있다. ILO 조약 제17호에서도 「근로자 재해보상에 관한 조약」은 제19조에서 「피해근로자는 의학상의 부조 및 재해의 결과 필요하다고 인정되는 의료상 및 약제상의 부조를 받을 권리가 있는 것이며 이와 같은 부조의 비용은 사용자 재해보험기관 또는 질병 혹은 폐질보험기관에 의하여 지불되어야 한다」고 규정하고 있다. 이것은 종래 근로자의 업무상 부상 또는 질병에 대한 요양을 사용자의 단순한 「은혜적 부조」의 관념에서 탈피하여 노동력의 보호 내지 근로자의 생존권을 수호한다는 적극적인 이념에서 사용자에게 요양보상을 의무로서 규정한 것이다. 산재보상보험법 제40조에 의한 요양급여의무를 지게 되는 부상 또는 질병은 그 업무와의 인과관계를 가진 업무상의 재해에 한하는 것이므로 근로자의 과실 또는 사업주의 고의 또는 과실의 유무에 불구하고 요양급여의무를 부담하게 된다.

생한 장소, 시기 등의 면에서 근로자가 사용자의 지휘명령하에 있어서의 작업상태에 기인하여 발생한 부상 또는 질병을 의미한다.

d) 업무상 부상은 그 업무와의 인과관계가 비교적 명료한 것이어서 그렇게 복잡한 문제가 야기되지 않으나, 질병은 업무에 의해 발생한 것인지 업무 외의 것인지의 구별에 대하여 불명확한 것이 많다. 이러한 질병 중에서 업무와의 인과관계가 일반적으로 인정되고 있는 질병은 그 범위를 勤勞基準法 施行令 제40조에서 36종으로 예시적으로 열거하고 있다. 이외 동조 제37호에는 제1호 내지 제36호 이외에 中央勞動委員會의 同意를 얻어 勞動部長官이 指定하는 疾病이란 규정을 첨가하고 있다. 또한 동조 제38호에서 '기타 업무로 기인한 것이 명확한 질병'으로 규정하여 새로이 발생하는 질병을 반영할 수 있는 여지를 두되 기인성을 요건으로 명확히 하고 있다.

e) 업무상 사유에 의한 부상 또는 질병이 3일 이내의 요양으로 치유될 수 있는 때에는 요양급여를 지급하지 아니한다(법 제40조 제3항). 따라서 3일 이내의 치료로 완치될 수 있다고 의사가 진단하는 경우에는 서류구비, 절차의 번잡 등의 保險技術的 觀點에서 산재법상의 요양급여로 취급하지 아니하고 당해 사업주가 근로기준법상의 療養補償責任으로 치료해 주도록 대기기간을 설정하고 있다. 이것은 소액의 치료비를 근로복지공단에 청구하고 지불하는 등의 불편함을 해소함으로써 사업주·근로자·의료기관의 편의를 도모하기 위한 것이다.

f) 그러나 이러한 취지와 달리 역이용되어 단기간 내에서 치료가 가능한 요양기간이 산재보험의 혜택을 받기 위하여 불필요하게 연

장되는 것은 사업주의 부담에 있어서나 공정하고 균형이 있는 의료 서비스의 제공 면에서 바람직하지 않다. 피해근로자 재해를 입을 당시에 적용사업에서 근무하고 있는 중이어야 한다. 물론 업무상 질병의 경우에는 상당한 인과관계가 시간적, 장소적으로 또는 의학적으로 입증되면 가능하다. '근로를 제공하다'라는 표현은 업무수행성에 주로 초점을 두어 시간적·장소적 관점에서 제한을 두는 듯하다.

⑵ 休業給與

a) 휴업급여라 함은 근로자가 업무상 부상 또는 질병에 걸림으로 인하여 요양급여를 받고 있는 휴업기간 중 근로하지 못하고 따라서 임금을 받을 수 없어 피해근로자와 그 가족의 생계가 곤란하게 되므로 피해근로자와 그 가족의 생활을 보호하기 위하여 임금 대신 지급하는 소정의 보험급여를 말한다.[294] 휴업급여는 실질적으로 短期的 勞動不能에 대한 所得保障給與로서의 성격을 갖는다.[295]

b) 산재법 제41조에서 「휴업급여는 업무상 사유에 의하여 부상을 당하거나 질병에 걸린 근로자에게 요양으로 인하여 취업하지 못한 기간에 대하여 지급하되, 1일당 지급액은 평균임금의 100분의 70에

---

[294] 휴업급여는 업무상의 사유에 의한 부상 또는 질병으로 인하여 요양 중에 있는 근로자가 요양으로 인하여 취업하지 못한 기간 중에 일정액의 급여를 지급함으로써 근로자의 최저생활을 보장하려는 데 그 취지가 있는 것이다(大判 1993. 9. 10. 93다10651).

[295] 1964년도 제48회 국제노동회의에서 채택된 「업무상 재해의 경우에 있어서의 급여에 관한 조약」(제121호)에서는 종전의 소득의 60%로 정하고 있고 동시에 채택된 「업무상 재해의 경우에 있어서 급여에 관한 권고」(제121호)에서는 이를 소득의 3분의 2를 하회하지 않는 액으로 규정하고 있다.

214

상당하는 금액으로 한다. 다만, 취업하지 못한 기간이 3일 이내인 때에는 이를 지급하지 아니한다.」고 규정하고 있다. 휴업급여의 취지는 업무상의 부상으로 요양 중에 있는 근로자와 그 가족의 최저생활을 보장하고자 하는 데에 있다.[296]

c) 요양 중이라 함은 업무상 부상 또는 질병으로 인하여 요양하고 있는 경우를 말하며, 이 급여는 원칙적으로 상병이 치유될 때까지 계속된다. 따라서 업무 외의 사상병의 요양은 이에 해당되지 아니한다. 업무상의 부상 또는 질병에 걸린 근로자가 의학적으로 치유가 되었는데도 자의로 휴양하고 있었던 경우에는 휴업급여의 지급대상이 되지 아니한다. 요양이라 함은 반드시 입원치료만을 의미하는 것은 아니며, 자택에서 통원치료를 하거나 의사의 지시에 의한 자택요양도 의료의 범위에 포함된다.

d) 또한 轉院申請時 諮問醫師의 治療終結에 불복하고 재심청구에 의거하여 치료를 인정받았다면 치료종결에 관계없이 계속 재치료기간의 휴업보상은 지급되어야 한다.[297] 그러므로 산재법 제78조에 의한 근로복지사업의 일환인 보험시설, 예컨대 산업재활원에서 의료재활이나 직업재활을 위하여 수용되고 있는 기간, 의지장착을 위한 기간에 수용되고 있는 기간, 진폐의 의심 있는 근로자의 塵肺精密診斷을 위한 기간 등도 휴업급여의 지급대상기간이다.[298]

---

296) 大判 1989. 6. 27, 88누2205.
297) 노정보 2270. 67. 4. 3.
298) 요양 중 취업하지 못한 기간이 3일 이내인 경우에는 산재법상의 보험급여를 행하지 아니하고 근로기준법에 의하여 사용자가 휴업보상을 지급하여야 한다. 이 경우에는 적은 금액을 청구하고 수령하는 업무처리의 번잡함을 피하기 위하여 보험기술적 관점에서 보험급여의 지급대상에서 제

e) 轉地療養을 위하여 이송에 소요된 일수는 요양기간에 산입되는 것이며 경과기간에 포함되는 것은 아니다.[299] 산재법 제41조 소정의 요양으로 인하여 취업하지 못한 기간이라 함은 근로자가 업무상 부상으로 요양을 위해 근로를 제공할 수 없었기 때문에 임금을 받지 못한 기간을 의미한다. 따라서 근로자가 요양기관뿐만 아니라 자택요양을 위해 실제로 취업하지 못한 근로의 불능기간을 포함한다. 여기서 근로의 불능이란 당해 근로자가 부상 또는 질병에 걸리기 직전에 종사하고 있던 근로를 할 수 없는 경우뿐만 아니라 재해 후 퇴직한 경우에 있어서의 근로불능의 상태까지도 포함하는 것으로 해석된다.

f) 업무상 재해의 경우에는 근로자로서는 업무상 사유에 의하여 재해를 당하고 부득이 취업을 하지 못하여 임금이 없게 된 것으로 비록 근로제공이 없더라도 일정수준의 보상을 행함으로써 근로자의 생활을 보호하고 있는 것이다. 그러므로 근로자가 업무상 재해를 입었더라도 임금의 손실이 없으면 근로자에게 보험급여를 지급할 필요가 없다. 임금의 전부를 지급 받지 않으면 당연히 임금을 받지 않는 경우에 해당되므로 문제가 없다. 다만, 임금의 일부를 지급 받은 경우에 휴업급여를 지급이 문제가 된다. 여기에는 전혀 근로를 하지 아니하고 임금의 일부를 지급 받은 경우와 一部勤勞를 하고 그에 대한 대가로써 임금을 지급 받은 경우가 있다. 전자의 경우에는 임금을 받은 한도에서 휴업급여를 받을 수 없다고 해석되며, 후자의

외한다. 그러나 4일 이상 휴업한 경우에는 당초 3일까지 포함하여 休業初日부터 휴업급여의 대상이 된다.
299) 노직산 3043. 65. 7. 30.

경우에는 일부 근로에 대한 임금과 평균임금과의 차액의 100분의 70의 휴업급여를 받을 수 있다.

(3) 障害給與

a) 근로자가 업무상 부상 또는 질병을 당해 요양급여로 치료를 받고 종결은 되었지만 신체부위의 일부를 상실하거나 장해가 잔존하여 그 기능을 다할 수 없는 경우가 있다. 이로 인하여 노동력의 전부 또는 일부가 영구히 상실되거나 감소되어 노동을 전혀 할 수 없거나 불완전하게 할 수밖에 없다. 이러한 후유장해에 대한 보상을 장해급여라 한다. 장해급여는 근로자가 업무상 부상 또는 질병에 걸려 치유된 후 신체에 장해가 남은 경우에 그 장해등급에 따라 평균임금을 기초로 지급하는 소득보장급여를 말한다.

b) 산재법 제42조 제1항은 「장해급여는 근로자가 업무상의 사유에 의하여 부상을 당하거나 질병에 걸려 치유 후 신체 등에 장해가 있는 경우에 당해 근로자에게 지급한다.」고 규정하고 있다. 이러한 장해급여는 업무상 재해로 인하여 장해가 남은 근로자에 대하여 상실 또는 감소된 소득을 전보하여 줌으로써 근로자의 생활을 보장해 주고자 하는 데 그 취지가 있다.

c) 치유라는 개념은 의학상 일반적으로 공인된 치료방법을 사용하여 요양하였으나 치료효과를 기대할 수 없는 상태에 이르러 요양을 종결한 후 남은 증상이 자연적 경과로 인하여 도달한다고 인정되는 최종의 傷病狀態를 말한다.[300] 이러한 상병의 固定狀態를 「치

---

300) 李相國, 産業災害補償保險法, (주)청암미디어, 2001, 450面.

유」라고 한다. 장해급여를 지급하기 위해서는 상병상태의 증상이 고정된 때를 기준으로 하는 것이 통례이나, 증상의 고정이 늦어져 요양종결 시와 일치하지 않는 경우도 있다.

d) 장해라 함은 부상 또는 질병이 치유되었으나 신체에 잔존하는 영구적인 정신적 또는 육체적 毀損狀態로 인하여 생긴 노동력의 손실 또는 감소를 말한다.[301] 여기서 「영구적」이라 함은 원칙적으로 치유 시 장래회복의 가능성이 없다고 하는 정도를 의미한다. 그러나 장해급여의 결정에 있어서는 정신적 또는 육체적 훼손상태가 존재함이 의학적으로 인정될 뿐이며, 피해근로자의 연령, 직종, 지위 등 제반조건을 고려하지 아니한다. 즉, 어느 정도의 장해가 존재하느냐 하는 것에 중점을 두는 반면, 피재근로자의 생활관계의 조건을 감안하지 않고 있다. 예컨대, 선반공과 피아니스트라는 직업이 다른 피해근로자가 손가락의 기능을 상실한 경우에 일률적으로 평균임금과 장해등급을 감안하여 장해급여를 지급하는 데 불과하다. 전자에 비하여 후자의 경우에는 피아니스트라는 업무의 성격상 노동능력을 치명적으로 상실하게 됨에도 불구하고 장해급여가 적정하게 이루어지지 않는다.

e) 업무상 부상이라 함은 피해근로자가 업무의 수행 중 업무와 관련하여 발생한 돌발적 재해로 인한 육체적 손상을 말한다.[302] 업무상 부상은 주로 사업장내에서 일어나는 재해가 대부분이며 출장 중의 교통사고, 출퇴근 시 돌발재해 등이 여기에 해당된다. 산재법 제4조

---

301) 大判 1993. 12. 17, 93구24119.
302) 李相國, 産業災害補償保險法, 450面.

에서는 업무상의 재해에 대하여 정의를 내리며, 산재보상보험법 시행
규칙 제2조 제1호에서 재해의 종류를 사고 또는 有害要因에 의한 근
로자의 부상, 질병, 신체장해 또는 사망으로 명시하고 있다.[303]

　f) 근로자의 신체장해는 돌발적 사고에 의한 재해로 인하여 부상
또는 질병이 치유되었으나 신체에 남은 영구적인 정신적·육체적
훼손으로 인하여 신체의 일부 또는 상당부분의 노동능력이 손실 또
는 감소된 상태를 말한다. 신체장해는 이러한 사유 이외에 업무상
질병의 악화로 인하여 발생되는 경우도 있다. 업무상 부상 또는 질
병으로 인하여 요양 후 상병상태가 치유되었으나 장해가 존재하여
야 한다.[304]

　g) 기존의 상병으로 인하여 장해가 발생하거나 동일부위에 재해
를 당한 경우에는 기왕의 병명과 구분할 필요가 있다. 재해를 당한
경우에는 그 後遺症으로 여러 가지 질병이 일시에 나타나거나 기왕
의 질병이 악화되어 장해의 정도를 가중시키기도 한다.

　공정한 보상을 위해서는 이러한 既往歷을 구별하여 명백히 업무
상 부상 또는 질병과 인과관계가 입증되는 경우에 한하여 보상을
할 필요가 있다. 아무리 업무상 부상 또는 질병을 치료한 후 장해가

---

303) 또한 유해요인이라 함은 물리적 인자·화학물질·분진·병원체·신체에
　　　과도한 부담을 주는 작업방법 등 근로자의 건강장해를 일으킬 수 있는
　　　요인을 말한다(시행규칙 제2조 제2호).
304) 장해의 종류는 기질적 장해, 기능적 장해로 장해계열을 구분하고, 전자를
　　　다시 변형장해와 결손장해로 분류한다. 기질적 장해는 장해의 종류를 解
　　　剖學的 觀點 또는 生理學的 觀點에 의하여 구분하고 이를 기준으로 하여
　　　장해의 정도에 따라 순위를 정하는 序列方式을 채택하고 있다. 이러한
　　　장해는 업무상 재해에 기인하여 발생하였음이 의학적으로 명백히 인정되
　　　어야 한다.

잔존한다 하더라도 산재보상보험법에 의한 身體障害等級基準에 해당하지 아니하면 보험급여의 대상이 되지 않는다.305)

h) 障害等級의 판정은 요양이 종료된 때에 증상이 고정된 상태에서 행한다. 다만 요양종료 시 증상이 고정되지 아니한 경우에는 다음 각 호의 구분에 따라 행한다.(시행규칙 제40조 제10항)

첫째, 6월 이내에 증상이 고정될 수 있음이 의학적으로 인정되는 경우에는 그 증상이 고정된 때에 행한다. 다만 6월 이내에 증상이 고정되지 아니한 경우에는 6월이 되는 날에 고정될 것으로 인정하는 증상에 대하여 행한다(동항 제1호).

둘째, 6월 이내에 증상이 固定될 수 없음이 의학적으로 인정되는 경우에는 요양이 종료되는 때에 장차 고정될 것으로 인정되는 증상에 대하여 행한다(동항 제2호).

---

305) 여기서 장해가 잔존한다는 것은 산재법 시행령 제31조에 규정된 신체장해 등급기준에 해당된다는 것을 말한다. 신체장해의 정도는 구체적으로 발생한 장해상태에 대하여 신체장해 등급기준상 어느 계열의 장해가 몇 등급에 해당하는가를 판단하는 것을 의미한다. 이 경우 장해등급의 판단은 醫學的인 診斷結果에 따라 결정되는 것이며 피해근로자의 자각증상이나 주관적 호소 또는 요청에 의하여 좌우되는 것은 아니다. 따라서 상병 상태의 疼痛이나 경미한 자각증상 등이 신체장해등급기준의 최저기준에 미달되는 경우에는 보험급여가 이루어지지 않는다. 장해등급의 판정은 피해근로자의 상병치료를 위한 요양이 종료된 후 증상이 고정된 상태에 있어야 한다. 따라서 증상이 고정되어 더 이상 의학적인 치료에 의하여 호전될 가능성이 없거나 完治될 가능성이 없고 그 증상이 현재의 상태로 유지될 것이 기대되는 상태라고 보아야 한다. 이를 의학적용어로 '治癒'라고 한다.

(4) 傷病補償年金

a) 상병보상연금이라 함은 업무상 부상하거나 질병에 걸린 근로자가 그 상병을 위한 요양이 장기화되어 요양개시 후 2년이 경과된 날 이후에 부상 또는 질병이 치유되지 아니한 상태에 있고, 당해 상병에 의한 폐질의 정도가 대통령령이 정하는 廢疾等級基準에 해당되는 경우에 휴업급여 대신에 지급하는 소득보장급여를 말한다. 요양급여를 받는 근로자가 요양개시 후 2년이 경과된 날 이후에 ㉠ 당해 부상 또는 질병이 치유되지 아니한 상태에 있을 것, ㉡ 그 부상 또는 질병에 의한 廢疾의 정도가 대통령령이 정하는 폐질등급 기준에 해당할 것이라는 요건에 해당하는 상태가 계속되는 경우에 휴업급여 대신 상병보상연금을 당해 근로자에게 지급한다.

이 경우 산재법 제42조 제3항 단서의 규정에 의한 障害補償年金을 받고 있던 자가 재요양을 하고 있는 경우에는 요양개시 후 2년이 경과된 것으로 본다(법 제44조 제1항). 이것은 장기요양을 하고 있는 피해근로자의 생활보호를 위하여 휴업급여 대신에 지급하는 연금으로서 代替性을 띤 보험급여이다.

b) 상병보상연금은 업무상 재해로 인한 長期的 勞動不能에 대한 所得保障給與로서의 성격이 뚜렷하다.306) 2년 이상 장기요양을 필요로 하는 폐질의 상태에 있는 근로자에게 휴업급여의 수준보다 훨씬 높은 상병보상연금을 지급함으로써 당해 근로자의 의료보장과 그 가족의 생활안정을 도모하기 위한 취지에서 동법에서만 인정하고 있는 독특한 보상제도이다. 폐질등급은 상병상태의 중증에 이르

---

306) 大判 1987. 05. 07, 86구160.

러 회복의 가능성이 희박하고 장기간의 노동력상실상태에 있어 생
계가 곤란한 자의 생존권을 보장하는 데 그 취지가 있다. 따라서 廢
疾等級基準은 장해급여를 위한 身體障害等級과 유사하나, 요양종결
을 전제로 하지 않는다는 점에서 차이가 있다.

 c) 요양개시 후 2년을 판단함에 있어서는 언제부터 기준으로 할
것인가. 부상 또는 질병이 발병하여 처음부터 勞動力喪失率 100%에
해당하는 폐질등급 제1급 내지 제3급에 해당하는 경우와 발병 후
상당기일이 지나 요양 중에 악화되어 廢疾等級基準에 해당되는 경
우가 있다. 문제가 되는 것은 후자이나 폐질상태와 요양기간에 따라
판단하되, 의학적 소견이 입증되는 경우에 인정하여야 한다. 따라서
폐질 등급 이하의 상병상태로 2년 이상을 경과한 후 나중에 악화되
어 폐질 등급 기준에 해당되는 때에도 이 시점을 기준으로 기산일
을 판단하여야 한다.

 d) '廢疾의 狀態'라 함은 신체의 기능적 또는 기질적 장해로 요양
관리상 노무에 종사하는 것이 금지되어 있거나 신체적 능력 즉, 생
명유지를 위하여 필요한 일상생활의 處理動作 예컨대 생명유지를
위하여 필요한 식사, 용변 등 신체주위의 처리동작은 자력으로 할
수 있다 하더라도 노무에 종사할 수 없는 상태를 말한다. 이 폐질등
급기준은 산재법 시행령 제39조의 규정에 의한 폐질등급표상 제1급
내지 제3급에 해당하는 폐질이 있어야 한다(시행령 제39조 제1항).
즉, 完全勞動力喪失(100%) 상태로서 노무에 전혀 종사할 수 없는
상태에 해당되는 경우이다.

 e) 상병보상연금은 폐질의 상태에 있는 근로자에게 지급되는 보

험급여로서의 연금이다. 산재보상보험법 시행령 제31조 제2항(신체
장해등급기준에 해당하는 신체장해가 그 이상인 경우) 및 제4항(동
일부위에 장해의 정도를 가중한 경우)의 규정에 의한 廢疾等級에
해당하는 폐질이 그 이상인 경우 및 새로운 업무상 부상 또는 질병
으로 인하여 기존의 폐질의 정도가 가중된 경우에 이를 준용한다
(시행령 제39조 제1항).

〈표 3-1〉 폐질등급의 조정

등 급	분 류 기 준	연금액
제1급	1. 두 눈이 실명된 사람 2. 말하는 기능과 음식물 씹는 기능을 모두 영구적으로 완전히 잃은 사람 3. 신경계통의 기능 또는 정신기능에 뚜렷한 장해가 있어 항상 간병을 받아야 하는 사람 4. 흉복부장기의 기능에 뚜렷한 장해가 있어 항상 간병을 받아야 하는 사람. 5. 두 팔을 팔꿈치관절 이상에서 잃은 사람 6. 두 팔을 영구적으로 완전히 사용하지 못하게 된 사람 7. 두 다리를 무릎관절 이상에서 잃은 사람 8. 두 다리를 영구적으로 완전히 사용하지 못하게 된 사람 9. 제1호 내지 제8호에 정한 것과 같은 정도 이상의 폐질의 상태에 있는 사람	평균 임금의 329일분
제2급	1. 두 눈의 시력이 각각 0.02 이하로 된 사람 2. 신경계통의 기능 또는 정신기능에 뚜렷한 장해가 있어 수시로 간병을 받아야 하는 사람 3. 흉복부장기의 기능에 뚜렷한 장해가 있어 수시로 간병을 받아야 하는 사람. 4. 두 팔은 손목관절 이상에서 잃은 사람 5. 두 다리를 발목관절 이상에서 잃은 사람 6. 제1호 내지 제5호에 정한 것과 같은 정도 이상의 폐질의 상태에 있는 사람	평균 임금의 291일분
제3급	1. 한 눈이 실명되고 다른 눈의 시력이 0.06 이하로 된 사람 2. 말하는 기능 또는 음식물을 씹는 기능을 영구적으로 완전히 잃은 사람. 3. 신경계통의 기능 또는 정신기능에 뚜렷한 장해가 있어 상시 노무에 종사하지 못하는 사람 4. 흉복부장기의 기능에 뚜렷한 장해가 있어 상시 노무에 종사하지 못하는 사람 5. 두 손의 손가락을 모두 잃은 사람 6. 제3호 및 제4호에 정한 장해 외의 장해로 상시 노무에 종사하지 못하는 사람 7. 제1호 내지 제6호에 정한 것과 같은 정도 이상의 폐질의 상태에 있는 사람	평균 임금의 257일분

⑸ 遺族給與

a) 유족급여는 근로자가 업무상의 사유에 의하여 사망한 경우에 유족에게 지급하는 보험급여를 말한다(법 제43조 제1항). 유족급여는 이미 사망한 근로자에 대하여 가득능력 그 자체를 보상하는 것이 아니라 사망근로자의 임금으로 생활하고 있던 부양가족에게 근로자의 사망으로 상실된 被扶養 利益을 보상하여 유족의 생활보장을 목적으로 하려는 소득보장급여이다. 유족급여는 근로자의 사망으로 인하여 장래 얻을 수 있는 수입을 상실하게 된 재산상 손해를 전보하기 위하여 일정액을 소정 유족에게 지급하는 것으로서 이는 위자료의 성질을 가진 것은 아니다.[307]

b) 근로자가 업무상 사망한 경우에 사용자는 근로자의 과실 유무를 불문하고 근로자의 재산상 손해를 전보하기 위하여 일정액을 지급할 필요가 있다. 그러나 산재법상 유족급여는 민법상의 손해배상과는 성질을 달리하므로 사망한 근로자의 과실여부를 가려 그 과실에 해당하는 부분만큼을 損益相計할 수는 없고, 민법 기타의 법령에 의하여 산출된 재산상 손해배상액을 초과하는 경우가 생긴다 하더라도 그 부분에 대하여 不當利得 返還請求權이 발생할 여지는 없다.[308]

c) 산재법상의 遺族給與는 수급권자인 유족의 선택에 따라서 유족보상연금과 유족보상 일시금이 있으나, 일시금의 경우에는 연금의 형태로 지급하기 곤란한 경우에 한하여 지급하고 있다(법 제43조 제2항).[309] 업무상 사망이란 업무상의 사유로 인하여 근로자가 즉

---

307) 大判 1981. 10. 13, 80다2928; 大判 1969. 2. 4, 68다2274; 大判 1974. 7. 23, 74다566; 大判 1977. 7. 26, 77다537.
308) 大判 1981. 10. 13, 80다2928.

사한 경우뿐만 아니라 업무상 부상 또는 질병이 원인이 되어 사망한 경우로서 상당인과관계가 있는 재해를 말한다.

그러므로 부상 또는 질병이 악화되어 사망한 경우는 물론 일단 치유되었던 부상 또는 질병이 재발·악화되어 사망한 경우도 포함한다. 업무상 사망은 업무상의 사유로 인하여 媒介要因 없이 재해가 원인이 되어 근로자가 즉사한 경우뿐만 아니라 업무상 부상 또는 질병이 직접적인 요인이 되어 상당인과관계가 인정되면 충분하다.

d) 근로자의 사망이 명백하게 확인되지 않았으나 선박 또는 항공기사고로 근로자의 생사가 3개월 이상 불명한 때에는 일단 사망한 것으로 추정하여 유족에게 유족급여를 지급하게 된다(법 제39조). 선박이 침몰·전복·멸실 또는 행방불명된 경우에 그 선박 또는 항공기에 타고 있던 근로자의 생사가 발생한 날로부터 3월간 분명한 때를 사망으로 추정한다. 사고가 발생한 선박 또는 항공기에 탔던 근로자의 생사가 불명하거나 항해 중의 선박 또는 항공기에 탔던 근로자의 행방불명, 기타의 사고로 생사가 불명한 때에도 당해 근로자를 사망으로 추정한다(시행령 제27조 제2항).

e) 사망의 추정제도는 근로자의 생사가 불명한 상태에서 장기간 유족급여가 지급되지 않게 되어 그 근로자가 생전에 부양하던 가족

---

309) 塵肺의豫防과塵肺勤勞者의保護等에관한法律에 의하여 塵肺慰勞金의 일종으로 지급되는 遺族慰勞金은 근로자가 진폐로 인하여 사망하여 그 유족이 산재법에 의한 유족급여의 대상이 된 경우에 지급한다(塵肺法 제20조). 유족위로금의 산정기준은 산재법에 의한 유족보상일시금의 2분의 1에 상당하는 금액으로 한다(진폐법 제38조 제3항). 유족위로금은 그 유족이 손해배상청구에 갈음하여 청구하는 경우에 지급된다.

들의 생계를 보장하기 위해 마련된 동법에 의한 독특한 제도다. 선박 또는 항공기 사고로 인한 사유로 인하여 생사가 불명하던 자가 사고가 발생한 날 또는 행방불명된 날로부터 3월 이내에 사망한 것이 확인되었으나 그 사망 시기가 불명한 경우에도 산재법 시행령 제27조 제2항의 규정에 의한 날에 사망한 것으로 추정한다. 보험가입자는 사망의 추정사유가 발생한 때 또는 사망이 확인된 때에는 지체 없이 근로자 실종(또는 사망확인)신고서를 근로복지공단에 제출하여야 한다. 사망의 추정으로 보험급여를 받은 후 근로자의 생존이 확인되어 보험급여를 반환하여야 할 사유가 발생한 때에는 당해 보험급여를 받은 자 및 보험가입자는 그 사유가 발생한 날로부터 15일 이내에 근로자 生存確認申告書를 공단에 제출하여야 한다.

f) 민법의 유족과는 달리 산재법에서 유족의 범위를 제한적으로 언급한 것은 현실적으로 부양되고 있던 자를 보호하고자 하는 취지에서이다. 따라서 直系尊屬의 家族關係와 親子關係, 配偶者關係로 제한하여 유족의 범위를 정하고 있으므로 이외의 친족관계에 있는 자는 보험급여의 수급권자가 될 수 없다. 다만, 산재법에서는 근로자가 업무상 재해로 사망한 경우에 그에 의하여 부양되고 있던 자를 우선적으로 고려하여 유족급여를 지급한다. 이때 유족급여의 수급자격자 중 누가 우선순위자로서 受給權者로 결정되는가는 피해근로자의 사망 당시 부양관계에 있었는가에 의하여 고려될 문제이다.

⑹ 葬儀費

a) 산재법 제45조 제1항은 「장의비는 근로자가 업무상의 사유에

의하여 사망한 경우에 지급하되, 평균임금의 120일분에 상당하는 금액을 그 장제를 행하는 자에게 지급한다.」고 하여 장의비의 定額支給을 명시하고 있다. 근로자가 업무상의 사유로 사망한 경우의 葬祭에 소요되는 비용으로 보험급여의 일종이다. 葬祭에 관한 비용은 사람의 사망에 수반하는 지출이므로 근로자가 업무상의 사유로 사망한 경우는 다른 보험급여(유족급여)와 함께 장제에 따르는 경제적인 손실을 社會保障方式에 의하여 保險執行者가 지급을 하도록 하는 것이 당연하다. 장의비는 보험급여의 일종으로서 조의금이나 위문금 또는 위자료와는 그 성격이 다르다.[310]

b) 다른 산재보험급여가 所得保障給與로서 성격을 가지는 데 비하여, 장의비는 장제에 소요된 實費辨償的인 保險給與로 해석된다. 장의비의 지급은 實費辨償的 給與라는 성격을 지님에도 불구하고 일률적으로 정액급여를 지급하게 된다. 장제에 소요되는 장의비는 그 유족이 소득으로 지급받는 것이 아니라 피해근로자의 사망에 대하여 葬祭를 치루는 데 소요되는 지출비용에 불과하다. 따라서 요양급여가 실제로 피해근로자에게 지급되지 아니하고 병원으로 지출되는 것이라는 성격과 대동소이한 실비변상적 성격과 대동소이한 실비변상적 급여라는 측면을 중시하여야 한다.[311]

---

310) 大判 1981. 10. 13, 80다2928.

311) 근로기준법 제86조는 「근로자가 업무상 사망한 경우에는 사용자는 평균임금의 90일분을 지급한다.」고 규정하고 있다. 종전에는 장제비의 명칭을 사용하였으나 1997. 3. 13 근로기준법을 새로이 제정하면서 그 명칭을 장의비로 변경하였다. 이에 따라 근로기준법상 독특한 용어로서 '葬祭費'라는 용어 대신에 장의비를 사용하여 보험급여제도와 다소 혼동이 될 수 있으므로 개선되어야 할 것이다.

228

c) 산재보상보험은 평균임금의 120일분을 지급하는 면에서 지급액상 차이가 난다. 또한 산재보상보험에 의한 장의비는 사회보험원리에 따라 지급하는 면에서 다른 보험급여와 성격이 동일하다.[312] 장의비를 지급하기 위해서는 근로자가 업무상으로 사망하였거나 사망의 추정이 인정되어야 한다.

d) 장의비를 지급받기 위해서는 장제를 실제로 행하여야 한다. 따라서 엄격하게 장제실행여부를 입증하는 경우에 한하여 장의비를 지급하는 것이 타당하다고 생각한다. 왜냐하면 장의비는 손실된 소득을 보전하는 소득보장급여가 아니라 장제를 실행하는 데 소요되는 실비를 변상하여 주는 성격을 지니기 때문이다. 그러나 장제를 실행하기가 곤란한 경우로서 피해근로자가 실종되어 認定死亡制度에 의한 사망이 추정되는 때에는, 실제상 장제실행여부와 상관없이 지급하여야 한다. 이러한 이유에서 부득이한 사유에 의한 사망인에 대한 '亡魂祭' 등의 위령제 또는 한풀이 등의 행사가 고인을 추모하기 위한 葬祭樣式이 명백히 입증되면 장의비를 지급하여야 한다.[313]

(7) 障害特別給與

a) 보험가입자의 고의 또는 과실로 업무상 재해가 발생하여 근로자가 제1급 내지 제3급의 障害等級에 해당하는 장해를 입은 경우에

---

312) 大法院判例(大判 1981. 10. 13 판결 80다2928)는 산업재해보상보험법상의 모든 보험급여는 근로기준법상의 당해 재해보상에 상당하는 것이므로 산업재해보상보험법상의 유족급여, 장의비와 근로기준법상의 유족보상, 장사비는 그 성질이 동일하다고 한다.
313) 관리 9726, 1970. 10. 14.

受給權者가 민법에 의한 손해배상청구에 갈음하여 청구한 때에 산재법 제42조의 장해급여 외에 별도로 지급하는 급여를 말한다(산재법 제46조). 장해특별급여는 보험급여의 일종인 장해급여를 지급하는 이외에 민사상의 賠償方法으로 계산한 배상액을 추가로 지급하도록 함으로써 보험가입자인 사업주는 민법 기타 법령에 의한 모든 損害賠償責任을 면제받고 근로자는 민사소송의 불경제로부터 벗어날 수 있도록 배려한 산재보험의 새로운 補償模型으로서 우리나라의 독자적인 제도라는 점에 큰 의의가 있다.

b) 장해특별급여제도는 1982. 12. 31 제8차 동법 개정시에 신설된 제도로서 1984. 1. 1부터 시행하고 있다. 장해특별급여의 보상체계는 身體障害等級基準에 따라 최저 14급의 55일분에 해당하는 평균임금에서부터 최고 1급의 1,474일분에 해당하는 평균임금을 기준으로 산정하는 定率補償方式을 채택하여 획일적으로 보험급여액을 결정하여 민사대불금액과 相互調整하는 방식을 채택하고 있다. 따라서 산재법 제4장의 보험급여의 종류에서 장해특별급여라 하여 보험급여의 일종인 것처럼 표현하고 있으나, 본질적으로는 산재보험이 아님을 유의할 필요가 있다.[314]

---

314) 대부분의 산재보험의 경우 개개의 근로자의 노동능력상실에 상응하는 배상제도를 채택하여 오고 있는 民事訴訟法에 의한 賠償方式과 서로 상응하여 1차적으로 보상에 간편한 産災保險給與額을 받고 다시 민사소송에 의한 제2차적 배상을 청구하여 배상받음으로써 민사소송으로부터 시간적·금전적 불경제가 초래되기 쉽다. 이러한 점을 감안하여 도입된 본 제도는 통상 근로자와 사용자 간의 합의라는 절차를 이용하여 번잡한 민사상의 절차를 사전에 방지하고 손해배상액에 갈음하여 지급하는 民事代拂制度라는 성격을 지닌다. 실제로 합의에 도달하는 과정을 사회현실에

c) 장해급여는 산재법상의 보험급여의 일종이고, 장해특별급여는 민사상 損害賠償責任에 갈음하여 노동부장관이 보험기금에서 일시적으로 대불하는 제도로 장해급여와는 그 성질이 상이하다. 즉, 장해특별급여는 산재법 체계의 고유한 기능이 아니고 보험가입자가 지급하여야 할 손해배상금을 産災保險財政에서 일시대불하여 주고 추후 연 4회로 분할하여 전액을 징수하도록 하여 신속하고도 경제적인 방법으로 노사간의 산재사고에 대한 분쟁을 당사자 간의 합의라는 토대위에 해결하려는 제도이다. 그러므로 장해 급여를 산정·지급하는 것은 당해 근로자의 취업가능기간 동안의 형태로 계산하였기 때문에 民事賠償額이 포함되어 있지 않으므로 산재법에서 지급하는 장해급여를 제외하고 나머지 금액을 장해특별급여의 대상금액으로 지급하게 된다.

d) 산재법에서 지급하는 장해급여는 수급권자의 선택에 따라 일시금 또는 연금의 형태로 지급된다. 그러나 장해급여를 장해특별급

서 볼 때 交涉力이 약한 근로자의 입장에서는 항상 방대한 조직력과 교섭력을 보유하고 있는 사업주와의 충돌에서 불리하기 마련이다. 사업주가 근로자의 소송수행능력의 취약성을 이용하든지 또는 영세근로자의 법률상 무지 등의 사정으로 산재보험급여만으로 모든 보상과 배상이 사실상 종결되는 사례가 허다하다. 또한 과다한 소송비용을 사채로 충당하면서 소송의 불경제를 감내하지 아니할 수 없었던 것이 그간의 실정이었다. 塵肺의豫防과塵肺勤勞者의保護等에관한法律 제39조 제2항의 규정에 의하면 同法上의 障害慰勞金은, 첫째, 산업재해보상보험법 제46조의 규정에 의하여 장해특별급여를 받은 경우와 둘째, 사업주와의 합의에 의하여 진폐에 의한 장해보상금을 받은 경우를 제외하고 근로자가 민법 기타 법령에 의한 손해배상청구에 갈음하여 위로금을 청구하는 경우에 지급하도록 하고 있다.

여에서 공제할 때에는 장해일시금의 금액을 계산하여 공제할 수밖에 없다. 이때에는 장해일시금으로 공제하고 장해급여는 연금으로 지급하는 경우 배상총액과 관련하여 문제가 제기될 수 있다. 산재법 제46조에서는 보험가입자인 사업주의 고의 또는 과실로 업무상 재해가 발생하여 근로자가 장해등급 제1급 내지 제3급에 해당하는 장해를 입은 경우에 수급권자가 민법에 의한 損害賠償請求에 갈음하여 장해특별급여를 청구한 때에는 장해급여 이외에 장해특별급여를 지급할 수 있도록 명시하고 있다.

 e) 보험가입자의 고의나 과실이 없고 오로지 근로자 측의 과실로 재해가 발생한 경우에는 장해특별급여를 청구할 수 없다. 보험가입자의 과실에 근로자의 과실이 경합된 경우에는 過失相計의 이론이 적용되어야 할 것이나 장해특별급여에서는 과실상계를 고려하지 않고 있다. 고의나 과실이 있는 경우에는 加害者側과 被害者側 사이의 쌍방의 過失與否를 고려하여 상계하는 것이 원칙이다. 이 경우 과실을 어떻게 어느 정도 입증하느냐에 따라 과실비율이 달라질 수 있다. 따라서 근로자가 과실의 입증이 곤란하며 사업주가 과실책임을 부정할 때에는 장해특별급여의 지급이 어렵다. 보험가입자가 자기의 고의 또는 과실에 의하여 재해가 발생한 것을 스스로 인정하는 것을 전제로 하므로 현실성이 결여되어 있다. 또한 장해가 身體障害等級 제1급 내지 제3급에 해당하는 勞動力喪失率을 입었어야 한다.

 f) 산재법 제46조에서 장해특별급여의 지급요건으로 보험가입자가 스스로 자기의 고의 또는 과실로 인하여 재해가 발생한 사실을 먼저 인정하도록 하고 있다. 또한 동일한 사유로 민법 기타 법령에

232

의한 신체적, 정신적 손해에 대한 손해배상을 청구하지 아니한다는 노사간의 합의가 선행되어야 장해특별급여를 지급할 수 있다. 따라서 수급권자가 장해특별급여를 청구하려면 보험가입자인 사업주로부터 민법에 의한 손해배상금을 수령한 사실이 없어야 한다.315) 노사당사자가 합의하여 장해특별급여를 청구한 때에 한하여 이를 지급할 수 있도록 하였으나 交涉能力이 약한 근로자가 보험가입자와의 합의가 과연 원만하게 이루어질 수 있을 것인가 하는 것이 장해특별급여제도의 운용상 문제점이다.

　g) 民事訴訟에 있어서의 訴訟節次의 複雜性과 不經濟性, 근로자의 法令無知 등의 사유로 인하여 민사소송에 의한 손해배상의 청구는 사실상 어렵다는 점을 알고 사업주가 합의하리라는 것도 실효성이 적다. 또한 근로자와 사용자 간에 법의 규제범위 밖에서 별도의 합의로 손해액이 타결되는 경우를 예상할 수 있으므로 이 제도의 도입 취지가 반감될 수 있다. 또한 사업주가 우월한 지위를 이용하여 근로자와 합의를 함에 있어서 강요를 하거나 허위의 의사표시를 한 경우에는 그 합의는 무효이다. 피해근로자가 의사표시를 함에 있어서 착오·중대한 하자가 발생하게 되는 경우에는 이를 취소할 수 있다.

⑻ 遺族特別給與

　a) 유족특별급여라 함은 보험가입자의 고의 또는 과실로 업무상 재해가 발생하여 근로자가 사망한 경우에 수급권자가 민법에 의한

---

315) 大判 1976. 9. 14, 75다414.

손해배상청구에 갈음하여 청구한 때에 산재법 제43조 규정에 의한 유족급여와는 별도로 지급되는 급여를 말한다(법 제47조).

사업주의 고의 또는 과실로 인하여 업무상 재해가 발생하게 되면 산재법에 의한 보험급여의 사유가 되는 한편 민법 또는 다른 법령상 損害賠償要件이 경합된다. 이런 경우 民事訴訟節次를 거치지 않고 수급권자에게 유족급여 이외에 소정의 특별급여를 지급하도록 함으로써 민사소송에 따른 시간적·경제적 피해를 극소화하여 손해배상문제를 신속·간편하게 해결할 필요가 있다.

b) 유족특별급여제도는 1970. 12. 31 제1차 산재보상보험법의 개정 시 신설되었다. 당시의 유족특별급여제도는 보험가입자의 고의 또는 중대한 과실로 인한 재해로 근로자가 사망한 경우에 수급권자인 유족이 민법에 의한 손해배상청구에 갈음하여 보험급여를 받고자 하되, 유족급여 외에 평균임금의 1,000일분을 유족특별급여로 지급받도록 하였다. 그러나 이 제도는 별로 실효성이 없으므로 거의 활용되지 않은 채 내려오다가 1982. 12. 31 제8차 개정 시 장해특별급여제도와 거의 같은 내용으로 변경되어 시행하고 있다. 보험가입자의 고의 또는 과실로 업무상의 재해가 발생하여 근로자가 사망할 것이 첫째 요건이다.

여기서 고의 또는 과실이라 함은 종전의 산재법상 유족특별급여제도와 지급요건이 되고 있던 「보험가입자의 고의 또는 중대한 과실로 재해가 발생한 경우」를 중대한 과실이 아닌 경우에도 지급대상이 되도록 그 요건을 완화하였다. 이것은 동법상의 요건과 민사상의 손해배상요건을 맞추어 양 체계를 더욱 유기적으로 밀착시켜 보

234

상제도의 차이에서 오는 소송의 불경제를 해소하고자 한 것이다. 보험가입자에 대하여 민법상의 損害賠償請求316)에 갈음하여 청구를 할 것이 둘째 요건이다. 따라서 보험가입자인 사업주로부터 손해배상금을 수령한 경우에는 특별급여를 청구할 수 없다.317)

c) 민법에 의한 손해배상은 반드시 그 재해가 사업주의 과실 즉, 시설관리를 잘못했거나 다른 근로자가 업무수행과정에서 잘못이 있었기 때문에 발생한 것이어야만 가능하며 근로자 본인의 과실만으로 손해배상을 청구할 수 없다. 근로자의 사망으로 수급권자가 재해발생에 있어서 손해배상을 청구하는 것에 갈음하여 보험가입자에게 손해배상을 포기하는 조건으로 특별급여를 청구하여야 한다. 수급권자인 유족이 동 유족특별급여를 수령한 후에는 민법 기타 법령에 의한 손해배상청구를 하지 않기로 쌍방간에 합의가 이루어져야 한다.

여기서 합의의 형식은 쌍방간의 일치된 의사표시에 의하여 이루어지는 서명에 의한 要式行爲로 보아야 한다. 왜냐하면 후일 민사소송을 제기하는 경우 객관적 입증이 필요하고 사전에 특별급여를 청구하기 위하여 손해배상을 포기하겠다는 합의내용을 보험사업의 집행기관에 제시하여야 하기 때문이다.

d) 유족특별급여를 청구하기 위해서는 사전에 유족급여를 받았거나 유족급여를 받기로 확정된 경우이어야 한다. 산재보상보험법은 순수한 의미의 민사배상제도가 아니기 때문에 유족특별급여의 지급을 독립적으로 인정하지 않고 있다. 업무상 재해를 당하여 생존권의

---

316) 大判 1976. 9. 14, 75다414.
317) 大判 1976. 9. 14, 75다414.

위협을 받고 있는 피재근로자의 유족을 보다 효과적으로 보호하는 한편 사업주의 산재사고에 의한 민사소송에 따른 불경제를 보다 효율적으로 조정하여 사업에 전념할 수 있도록 하는 취지에서 도입된 제도이기 때문이다. 따라서 업무상 재해로 유족급여의 수급대상이 되지 않는 경우 즉, 산재법상 보험급여의 지급사유와 경합되거나 이에 해당되지 않는 한 유족특별급여를 청구할 수 없다.

2. 産災保險의 年金償還額과 求償權行使

a) 현행제도는 보험급여나 손해배상이 다같이 '동일한 사유'에 대하여 '금전으로 확정된 것인 경우'를 전제로 하여 相互調整을 도모하고 있다. 산재보상보험법은 장해보상연금과 유족보상연금에 있어서 年金利를 채택하고 있었음에도 불구하고, 이러한 경우에 손해배상과의 減免關係에 대하여 조정규정이 없기 때문에 어려운 문제를 제기하고 있다. 왜냐하면 연금제도는 그 지급기간이 확정되어 있는 것이 아니며, 따라서 연금액은 미리 확정할 수 없기 때문이다. 그러나 기본적으로 보험급여와 손해배상 간에는 損失補償이라는 機能面에서의 重複關係를 부정할 수 없기 때문에 연금급여의 경우에도 역시 조정이 이루어져야 한다.318)

---

318) 만약 이것이 인정되지 아니한다면 사업주로부터 보험이익을 상실하게 될 것이며, 또 타면으로 사업주가 보험료를 통해서 보험재정을 전적으로 부담하는 의의를 상실할 것이다. 이를 조정하기 위한 보완조치가 있어야 할 것이다. 보험급여와 손해배상은 그 본질·요건·효과 등에서 상이하나 기능 면에 있어서는 다소 공통성이 있다.

b) 보험급여를 행하고 구상권을 행사할 때 가해자에 대한 수급권자의 법적 지위를 근로복지공단이 승계하는 것임에 대하여, 社會給與償還權은 각 관리운영주체에게 인정된 本源的 請求權임에 틀림이 없다. 따라서 사업주의 고의나 과실을 이유로 과실상계를 주장할 수 있으나 사회보험에 있어서는 無過失責任主義에 따라 그와 같은 항변을 할 수 없다.

c) 이 제도는 독일, 오스트리아의 산재법에서는 결코 양보할 수 없는 산재예방의 효과적 수단이다. 보험급여가 일시금이 아니고 연금의 형식으로 지급되는 경우에는 그 연금의 총액을 일시금으로 환산하여 상환시킬 수도 있다. 또한 관리운영주체는 保險給與償還權의 행사로 사업주의 경제상태가 극도로 악화될 염려가 있다고 생각될 때에는 給與相換權의 일부 또는 전부를 포기할 수 있는 입법적 정책도 필요하다. 물론 그 결정은 산재예방을 위한 사업주의 노력을 강화시키는 기능과 다른 가입자에 대한 부당성 등을 잘 比較·衡量하여 내려야 하므로 自由裁量行爲라고는 볼 수 없으며, 오히려 羈束裁量行爲로 보는 것이 타당하다.

3. 損害賠償額과 産災保險求償金의 比較

a) 산재보험급여액과 손해배상액을 비교하여 구상금액의 관련성을 파악하는 것은 상호간의 이중보상을 조정하고자 하는 취지에서 중요한 의미를 지닌다. 손해배상액은 적극적 손해, 소극적 손해, 정신적 손해(慰藉料)로 분류하는 3분설이 통설·판례이므로 이를 구분

하여 면책의 범위를 정하여야 한다.[319]

b) 積極的 損害에는 병원에의 진료비 즉, 치료비·약제비·수술비, 생활비, 문화비 등의 지출비용이 포함된다. 消極的 損害는 일실소득으로서 임금·퇴직금·상여금 기타 소득금액의 상실분을 말하며, 慰藉料는 정신적·육체적 고통 및 잃어버린 행복에 대한 보상을 말한다. 이러한 손해배상액과 비교하면, 산재보험급여 중 요양급여는 손실된 노동력을 회복하는 데 목적을 둔 의료급부를 의미하므로 적극적 손해에 해당하고, 휴업급여는 요양 중의 생활보장을 위하여 지급하는 소득보장급여라는 성격을 지니므로 일실소득으로 보아 적극적 손해에 해당한다.

제3절 求償金額의 算定

I. 稼動可能期間과 生活費의 控除

1. 稼動可能期間

a) 피해자가 死亡하거나 不具化됨으로써 稼動力의 전부 또는 일부를 상실하였을 경우 일부상실에 대해서는 그 산정비율에 따라 월

---

319) 姜完求, '勤勞者의 業務上 災害로 인한 請求權의 調整,' 民事裁判의 諸問題(李時潤博士華甲記念論文集), 博英社, 1995, 559面.

238

간 또는 연간의 喪失純收入이 결정되며, 여기에 그 수입상실이 계속
될 기간을 확정하여 그 기간을 곱하면 상실수입의 총액이 산출된
다.320) 만일 피해자가 이미 平均壽命을 넘어서 살고 있고 또 수입
을 얻고 있는 경우에는 구체적인 사정 즉, 피해자의 직업·건강상
태·가정환경·위생상태 등을 종합적으로 고려하여 인정할 수밖에
없고, 따라서 피해자가 稼動年限을 넘었다 하여 손해가 없다고는 할
수 없다.321) 평균여명 범위 안에서 몇 살까지 가동할 수 있느냐 하
는 것에 관하여 우리나라에는 통계자료가 없으므로 판례로 정립한
연령에 의하고 있다.

　b) 대법원은322) 한국인 남자 또는 여자의 가동가능 기간을 경험
칙에 의하여 50세까지라고 인정한 것은 그와 같은 경험칙을 인정할
수 없으므로 위법이라고 판시하고 보통 건강체의 남자가 55세까지
노동할 수 있음은 經驗則上 명백한 사실이라고 한다. 일반적인 노동
능력이 '55세까지'라는 의미는 '만 56세에 달하기 직전까지'라는 뜻
이고, 환언하면 '55세가 끝날 때까지'를 의미한다. 따라서 현재까지
의 대법원의 견해323)는 원칙적으로 일반 도시 또는 農村日傭勞動은

---

320) 이 경우 수입상실의 계속기간은 수입을 얻을 수 있는 가동가능 기간과
　　일치되고 수입상실 기간이 여명기간 내임은 분명하다. 따라서 피해자의
　　여명을 확정할 필요가 생기고 그것은 보건복지부에서 발간되는 간이생명
　　표에 의하여 인정한다. 그러나 간이생명표상의 수치는 어디까지나 산술
　　평균치이므로 당해 피해자가 그 평균여명을 넘어서 존재할 것인지 그 이
　　전에 사망할 것인지는 신밖에 모를 일이다(李輔煥. 자동차사고손해배상
　　소송. 육법사. 1990. 276면~281면).
321) 大判 1971. 2. 23, 70다2927.
322) 大判 1966. 3. 22, 66다119.
323) 大判 1969. 4. 22, 69다247.

55세 말까지, 鑛夫 등 정년이 있는 경우에는 그 정년에 달하는 날까지 가동할 수 있는 것으로 보고 적법한 구체적 증거에 의한 가동기간의 연장도 시인하는 것이라고 해석된다.

그 외에 외과의사의 가동연한을 65세까지로,[324] 건설회사의 技術常務는 60세까지,[325] 운전기사에 관하여는 시력 등 건강이 특별히 좋은 경우가 아니면 60세까지 근무할 수 있다고는 볼 수 없다.[326] 重機整備業務도 일반 노동보다 가벼운 노동이 아닌 사실을 인정하여 그 종사자의 가동연한은 만 55세까지라고 판단하고 있다.[327]

c) 따라서 법원이 개개의 구체적인 경우에 그 사람의 경력·연령·직업·건강상태 기타 여러 가지 사정을 고려하여 자유로운 심증으로 그 노동가능연한을 인정할 수는 있다 하더라도 건강한 사람이 일반 육체노동에 종사할 수 있는 연한은 보통 55세까지라고 하는 것이 우리의 경험칙이다. 이와 같은 가동가능 기간을 손해배상액의 산정 시에 경제활동을 할 수 있는 연령을 고려하여야 하기 때문이다. 이러한 이유는 산재보험급여의 연금수혜자의 경우에는 손해배상일시금과 구상금액을 산정하여 구상 청구를 하고자 할 때 중요한 의미를 지닌다.

---

324) 大判 1979. 9. 25, 79다284.
325) 大判 1979. 9. 25, 80다754.
326) 大判 1980. 3. 25, 80다5.
327) 大判 1982. 12. 28, 82다카1297.

240

2. 生活費의 控除

a) 사망한 피해근로자의 생활비를 총수입에서 공제하는 근거에 관하여는 피해자의 생활비는 사고로 인하여 지출을 면하게 된 이익이므로 공제되어야 한다는 損益相計說의 입장과, 생활비는 이익을 올리기 위한 必要經費로서 기업의 순수익을 총수익에서 손금을 공제하여야 하는 것과 마찬가지로 공제되어야 한다는 必要經費說(勞動力 再生産費說)이 있다.

b) 損益相計란 사고로 인하여 손해를 입은 반면, 그로 인하여 이익을 얻는 경우에 불법행위자가 배상하여야 할 손해는 이익을 공제한 나머지라는 법리이다. 손익상계는 사고로 인하여 피해근로자에게 발생된 손해 중 자신의 過失比率에 따른 相計를 한 후 가해자가 책임질 손해액을 산정한 다음에 피해자가 얻은 이익을 공제하게 된다. 재해로 인한 사상으로 유족이나 피해근로자가 산재보상보험법에 따라 유족급여, 장의비, 휴업급여, 요양급여, 장해급여 등을 받으면 과실상계를 한 후에 각 보험급여액을 공제하는 것이다.

c) 생활비가 수입을 얻기 위하여 사회생활상 당연히 지출되는 비용이라면 세금 역시 납세의무를 지고 있는 국민으로서 그 지출은 사회생활상 당연한 것이고, 그것은 일정한 수입을 올리는 데 필요한 금원이라고 할 수 있다. 生活費는 그 수익의 3분의 1임에 다툼이 없다고 대부분 알고 있으나, 피해자가 미성년이거나 학생 또는 독신인 경우 공제액수를 높이려는 경향은 더욱 두드러지며, 그 태도는 우리나라 國家賠償法 施行令 제6조 '損益相計'에 관한 생활비공제에 관

한 비율표상, 부양가족의 유무 및 그 수에 따라 최고 40%에서 최하 25%까지 차등 규정하고 있다. 사실, 생활비의 인정은 가상적일 수밖에 없다. 현재는 미성년자라 하더라도 나이가 들면 결혼하여 배우자가 생길 것이며 아이들을 갖게 될 것이니 현재 그가 독신이라 하여 가동기간을 다 마칠 때까지 그 수입의 40%를 생활비로 지출할 것이라는 규정은 문제가 있다. 또 수입도 일용근로자가 아닌 給與生活者로 인정하는 경우에는 학력과 연령에 따른 승급도 인정하는 것이 바람직할 것이다.328)

Ⅱ. 過失相計

1. 過失相計의 意義

민법 제763조로 인한 불법행위와 債務不履行에 관한 민법 제396조를 準用하고, 민법 제396조는 過失相計라고 하여 「채무불이행에 관하여 채권자에게 과실이 있는 때에는 법원은 손해배상의 책임 및 그 전액을 정함에 이를 참작하여야 한다.」고 규정하고 있다. 불법행

---

328) 생각건대 생활비는 가동능력 생산에 필요한 비용이고 가동능력의 평가액은 총수입에서 생활비를 공제한 순수익을 기초로 산출하여야 한다는 실체법 이론상, 그리고 그 주장 입증을 사용자에게 맡겨 둘 수만은 없다는 견지에서 손익상계설은 채택하기 곤란하다. 따라서 일실이익에 관하여 가동능력상실률을, 생활비에 관하여 노동력 재생산비설을 취하는 한 생활비의 공제는 가동능력평가과정의 한 단계에 불과하고 그 평가의 기초인 순수입은 간접사실에 지나지 않게 된다.

위에 관하여 피해자에게 과실이 있는 때에는 손해배상의 책임 및 그 전액을 정함에 이를 참작하지 않으면 안 되는 법리를 「過失相計」라고 부른다. 따라서 과실상계를 불법행위자의 과실과 피해자의 과실을 대등한 정도와 비율로 서로 상쇄시키는 의사표시이다. 과실비율에 따라 損害賠償責任을 질 경우에는 그 과실과 인과관계에 있는 모든 손해를 배상할 책임이 있다. 다만 피해자에게도 과실이 있고 그 과실이 손해의 발생과 확대에 原因力을 부여한 경우에는 그 한도 내에서 책임이 경감된다.

2. 産災事故와 過失責任

a) 사용자의 과실을 산업안전보건법상 사용자의 의무로서 안전표지의 부착, 安全關係者의 先任, 安全上의 措置, 保健上의 措置, 安全保健敎育, 유해위험기계기구의 방호조치, 作業環境測定, 健康診斷, 근로시간의 제한, 健康診斷結果에 대한 配置轉換 등의 이행여부에 따라 결정된다. 근로자의 과실은 産業安全保健法上 근로자의 준수의무 즉, 사용자의 의무로서 상기조치를 성실히 따라야 하는 것을 말하여, 이를 불이행하여 사고가 야기된 경우 主意義務 소홀의 정도를 참작하여 결정한다.

b) 고의 또는 과실로 인하여 타인에게 손해를 가한 경우, 그 고의·과실행위와 손해발생이라는 결과와의 사이에 상당인과관계가 있으면 피해자의 과실 또는 제3자의 과실이 경합된 경우에 양자는 共同不法行爲者가 된다. 이때 공동불법행위자 중 누구 한 사람이 피

해자에 대하여 모든 손해배상을 하고 나중에 과실비율에 따라 구상권을 행사하게 되면 불공평은 없어지게 된다.[329] 따라서 피해자의 과실이 경합된 경우에도 가해자는 자기의 과실비율만큼의 책임을 부담하고,[330] 피해자도 자기의 과실비율에 따른 손해는 스스로 수인하는 것이 공평한 것이다.[331] 누구든지 자기의 잘못만큼만 책임을 져야 공평하고, 타인의 잘못으로 인한 책임을 지거나 자기의 잘못의 결과를 타인에게 전가시키는 것은 정의 관념에 반하게 된다. 따라서 과실상계제도는 공평의 이념에 따라 相當因果關係說의 부당한 결과를 시정하는 제도라고 볼 수 있다.

III. 勞動力喪失率과 危險引受

1. 稼動能力喪失率

a) 사람은 생물학적 개체임과 동시에 경제적 개체이어서 가동능

---

329) 大判 1992. 12. 8, 92다42583.
330) 광업소의 굴진막장에서 선산부로 작업하는 원고로서도 그 자신의 안전과 건강을 위하여 피고회사에 안전한 귀마개 등 보호구의 지급을 요구하여 착용하고 지급이 없을 때에는 스스로 대용품을 마련하여서라도 착용하여야 하며, 신체에 이상이 있을 때에는 정밀검사를 받아 보는 등의 방법으로 이를 확인하고 피고회사에 작업의 전환이나 작업시간의 단축을 요구하는 등의 조치를 취하지 아니한 잘못이 있다고 인정되므로 위 질환이 발생경위에 비추어 볼 때 원고의 과실정도를 60%로 보아 과실상계를 인정한다(大判 1989. 8. 8, 88다카33190).
331) 大判 1990. 2. 13, 89다5997.

244

력은 노동능력과 관계를 가지므로 노동능력의 장해는 가동능력의 장해를 가져온다. 그러나 노동능력의 障害比率이 그대로 가동능력의 장해비율로 되는 것은 아니며, 피해자의 연령, 성별, 직업, 고용실태 등 사회적·경제적 요인들이 참작하여야 한다.332) 노동능력은 醫師의 判斷事項에 속하나, 가동능력은 법관의 판단사항이다. 따라서 稼動能力喪失率의 판단은 노동능력상실률을 전제로 하고, 勞動能力喪失率은 증상이 고정된 후가 아니면 확정될 수 없으므로 가동능력상실률은 症狀固定後에 판단되어야 한다. 뿐만 아니라 의료보조기기의 사용이 가능한 경우에는 의족, 의수의 사용 또는 바퀴의자의 사용을 조건으로 판단되어야 한다. 왜냐하면 保障具의 비용은 피재자의 부담에 속하고, 그의 사용은 당연히 예정될 수 있기 때문이다.

b) 또한 年齡을 고려하는 이유는, 같은 장해라 하여도 젊은 사람은 그 기능회복의 가능성이 크고, 고령인 사람은 그 가능성이 적기 때문이다.333) 직업도 가동능력상실률 결정에서 고려되지 않으면 안 된다. 가동능력상실률의 결정에 기초가 되는 勞動能力喪失率은 肉體勞動이 전제로 되어 있으므로 精神勞動이나 데스크 워크(Desk

---

332) 가동능력은 노동능력과는 다른 개념으로서 전자는 구체적 소득능력이고 후자는 추상적·일반적인 육체능력을 말한다. 장해라 하여도 사람을 '생물학적 개체'로 보느냐 또는 '경제적 개체'로 보느냐에 따라 장해비율이 달라진다. 노동능력은 생리·해부학적, 임상의학적 판단에 의하여 평가되고, 같은 장해라면 정도·비율도 동일하겠지만, 가동능력은 같은 장해라 하여도 직종에 따라 달라질 수 있다. 따라서 노동능력을 기질적 제1차적인 것이라면, 가동능력은 기능적 제2차적인 것이다.
333) 이와 같은 이유에서 미국의 캘리포니아주에 있어서의 '신체장해의 백분율을 결정하기 위한 표(Schedule for Rating Permament Disabilities)'상 10살 간격으로 장해율을 가감하는 것은 주목할 만하다.

Work)를 하는 사람의 가동능력상실률로 볼 수 없고, 손가락의 절단이라 하여도 육체노동자와 피아니스트 사이에서는 가동능력상실률이 크게 달라질 수밖에 없다.[334] 상실된 가동능력을 종전수입에 가동능력상실비율을 곱하는 방법으로 평가한다는 것은, 잔존한 가동능력을 발휘하여 잔존가동능력의 비율에 따라 소득을 올릴 수 있다는 뜻이 된다.[335]

다소의 가동능력이 남아있다 하더라도 부첨간호의 필요가 있고, 그 비용이 수입을 초과하는 경우에는 이미 가동능력이 상실되었다고 하지 않을 수 없다.[336] 상실된 가동능력의 평가방법은 종전 소득에 가동능력상실비율을 곱하는 방법도 가능하고, 사고 전후의 소득차액을 기초로 할 수도 있다.[337]

c) 被害勤勞者가 死亡한 경우에는 稼動能力을 완전히 상실한 것이므로 노동능력상실비율에 의한 계산이 있을 수 없겠으나 단지 不具

---

334) 캘리포니아주의 상실률표가 1,900종의 직종을 열거하고 상실률에 수정을 가한 것은 이와 같은 이유라고 할 수 있다. 같은 부위 및 정도의 상해라 하더라도 여성의 직업에 따라서는 미모나 단정 외모가 중시되는 일이 있고, 여성 안면에 남은 추상은 가동능력에 결정적인 것이 될 수 있다.

335) 大判 1981. 2. 10, 80다2141.

336) 가동능력(Power to Earn)이란 원래 노동력의 시장성을 전제로 하여 평가되는 것이며, 캘리포니아주 노동법에 있어서 제4660조가 신체장해율의 백분율을 결정함에 그 피해근로자가 일반 노동시장에서 타인과 경쟁하는 능력의 감퇴를 고려하여야 한다고 규정하는 것도 위와 같은 취지라고 해석할 수 있다.

337) 따라서 우리나라의 고용실태, 사회적 조건을 참작한 가동능력상실률을 제대로 판정하지 않고 노동능력상실률을 곱하였거나, 향후 소득인정에 있어서 피해자의 학력, 경력, 기능, 자격 등을 고려하여 전직가능성, 유사직종에의 종사가능성, 노동시장의 실태 등을 참작함이 없이 바로 도시 또는 농촌일용노동에 종사할 수밖에 없다고 인정하는 것은 잘못이다.

246

化됨으로써 노동능력의 일부 또는 대부분을 상실한 경우에는 여러 가지 방법에 의하여 피해자의 순수입을 산출한 다음 그것을 기초로 노동능력상실률을 곱하여 상실한 순수입을 산정한다. 피해근로자가 종전직업을 계속 수행할 수 있느냐 여부의 판단은 상당히 어렵다.

이를 의사에게 감정을 명하여 그 의견을 참고할 것이지만 법원이 獨自的 觀點하여 판시하고 있다. 일생동안 개호인이 필요한 경우라도 전연 노동력이 없다고 판정할 수 없으며, 잔존노동력이 있음을 늘 경험할 수 있으므로 20%의 잔존노동력에 의한 수입을 공제해야 한다고 판시한 바도 있다.[338]

d) 따라서 감정내용을 먼저 피해자의 사고 당시의 직종을 계속 수행할 수 있는지, 불가능하다면 도시 또는 농촌의 일용근로자로서는 몇%의 능력이 상실되는지, 종전 직업을 계속할 수 있다면 그 능력은 얼마나 감소되었는지, 피해자에게 의료보조기구 예컨대 의수·의족·바퀴달린 의자 등이 필요한지, 그 수명과 가격은 어떤지, 평균여명은 단축되는지 등을 골자로 하게 된다.[339]

e) 산재법 시행령 제31조와 국가배상법 시행령 제2조에는 「身體障害等級表」라는 題下에 14등급으로 129종의 후유증을 분류하고, 국가배상법 시행령은 100%에서 5%까지의 상실률을 규정하고 있는데, 鑑定人들은 '맥브라이드' 氏의 硏究結果 외에 勞動力喪失率表를 참

---

338) 大判 1969. 9. 23, 69다1095.
339) 여기에서 약간 문제로 되는 것은 피감정인의 종전 직업의 계속수행능력의 유무 또는 일용노동능력이나 종전 작업수행능력의 감소율을 평가하는 것은 의료보조기구를 붙인 후의 상태인지 혹은 전의 상태인지 하는 점이다. 다음의 문제는 노동력상실비율은 반드시 감정의사의 감정에만 의존하여야 하는 것인가 하는 점이다.

고로 하는 경우도 적지 않다. 이러한 신체장해등급표는 단순한 육체노동의 직종에는 대부분 타당할지 모르나 정신노동에 종사하는 자에게는 그렇지도 않다. 같은 직종에 근무하는 자라도 젊은 사람과 장년층의 사람은 불구의 상태에서 스스로 적응하는 능력에 차이가 예상되고 노동력상실률에 차이가 나게 된다. 따라서 감정인은 피해자의 現症狀 외에도 직업·연령 등을 고려하지 않으면 안 된다.

2. 障害給與와 危險引受의 限界

a) 障害事故의 경우에 傷病狀態가 고착되는 시점이 비교적 장기간에 걸쳐 있고, 保險受領額이 연금의 형태를 취하게 되면 求償金額을 확정하는 데 많은 어려움이 있다. 더욱이 연금은 피해근로자의 사망 시까지 無限期間동안 지급되므로 그 지급금액을 통계적 방법이나 일시금환산의 방식에 의한다 하더라도 정확한 산정이 곤란하고 결과적으로 이로 인한 손실금은 피해자보호를 위하여 危險責任을 인수한 勤勞福祉公團이 감수하게 되는 불합리성이 있다. 따라서 이 경우에는 加害者가 加害行爲의 範圍內에서 당연히 배상해야 할 위험이므로 당사자 간에 별도의 합의에 의한 追加補償이나, 가해자를 위하여 賠償責任을 인수한 保險會社가 감내해야 할 損失額이다.

b) 근로복지공단은 제3자의 가해행위로 장기적 보험급여를 실시하는 것은 求償權行使에 따른 막대한 損失費用을 감내해야 할 위험성이 있으므로 이에 대하여는 위험인수의 한계를 명확히 하거나 그 損失財源을 事故類型에 따른 재원으로 충당하는 구상제도가 마련되

어야 한다. 예컨대 交通事故의 경우에는 自動車保險을 準用하여 保險財政을 사전에 확보하거나 求償損失金 充當豫算을 확보하는 장치가 필요하다.

Ⅳ. 慰藉料

a) 민법 제752조는 「生命侵害로 인한 慰藉料」라고 하여 「他人의 생명을 해한 자는 피해자의 直系尊屬, 直系卑屬 및 配偶者에 대하여는 재산상의 손해 없는 경우에도 손해배상의 책임이 있다」고 규정한다. 따라서 慰藉料란 재산상 손해가 아닌 손해에 대한 배상금이라 할 수 있다. 또한 민법 제751조는 「재산 이외의 손해의 배상」라고 하여 「타인의 신체, 자유 또는 명예를 해하거나 기타 정신상 고통을 가한 자는 재산 이외의 손해에 대하여도 배상할 책임이 있다」고 규정하고 있으므로 재산 이외의 손해 중에 정신상 고통이 포함되는 것은 분명하다. 따라서 피해자가 身體生命을 침해당함으로써 받은 정신적・육체적 고통을 적극적 손해로 생각할 수 있는 반면, 이와 같은 불법행위로 인하여 과거에 얻을 수 있었던 그리고 장래에 얻을 수 있었던 정신적・육체적 행복의 상실은 消極的 損害라고 말할 수 있다.

b) 위자료의 법적 성질은 배상설과 제재설로 구분된다. 첫째, 賠償說은 위자료에 의하여 배상되어야 할 정신적 손해는 재산상 손해와는 달리 그 금액을 구체적인 기준에 따라 확정하는 것이 불가능

하기 때문에 이러한 배상액의 확정·평가의 곤란성만으로 위자료의 손해배상으로서의 성격을 부인할 수 없다고 하면서 그 본질은 손해배상이라고 보는 설이다.[340] 이 학설은 불법행위로 인하여 정신적 고통을 받은 피해자가 배상금을 수령하고 받는 기쁨이라든가 그 배상금을 이용하여 자신의 긴급한 채무를 가지게 됨으로써 느끼는 취미, 기호나 생활상의 즐거움 등으로 위로를 받게 되고 그 결과 사고로 인하여 받은 정신적 고통을 경감시키거나 잊게 할 수 있다면 금전에 의한 정신적 고통의 배상가능성을 긍정하여야 한다고 하고 있다. 현재의 통설과 판례의 입장이라고 할 수 있다.

둘째, 制裁說은 불법행위를 저질러서 피해자에게 정신적 고통을 야기한 자에게 금전배상을 명하여 제재를 가하는 것이라고 하여 위자료의 제재적 요소를 강조하는 견해이다.[341] 이 학설에 의하면 위자료의 실질은 손해배상의 색채를 띤 형벌이고, 그 금액은 가해행위의 위법성과 과실의 정도에 따라 장래 동종 사고의 발생을 방지하는 데 상당한 금액을 산정하여야 한다.

그러나 이 학설은 가해자도 사망하여 慰藉料債務가 그 상속인들에게 상속된 경우에는 制裁的 機能을 기대할 수 없다는 점, 민사책임과 형사책임의 분화원칙을 파괴하는 점에서 위 양책임을 구별하고 있는 현행 法秩序下에는 수용하기 어렵다. 위자료는 민사책임과 형사책임이 분화되기 전에 복수의 잔재라는 흠이 있고, 손해배상 자체에 제재의 기능이 존재함은 부정할 수 없다.

---

340) 金相容, 不法行爲法, 法文社, 1997, 487~488面.
341) 서울민사지방법원교통·산재손해배상실무연구회, 교통·산재손해배상실무
  (한국사법행정학회, 1994), 413면 참조.

250

b) 그러나 近代法이 형벌과 손해배상의 분화를 전제로 하고 있다는 사실이나, 제751조가 '재산 이외의 손해'에 관한 규정을 '손해배상'으로 파악하고 있는 점을 감안하여, 위자료를 사적 제재로만 보는 것은 損害의 塡補라는 민법의 원칙에 부합하지 않는다. 그러나 위자료의 산정에 있어서, 가해자의 재산·직업·지위도 참작하여야 할 사정이라고 하므로, 손해의 전보라는 원칙만으로 설명하는 것도 곤란하다. 또 위자료 산정의 절대적 기준도 발견되지 않는다. 따라서 위자료의 본질을 추상적으로 논하는 것은 크게 의미가 있는 것이 아니다.

도리어 위자료청구권이 현실적으로 수행하고 있는 기능을 명백히 한 후에 타당한 액을 산정하는 것이 바람직하다. 위자료 역시 배상액을 조정하는 기능을 갖고 있다고 설명되고, 재산상 손해가 고액으로 되는 경우에는 그 액수를 적게 인정할 수도 있는 것으로 생각한 것이 종래의 사고방식이었다. 그러나 위자료는 피해자의 肉體的·精神的 苦痛과 잃어버린 행복에 대한 보상이므로 재산상 손해액이 많이 산출된다 하여 감액될 수 있는 것은 아니다.[342]

만일 재산상 손해액이 多額 出産되었다고 하여 적은 위자료의 지급을 명한다면 그것은 위자료로써 보상하려는 被害法益의 獨自性을 소홀히 보는 것일 뿐만 아니라 위자료를 정형화함으로써 주관에 따

---

[342] 물론 많은 재산상 손해배상액이 인용되면 적은 경우보다 정신적 위로를 크게 받겠지만 그것은 반사적 결과에 불과하고 재산상 손해의 배상이 피해자의 육체적·정신적 고통이나 상실한 과거 및 장래의 행복 자체에 대한 것은 아니므로 위자료가 全賠償額을 경감시키는 기능을 가져서는 곤란하다고 생각된다.

른 차이를 배제하고 大量事件을 均衡있게 해결하며 당사자 간의 합의에 예측성을 부여함으로써 기준을 제시하여야 할 중요한 사명을 저버리는 결과가 된다.[343]

상병 상태가 치유될 때까지 또는 사망할 때까지 피해자가 감수한 육체적·정신적 고통의 정도는 제1차적으로 위자료산정에서 고려될 사유이다.[344] 따라서 入院·通院家療期間의 長短에 따라서 위자료는 달라져야 할 것이고, 피해자가 받은 상해의 부위와 정도 및 수술 내용에 따른 육체적·정신적 고통의 차이는 위자료액수의 산정에서 고려되어야 한다.

c) 逸失幸福을 고려함에 있어서는 피해자의 사회적·경제적 지위, 신분, 생활태도, 가족의 사회적·경제적 지위가 참작되어야 한다. 피해자가 不具가 되거나 사망한 경우에 연령도 중요한 參酌事由가 된

---

343) 대법원판례(大判 1990. 2. 23, 89다카22487)는 '산업재해보상보험은 근로자 내지 유족이 입은 재산상 손해의 전보를 목적으로 하는 것으로서 정신적 손해의 전보까지 목적으로 하는 것은 아니라 할 것이므로, 보험자가 구상할 수 있는 대상채권은 피해근로자가 제3자에 대하여 갖는 금액 중 위자료청구권은 그 대상에서 제외된다고 보아야 할 것이다'라고 판시하고 있다.

344) 사람은 누구나 행복을 추구하고 아무리 보잘것없는 생활을 하더라도 그 나름대로의 행복은 있다고 보아야 할 것이며, 생명·신체를 침해당함으로써 얻을 수 있었던 이와 같은 육체적·정신적 행복을 상실하였다면 그것은 일실행복으로서 배상의 대상이 된다고 보아야 할 것이다. 따라서 피해근로자가 사망한 경우에는 위자료는 이미 감수한 고통과 잃어버린 기쁨에 대한 보상일 뿐만 아니라 장래 얻을 수 있었으나 불법행위로 인하여 상실한 육체적·정신적 행복에 대한 보상의 의미를 갖는 것이므로 망인의 위자료를 부인할 수 없으며 아무리 순간적인 죽음이라도 그에게 육체적·정신적 고통이 없었다고 단정할 수도 없다.

다. 장래 계속될 고통의 존속기간, 얻을 수 있었던 행복의 양은 피해자의 연령과 반비례하기 때문이다. 따라서 피해자의 餘命이 길면 길수록 위자료는 증액되어야 할 것이고, 미혼이냐 기혼이냐 하는 점도 참작되어야 한다. 미혼남녀가 不具化되든지 추형화(醜形化)되는 경우도 특히 고려되어야 한다.

V. 中間利子의 控除方法

a) 호프만식은 이자를 계산함에 있어서 이자를 단리로 적용한 것이고, 라이프니쯔식은 복리로 적용하는 방식이다. 라이프니쯔식을 적용하게 되면 이지에 대한 이지까지 합쳐지는 것이므로 갚아야 할 사람(채무자)으로서는 이 방식이 유리하고 기간이 장기간이 될수록 유리한 정도가 크다. 손해배상액 산출 시 중간이자의 공제방법에 따라 이용되는 공식은 다음과 같다.

〈표 3-2〉 중간이자의 산출공식

유 형	지급금액 산출공식	중간이자공제방법
① Leibniz방식	$P_V = \dfrac{F_V}{(1+i)^n}$	복리방식
② Garpzow 방식	$P_V = F_V(1-ni)$	복리방식
③ Hoffman	$P_V = \dfrac{F_V}{1+ni}$	단리방식
④ 신 Hoffman식	$P_V = \sum \dfrac{F_V}{(1 \pm ni)^n}$	복리방식

여기서 Fv는 장래 가득할 수 있는 금액, n은 취업가능연수, i는 연이자율, Pv는 현재 지급되는 금액을 말한다. 우리나라나 일본과 마찬가지로 미국도 장래의 일실이익(Future lost earnings)을 배상함에 一時金賠償(Lump sum compensation)제도를 채택하고 있다. 이 일시금은 연간 순수입에 가동연한을 곱한 액수가 아니라 현가(present value)를 의미한다. 이 현가는, 그 원금에서 생기는 이자와 원금의 일부를 연간 순수입에 충당시켜 가동기간의 말에는 원금도 이자도 남는 것이 없게 되는 그러한 액수이다. 일실이익의 일시배상 금액을 산출하는 수학공식은, 장래의 금액(Future value)을 Fv, 현가(Present value)를 Pv, 이율을 i, 기간을 n이라 할 때, $P_V = \dfrac{F_V}{(1+i)^n}$ 가 되고, Fv를 1로 가정하면 $P_V = \dfrac{1}{(1+i)}$ 이 된다.

이것은 이율과 기간을 고려 밖에 두면 복리계산에 의한 중간이의 공제방법으로서 라이프니쯔 계산법과 같다. 장래에 주어야 할 돈을 현 시점에서 당겨서 준다면 당겨진 기간만큼 이자를 감안하지 않을

254

수 없는 것이다.[345]

b) 현재 라이프니쯔식이 강제 적용되는 것은 「국가배상법」에 의한 배상의 경우와 「산재보상보험법」에 의한 특별급여의 경우가 있다. 그러나 호프만식의 경우 강제되는 경우는 없으며 관행상 민사소송에서 적용되고 있다. 일실이익 산정의 기초가 될 연 또는 월간 순수입이 정해지고 그 수입이 계속될 것으로 보이는 가동가능 기간이 정하여진 위 兩數値를 곱하여 총액을 산출할 수 있게 된다. 그러나 그 총액은 매년 또는 매월 순차적으로 발생되는 상실한 순수입의 총액이므로 만일 그 금액의 지급을 명하는 경우, 그 이자를 가산하면 상실하는 순수입을 얻을 때까지 기간 동안 발생될 이자만큼 많아지게 되므로 그 이자(이를 '中間利子'라고 한다)를 공제하여야 한다는 이론이 나온다.[346]

c) 라이프니쯔식 계산법은 수학상으로는 합리적이나 가능한 한 원상회복을 꾀하는 손해배상제도의 손해금 계산방법으로서의 타당

---

345) 예컨대, 10년 후에 500만 원을 주어야 할 것을 현재 주게 된다면 과연 얼마를 주게 될 것인가 하는 문제가 될 것이다. 이것은 달리 생각해서 현재 시점에서 얼마의 돈을 주게 되면 그것이 10년 후면 500만 원이 될 것인가 하는 문제가 되는 것이다. 이와 같이 돈을 지급하는 실제 시기와 돈을 지급할 사이에 있는 기간을 중간기간이라 하고 그 기간에 해당되는 이자를 중간이자라고 한다.

346) 타인의 불법행위로 인하여 장래 얻을 수 있는 수입을 못 얻게 되는 것을 이유로 그 손해액을 현재 일시에 청구하는 경우에는 은행거래 또는 일반 금전거래의 경우와는 달라서 채권자가 그 채권을 복리로 이식할 것을 생각할 필요는 없는 것이어서 원심이 호프만식 계산법에 의하여 중간이자를 공제하였음을 정당하고 라이프니쯔식 계산법에 의하여 복리계산을 하지 아니하였다 하여 잘못이라 할 수 없다(大法院判例集 14권 3민집 238면).

성에는 문제가 있다. 물론 호프만식 계산법이 인플레이션에 의한 화폐가치의 하락을 고려하지 않은 것임은 말할 필요도 없고, 라이프니쯔식 계산법에 대하여 인플레이션을 고려하지 않았다는 비난은 양자에 모두 해당한다.[347]

d) 일실이익 산정에 있어 중간이자는 복리로 계산 공제하면서 그와 같이 산출된 배상금에 대하여는 연 5分의 비율에 의한 單利의 遲延賠償金만을 인정하는 것은 전후 모순이 아닐 수 없다. 현행법상 법정지연손해금은 연 5분으로 되어 있으며 손해배상금 중 中間利子를 라이프니쯔식으로 산출한 일실이익 치료비라 하여 그것을 분리시키고, 그 금액에 대하여만 연 5분 복리계산에 의한 지연손해금을 지급하라는 판결은 모순이 된다고 생각한다.

---

347) 그러나 화폐가치의 하락을 고려할 방법이 없는 현행 손해배상제도에서는 중간이자의 공제는 최소한에 그치도록 하는 것이 인플레이션을 고려하지 못함으로써 생기는 피해자의 불이익, 환언하면 불평등을 최소한으로 줄이는 것이 되고, 따라서 철저하게 중간이자만을 공제하는 것은 위 불공평을 보다 심화시키는 것으로서 부당하다고 하지 않을 수 없다. 즉, 원금의 영구적 존속이나 부당이득은 수학상 계산이 그럴 뿐 인플레이션을 참작하면 오히려 실손해에도 미달하는 것이다. 라이프니쯔식 계산법에는 이와 같은 불합리 이외에 이론상의 모순이 있다.

제4장 求償權의 問題點과 改善方案

제1절 求償權의 問題點

Ⅰ. 過失相計後 控除順位의 問題

1. 控除順位에 관한 學說

a) 보험급여를 한 공단은 '그 給與額의 限度 안에서' 급여를 받은 자의 제3자에 대한 損害賠償請求權을 代位하므로 제3자의 손해배상청구권이 保險給與額을 超過하는 경우에는 그 차액에 대한 손해배상청구권이 피해근로자에게 그대로 남게 된다. 반대로 保險給與額이 제3자에 대한 손해배상청구권을 초과하는 경우에는 공단은 대위된 그 損害賠償請求權의 범위에 한하여 제3자에게 구상할 수 있을 뿐이다.348) 산재법 제54조에 의하여 근로복지공단이 취득하는 것은 급여를 받은 자의 第3者에 대한 損害賠償債權이며 이 채권에는 과실상계의 법리가 적용된다. 근로복지공단이 보험급여를 한 경우 과실상계와 산재보험급여의 공제 사이에는 순서에 따라 근로복지공단의 구상범위가 달라지게 된다.

---

348) 同旨: 大判 1990. 2. 13, 89다5997.

b) 공제순위를 어떻게 하는 가에 따라 근로복지공단의 구상금의 부담관계가 달라지게 되므로 학설을 입장에 따라 살펴보면 다음과 같다.

첫째, 控除後相計說은 피해근로자의 총 손해금에서 보험급여금을 먼저 공제하고 과실상계를 하는 견해로서, 이에 따르면 근로복지공단의 구상범위는 보험급여액 자체에서 과실상계한 금액을 한도로 하게 되며 이때 보험급여액 중 피해근로자의 과실상당 부분은 근로복지공단의 부담으로 된다.349)

둘째, 相計後控除說은 피해근로자의 총 손해금에서 피해근로자의 과실을 먼저 상계한 다음 보험급여액을 공제하는 견해로서, 이에 따르면 피해근로자의 손해액이 보험급여액을 초과하고 있는 한 보험급여액 전액이 근로복지공단의 구상범위가 된다.

c) 대법원 판례350)는 상계후공제설에 따르고 있다. 따라서 손해가 발생하였고 그 손해발생으로 인하여 이득이 생겼고 동시에 그 손해발생에도 피해자에게 과실이 있어 과실상계를 하여야 할 경우에는 먼저 산정된 손해액에다 과실상계를 한 후 손해발생으로 인하여 생긴 이득을 공제하여야 하는 것이 이론상 타당하다.

2. 過失相計와 控除範圍의 差異上의 問題

a) 산재법 제15조 제1항에 의하여 제3자에게 구상하는 범위는 보험급여를 한 전액이며, 다만 근로복지공단이 피해자가 제3자에 대하

---

349) 金壽福, 産業災害補償保險法, 中央經濟社, 2000, 526面.
350) 大判 1993. 10. 23, 73다337: 大判 1990. 2. 13, 89다5997.

여 가지는 損害賠償請求權을 代位하는 것이므로 그 구상권은 그 損害賠償請求權의 범위를 초과하지 못한다. 대법원판례는 「産災保險給與를 받은 피해자가 제3자에 대하여 損害賠償請求를 하고 그 손해발생에 피해자의 과실이 경합되어 과실상계를 할 때에는 먼저 산정된 손해액에서 과실상계를 한 후 거기에서 보험급여를 공제하여야 하고 그 공제되는 보험급여에 대하여는 다시 과실상계를 할 수 없다」고 한다.[351]

b) 이러한 대법원이 견해에 대하여는 원래 산재보험급여는 피해근로자 자신의 과실유무를 묻지 아니하고 근로복지공단의 부담으로 재해를 당한 피해근로자의 손해를 전보하는 것이므로 控除後相計說을 지지하는 입장이다.[352] 이와 같은 대법원의 태도는 산재보험급여를 損害賠償債權과 같은 성질로 보아 피해근로자의 過失部分 相當의 손해는 전부 보상받을 수 없게 되는 相計後控除說을 취하면서도, 산재보험급여 중 치료비와 같은 요양급여에 대하여는 控除後相計說을 취하고 있어 일관성이 없다는 비판이 제기된다.[353]

c) 결국 이와 같은 판례의 입장을 유지하는 한, 근로복지공단이 휴업급여, 장해급여에 관하여는 被害勤勞者의 損害賠償額 自體에 대

---

351) 근로복지공단이 산재보상보험법 제54조 제1항에 의하여 제3자에게 구상하는 범위도 보험급여를 한 전액이라고 할 것이다. 이 경우 근로복지공단은 피해자가 제3자에 대하여 가지는 손해배상청구권을 대위하는 것이므로 그 구상권은 그 손해배상청구권의 범위를 초과하지 못한다.

352) 이동학, '産業災害補償保險法 제15조에 대한 理解', 國際法律經, 1990년 가을호, 136面.

353) 김완섭, '産業災害補償保險法 제15조 제1항에 의한 國家의 求償權의 範圍', '大法院判例解說 1988년 하반기통권 제10호', 法院行政處, 1989, 26面.

하여 과실상계를 하게 된다. 다만 産災保險給與額에 대하여 다시 過失相計할 수 없으므로 被害勤勞者의 總損害額에서 과실상계한 손해배상액 한도 안에서 산재보상보험금 전액에 대하여 근로복지공단은 제3자로부터 구상할 수 있다.[354]

d) 치료비인 요양급여에 관하여는 대법원이 控除後相計說을 취하여 요양급여액 중 피해근로자의 과실부분 상당을 치료비 자체에서 공제할 수 없도록 하고 있다.[355] 이때에는 피해근로자의 과실을 상계한 금액만을 구상하게 되는 문제점이 있다.[356]

Ⅱ. 相續權者와 損害賠償請求權의 不一致

1. 共同不法行爲와 求償業務의 增加

(1) 共同不法行爲者의 責任負擔

a) 제3자와 피해근로자가 共同不法行爲를 하여 업무상 재해가 발생하고, 이로 인하여 근로복지공단이 피해근로자에 대하여 保險給與를 한 경우 당사자 내부의 法的 負擔問題는 어떻게 分擔하여야 할 것인가 하는 것을 검토할 필요가 있다. 다양한 원인에 의하여 보험급여를 지급한 경우에[357] 근로복지공단이 취득한 求償額의 範圍는

---

354) 大判 1990. 2. 13, 89다5997 : 大判 1978. 1. 17, 77다1641 : 大判 1978. 1. 7, 77다1641.
355) 大判 1981. 10. 13, 81다카351(전원합의체 판결).
356) 김완섭, 前揭論文, 27面.

피해근로자가 제3자에 대하여 청구할 수 있는 損害賠償請求額을 한도로 하고 있다. 그러므로 제3자는 피해근로자의 손해액 중 피해근로자의 과실상당의 손해액을 공제한 나머지, 즉 제3자 자신의 과실상당 손해액에 한하여 근로복지공단의 구상에 응할 의무가 있을 뿐이므로 보험급여액과 구상액의 차액은 보험집행기관인 근로복지공단이 최종적으로 부담하므로 損失金의 發生原因이 된다. 더욱이 제3자와 보험가입자인 사용자 또는 동료 근로자의 共同不法行爲로 인하여 업무상 재해가 발생하고, 근로복지공단이 피해근로자에게 보험급여를 한 경우 當事者間의 責任分擔과 求償權은 어떻게 행사할 것인가 하는 것이 문제된다.

b) 우선 산재법 제54조 제1항의 규정은 수급권자가 입은 재해가 보험가입자와는 관계없는 순전히 제3자만의 불법행위로 인한 경우에만 부담을 인정할 것인가 의문시 된다. 이에 대하여는 산재보험가입자의 과실과 제3자의 과실이 경합한 共同不法行爲의 경우에 보험집행기관인 근로복지공단이 商法 제682조에 의하여 피보험자의 제3자에 대한 구상권을 대위하여 행사할 수 있음은 別論으로 하고, 직접 수급권자의 제3자에 대한 손해배상청구권을 대위할 수 없는 문제점이 있다.358)

---

357) 근로복지공단의 2000년도에 災害原因別 求償現況을 분석한 결과를 살펴보면, 다음과 같다. 교통사고 3,120건, 강도폭행 1,045건, 동일위험권내재해 1,041건, 화재 기타 233건으로 총 5,439건이다.

358) 대법원판례(大判 1997. 01. 24, 96다39080)는 '구상권행사의 상대방인 제3자라 함은 피해 근로자와의 사이에 산업재해보상보험관계가 없는 자로서 피해 근로자에 대하여 불법행위 등으로 인한 재해배상책임을 지는 자를 말하나, 그 구상권은 제3자와 보험가입자 또는 그 소속근로자의 공동불

⑵ 保險加入者와 第3者의 共同不法行爲

a) 만일, 보험가입자의 과실과 제3자의 과실이 경합된 共同不法行爲의 경우에 보험집행기관인 근로복지공단이 수급권자의 제3자에 대한 손해배상청구권을 대위하여 행사할 수 있다고 한다면, 제3자는 보험집행기관이 수급권자에게 산재법상의 보험급여를 함으로써 그 한도 내에서 공동불법행위자인 보험가입자와 공동으로 면책 받는 결과를 얻게 된다. 따라서 제3자는 근로복지공단에 대하여 면책을 받은 부분만큼의 손해배상액을 변제하여야 한다.

b) 이때 가해자인 제3자는 求償金債權을 代位한 근로복지공단에 대하여 공동불법행위에 의한 그의 과실비율만큼 구상의무를 부담하게 된다. 보험가입자인 사업주의 경우에는 수급권자의 제3자에 대한 손해배상청구권을 대위한 불법행위로 인한 배상액을 보험급여로 지급한 경우에 근로복지공단에 대하여 全額求償義務를 부담하게 한다면 결국 이중으로 그 범위가 다른 구상의무를 부담하게 되는 부당한 결과를 초래하게 된다.[359]

c) 산재법 제54조 제1항은 勤勞福祉公團이 보험급여를 한 때에는 피해근로자의 제3자에 대한 손해배상청구권을 代位取得할 뿐이지 보험가입자의 제3자에 대한 求償金債權을 취득하는 것은 아니라고

법행위로 인하여 발생한 경우에도 행사할 수 있고, 이 경우에도 보험가입자 또는 그 피용자의 과실비율에 따른 부담 부분에 관계없이 구상권을 행사할 수 있으며, 이에 응한 제3자가 장차 보험가입자에게 그 과실 비율에 따라 그 부담 부분의 재구상을 할 것까지 미리 예상하여 보험가입자의 부담 부분에 대하여는 구상권을 행사할 수 없다고 볼 것은 아니다' 라고 판시하고 있다.

359) 서울民事地判 1984. 5. 4, 84가합801.

한다. 이 경우 제3자는 보험가입자인 사용자의 과실을 주장할 수 없게 되어 공단의 전액 구상에 응할 수밖에 없고 제3자는 과실비율에 따라 공동불법행위자인 사용자에게 그 부담 부분의 구상을 하여야 한다. 이때 제3자의 입장에서는 사용자에게 다시 구상권을 행사한다는 번거로운 절차가 남아 있기는 하지만, 제3자가 2중으로 구상의무를 부담한다는 논리는 성립할 수 없다는 견해360)이다.

d) 대법원판례361)는 「구상권의 범위는 보험급여액의 한도 안에서 급여를 받은 피해자가 불법행위를 한 제3자에 대하여 가지는 손해배상청구권의 범위와 동일한 것이고, 피해자가 제3자와 보험가입자 또는 그 근로자와의 공동불법행위로 재해를 입은 경우에도 보험가입자 또는 그 근로자의 過失比率에 따른 부담 부분에 관계없이 구상권을 행사할 수 있다」고 한다.

이러한 경우 근로복지공단은 제3자에게 보험가입자의 과실비율에 따른 부담 부분까지도 구상할 수 있다. 이때 제3자는 다시 그 과실비율에 따라 보험가입자에게 그 부담 부분을 구상하게 된다면 결국 보험가입자는 그 부분에 대하여 피해근로자에게 배상해 준 것과 동일한 결과가 되어 二重負擔을 피할 수 없게 되는 불합리한 결과를 가져온다.362)

(3) 第3者와 被害勤勞者의 共同不法行爲

a) 2인 이상의 제3자가 공동불법행위로 업무상 재해가 발생하고,

---

360) 강창웅, 勤勞關係 訴訟上의 問題(上), 法院行政處, 1987, 652面.
361) 大判 1989. 6. 27, 87다카1946: 大判 1989. 9. 26, 87다카3109.
362) 김완섭, 前揭論文, 30면; 강봉수, 災害補償과 損害賠償, 法曹, 1986. 3, 56면.

이로 인하여 근로복지공단이 피해근로자에 대하여 보험급여를 한 경우의 구상권행사가 문제된다. 피해근로자는 제3자 중 일부 또는 전부를 상대로 손해배상액 전액에 대하여 청구를 할 수 있다.

b) 과실상계는 피해근로자 자신의 과실만 참작되므로 보험급여를 함으로써 피해근로자의 손해배상청구권을 대위취득하는 공단 역시 공동불법행위자 누구에게도 전액을 구상할 수 있다.

이때 전액을 또는 자신의 부담 부분을 초과하는 금액을 구상 당한 공동불법행위자는 그 내부관계에서 자신의 負擔部分超過金額을 각자의 過失比率에 따라 다른 공동불법행위자에게 구상을 하여야 할 것이며 외형적으로 민법 제760조에 의한 不眞正連帶債務의 관계에 놓이게 된다.

2. 相續權者의 不一致와 代位權의 瑕疵

a) 피해근로자가 사망한 경우 그 유족들이 근로복지공단으로부터 유족급여(유족보상 일시금, 유족보상연금)를 받게 되는데, 이러한 경우 産業災害補償保險法上의 수급권자와 민법상의 상속인의 범위가 다름으로 인하여 민법상의 損害賠償請求權을 대위하는 근로복지공단의 제3자에 대한 구상의 범위가 달라질 것인가의 문제가 있다. 민법상의 상속인의 범위와 산재보상보험법상 유족의 범위는 반드시 일치하지 아니한다. 특히, 민법상 상속권이 없는 사실상의 혼인관계에 있는 자도 産災補償保險法上 동일순위의 유족보상연금을 분할하여 균등히 받을 수 있는 유족이 될 수 있다.

b) 민법 제1000조에 의한 상속인이 아닌 산재법상의 유족보상연금의 수급자격자에게 보험급여를 한 공단은 그 보험급여를 이유로 민법상 상속인의 제3자에 대한 손해배상청구권을 대위하여 취득할 수 있는가 하는 문제가 생긴다. 여기에는 견해가 대립하고 있다.

第1說은, 유족급여는 동일순위의 유족전원에게 분할하여 균등히 지급되고 그 급여의 한도에서 수입상실이라는 손해는 소멸되며 잔여손해만이 상속재산이 되므로 유족급여액이 공제된 후 나머지 逸失利益額만이 상속인 등에게 상속된다는 견해이다.

第2說은 중복전보의 배제에 중점을 두는 입장에서 법률상 급여이익을 받는 자의 損害額에서만 급여액을 공제하고 급여액이 손해액을 초과하는 경우에 다른 유족은 사실상 유족급여에 의하여 이익을 받아도 이것과 관계없이 손해배상을 청구할 수 있다고 하는 견해363)가 있다.

c) 대법원판례는 산재법에 의한 유족급여를 그 수령권자가 수령하였다면 보험가입자는 그 금액의 한도 안에서 민법상의 손해배상책임을 면하게 되고, 사망자의 재산 상속인들은 사망한 자가 장차 얻을 수 있는 일실수익에서 그 수령권자가 이미 지급받은 유족급여를 공제한 나머지를 민법이 규정한 바에 따라 共同相續한다고 하여 제1설을 따르고 있다.364) 그런데 제1설에 따르는 경우 제3자의 불법행위로 근로자가 사망한 경우 근로복지공단이 유족급여를 지급하면 그 전액을 대위하여 제3자에게 손해배상청구를 할 수 있는 논리

---

363) 日本 最高裁 1975. 10. 24 判決.
364) 大判 1987. 6. 9, 86다카2581; 大判 1990. 12. 11, 90다5634.

적 타당성이 생기게 된다. 그렇다면 유족보상연금이 사실상의 婚姻關係에 있는 妻에게 지급된 경우 수급권자인 사실상의 혼인관계에 있는 처는 민사상 제3자에 대하여 손해배상청구권이 없으므로 결국 근로복지공단은 代位行使할 청구권에 정당성이 결여된다.

d) 한편, 遺族給與의 경우 산재보험급여의 수급권자와 損害賠償請求權의 상속인이 불일치하므로 먼저 유족급여의 수급권자와 損害賠償請求權의 상속인이 전혀 다른 경우에는 유족급여가 이행되었다 할지라도 근로복지공단이 수급권자가 아닌 상속인의 제3자에 대한 손해배상채권을 대위에 의하여 이전받을 수 없게 되는 문제점이 발생한다.

유족급여의 수급권자가 공동상속인 중의 1인인 경우 下級審은 제3자에 대한 손해배상청구권 즉, 망인의 逸失利益中 受給權者의 상속분에 관하여 대위할 수 있다는 입장365)과 망인의 상속인들이 제3자에 대하여 가지는 消極的 財産上 損害賠償請求權을 전부 대위한다는 입장366)으로 나뉘어져 있다. 유족급여금을 法律上 配偶者가 수급하였다 하더라도 근로복지공단은 그 배우자의 상속분에 따른 賠償請求權만을 代位行使할 수 있을 뿐이고 다른 사람의 상속분에 대해서는 代位行使할 수 없다.367) 따라서 산재보험제도의 취지에 비추어 保險給與受給權者와 損害賠償請求權者가 동일한 경우에만 그가 받은 보험급여 한도 안에서 근로복지공단이 대위권을 취득할 수밖에 없다.

---

365) 大邱高判 1985. 3. 8, 84나1013.
366) 서울高判 1983. 1. 14, 82나2177.
367) 同旨: 大判 1987. 7. 21, 86다카2948.

Ⅲ. 不提訴合意와 求償權의 制限

1. 不提訴合意後 求償權의 制限

a) 제3자와 합의에는 상당한 법률적 지식과 경험을 필요로 한다. 그럼에도 불구하고 피해근로자나 그 유족은 평소에 우발적 사고에 대한 전문성이 없으므로 대개 불합리한 내용으로 합의를 할 위험성이 있고, 최소한의 경우에 합의로 인한 손실을 감내해야 할 경우도 있다.

설사 합의를 한다 하더라도 소송의 진행에 따른 비용지출 등의 시간적 · 경제적 손실을 절감할 수 있는 장점이 있으나, 損失定度를 정확히 평가할 수 없는 부상이나 신체장해자의 경우에는 손해배상의 합의가 반드시 유리한 것만은 아니다. 중상을 당한 근로자의 경우에는 상병상태나 부상정도에 따라 상당히 오랜 기간을 병원에서 입원치료 등 요양을 할 필요가 있고, 이러한 자의 경우에는 합의를 한다하더라도 향후 치료비 등의 의료비를 장래에 계속하여 지출해야 할 필요로 인해 합의금을 대부분 소실하게 된다.

따라서 합의를 위해서는 상병상태의 기간 등을 고려해야 하나, 어느 시점에서 적절한 합의를 해야 하는지 판단하는 것은 쉽지 않다. 死亡災害의 경우에도 합의를 하기까지 손실 정도를 결정하는 과정에서 사고경위와 합의금의 산출에 객관성을 인정할 수 있는가 의문이 생기고, 피해자 측의 交涉力에 의해 불합리한 합의를 하기 쉽다. 이 경우에는 민사상손해배상의 청구를 하여 번복하는 것이 쉽지 않고, 산재보험급여를 청구하는 것이 일반적 경향이므로 구상권의 행사에 제한을 받게 된다. 그 결과 합의범위 내에서 구상권을 행사하게 되는 구상금의 손실을 발생시키는 원인이 된다.

b) 피해자가 가해자로부터 일정한 금액을 받고 그 나머지 금액을 포기하기로 합의가 이루어진 때에는 그 후 손해가 발생하였다 하여 다시 그 배상을 청구할 수 없다. 그러나 그 합의가 손해발생의 원인인 사고 후 얼마 지나지 아니하여 손해의 범위를 정확히 확인하기 어려운 상황에서 이루어 진 것이고, 후발손해가 합의 당시의 사정으로 보아 예상이 불가능한 것으로서 당사자가 후발손해를 예상하였더라면 사회통념상 그 합의금액으로 화해하지 않았을 것이라고 보는 것이 상당할 만큼 그 손해가 중대한 것일 때 당사자의 의사가 이러한 손해까지 포기한 것이라고 볼 수 없다.[368]

2. 第3者와의 合意와 産災保險의 支給

(1) 第3者에 대한 合意後 保險給與의 支給

a) 제3자의 행위로 인하여 손해를 입은 被害勤勞者가 그 제3자와 합의를 하는 경우가 자주 있는데, 이때 합의에 의하여 손해배상청구권의 전부 또는 일부를 포기한 경우 근로복지공단은 어느 범위까지 제3자에 대하여 구상할 수 있는가의 문제가 있다. 수급권자가 제3자로부터 동일한 사유로 인하여 손해배상을 받은 경우에는 근로복지공단은 그 받은 배상액을 대통령령이 정하는 방법에 따라 환산한

---

368) 大判 1997. 4. 11, 97다423.

금액의 한도 안에서 보험급여를 하지 아니한다(법 제54조 제2항).

b) 피해근로자가 제3자에 대한 손해배상청구권에 관하여 합의를 하여 그 손해배상청구권의 일부 또는 전부에 대하여 포기, 면제 등의 처분을 한 때에는 그 합의한 금액한도 안에서 산재보험급여를 받을 수 없다.369) 그러나 수급권자가 보험급여를 받기 전에 제3자와의 합의에 의하여 손해배상금 중 일부만을 수령하고 나머지 청구권을 포기하면서 나머지 부분은 근로복지공단의 결정에 따라 산재보험금을 수령하기로 한 경우에 대하여는 그 효력을 인정하고 있다.370)

c) 배상청구권포기의 法定和解金을 받은 뒤에 보험급여를 지급한 경우 이에 의한 배상청구권의 대위 여부에 관하여 판례371)에 따르면 「공동상속인들이 손해배상청구권을 포기한다는 裁判上 和解金을 피신청인으로부터 받았고 신청인은 보험급여금을 위 공동상속인에게 지급한 사실에서 보아, 위 공동상속인이 피신청인회사에 대하여 가지고 있던 손해배상청구권은 법정화해한 일자로 소멸되었다고 할 것이므로 산재법 제54조의 규정에 의해 대위할 수 있는 손해배상청구권은 존재할 수가 없다」고 판시하고 있다.

(2) 保險給與後 第3者와의 合意

a) 피해근로자가 제3자와 손해배상청구권에 관하여 합의를 한 경우 그 합의는 유효하지만 그 합의가 근로복지공단이 보험급여를 한 이후에 이루어진 것이라면, 그 보험급여액의 한도 안에서 피해근로

---

369) 大判 1987. 4. 28, 86다카2348.
370) 同旨: 大判 1985. 5. 14, 85누12: 大判 1986. 1. 21, 85누673.
371) 同旨: 大判 1987. 7. 24, 73다226.

자의 제3자에 대한 손해배상청구권은 이미 근로복지공단에 이전하였으므로[372] 제3자는 피해근로자와의 합의를 이유로 근로복지공단의 구상 청구를 거부할 수는 없다.

b) 판례도 「근로자가 그 업무수행 중 제3자 소유의 차량에 의하여 사고를 입고 산재법에 따른 보험급여를 지급받고 있었다면 근로자가 제3자와의 사이에 위 사고로 인한 손해에 관하여 일정한 금원을 지급받고 나머지 손해배상청구권을 포기하기로 화해한 사실이 있다고 하더라도 위 손해배상청구권에 대한 대위권이 발생한 후에 이루어진 것」이라고 하여 제3자는 합의를 이유로 근로복지공단의 대위권에 대항할 수 없다고 판시하였다.[373] 따라서 피해근로자가 제3자에 대한 손해배상청구권을 양도하거나 또는 포기한 경우에는 보험집행기관인 근로복지공단은 보험급여를 하기 전에 해당하는 금액을 공제하여 지급하면 되므로, 그러한 한도 안에서는 보험급여의 책임이 면제된다.

Ⅳ. 求償金請求訴訟 및 産災訴訟의 問題點

1. 求償金請求訴訟의 限界

a) 산업사회가 고도로 발전하면서 잠재적 재해원인은 비약적으로

---

372) 大判 1989. 6. 27, 87다카2057.
373) 大判 1987. 4. 28, 86다카2348; 大判 1990. 2. 23, 89다카22487.

중대하여 인신손해를 유발하고 있다. 특히 산업재해와 교통사고를 동등하게 취급하는 각종 법률의 발전은 산재보상책임론에 커다란 영향을 주고 있다. 그 결과 인신손해에 대한 보상형태를 어떻게 할 것인가 하는 문제는 사고비용을 어떻게 부담하고, 절감할 것인가 하는 것과 보상수준은 어느 정도로 한정할 것인가 하는 문제로 귀결된다. 그러나 제3자 가해행위에 따른 불법행위가 성립하더라도 개별 법률에 의한 산재보험급여에는 일정한 한계성을 지니므로 충분한 보상이 될 수 없다.

따라서 교통사고와 산재사고가 경합되면, 피해근로자는 산재보험급여과 별도로 손해배상청구를 청구하는 경우가 많다. 왜냐하면, 산재보험급여에는 치료비, 휴업급여, 장해급여, 유족급여 및 장의비는 포함되나, 불법행위로 인한 求償金損失의 범위를 넘는 범위의 慰藉料 등은 제외되기 때문이다.

b) 그럼에도 불구하고 근로복지공단이 구상금청구 시에 가해자의 원인책임을 고려하여 자동차보험과 과실상계를 결정하고 勞動力喪失率 등을 고려한 손해배상액을 산정하여야 한다. 이러한 과정에서 가해자나 보험회사를 상대로 손해배상액의 산출이나 구상의 범위를 둘러싸고 마찰이 있게 되어 구상금청구소송을 할 수밖에 없다. 이러한 경우 가해자의 불법행위에 대하여 우연히 업무수행 중의 근로자가 재해를 당하였다는 이유만으로 소송을 할 수밖에 없는 문제점이 있다.

2. 産災訴訟의 困難性

a) 산재법은 無過失責任主義를 基本原理로 하여 근로자에 대한 보험사고에 대하여 보험급여를 지급하게 되므로 보험급여액이 불충분하거나 과실에 비해 배상액이 적은 경우에는 근로자가 소송을 할 수밖에 없다. 이때에 민사소송은 시간적·경제적 손실이 크고, 소송에 관한 전문지식과 기술이 요구되므로 근로자가 반드시 승소하거나 적정한 배상을 받는다고 확언할 수 없다.

더욱이 산업재해는 그 發生原因을 규명하는 데 상당한 專門的 知識, 즉 의학[374]·화학·공학·생체리듬학·인간행동론 등 모든 학문분야가 유기적으로 작용하는 특성을 지닌다. 특히 새로운 형태의 産業災害 및 職業病의 발생에는 이러한 경향이 뚜렷하다.[375]

b) 그러나 産業災害에 대한 법원의 태도는 개별 사용자의 産災發生責任을 규명하기보다는 피재자와 그 유가족의 생활을 구제하는 데 초점이 맞추어 있다. 이러한 이유로 작업환경이나 생산공정상의 위험 또는 유해성으로 근로자의 생명과 건강이 파괴되는 원인을 규명하지 못한 채 판결을 한다는 과제를 안고 있다. 産災訴訟은 사고원인의 규명이 어려우므로, 관련자들의 歸責事由와 사고에 미친 寄與度를 파악하여 조사할 필요가 있다.

---

374) 의학적 지식은 질병의 치료와 예방도 중요하나, 산업재해에 있어서는 근로자의 질병유무, 화학물질이나 유기용재 등의 사용, 병원체에의 노출, 작업환경의 유독성내지 유해성을 밝히는 데 필요하며, 특히 산업의학의 연구는 이러한 근로자의 상병상태를 치유하는 데 중요한 역할을 하게 된다.
375) 岡村親宣, '産災補償·賠償の理論と 實務', エイゲル硏究所, 1992, 336面.

c) 종래의 재판결과를 분석하여 産災事故의 類型化와 過失相計率의 定型化를 이루어야 한다. 산재소송의 진행에 있어 기일이 연기 또는 변경되는 등 기일이 공전되는 경우가 일반 민사소송보다 훨씬 많다. 그 이유는 소송대리인이나 증인 등 소송관계인의 産災記錄送付囑託이나 身體鑑定囑託 등 증거조사에 있어서 외부기관의 협조문제도 기일공전을 가능하게 하는 원인이 된다.376)

제2절 求償權行使의 改善方案

Ⅰ. 過失相計上의 優先控除制度

a) 산재법은 사용자의 과실유무를 묻지 않고 재해와 업무의 인과관계만을 요건으로 하기 때문에 재해사건에 폭넓게 적용되는 장점이 있는 반면, 근로자에 대한 補償支給基準이 定率的이어서 재해로 입은 손해의 보전이 불충분한 경우가 많아 民事訴訟에 의한 損害賠償請求가 다시 제기되는 단점이 있다.

그러나 소송이 반드시 유리한 결과를 가져온다고 볼 수 없음에도 사후에 民事訴訟을 제기하기도 한다. 피해근로자나 그 유족에 의한 민사소송의 제기 그 자체는 가해자를 대상으로 하는 것이므로 피해

---

376) 李尙遠, '産業災害訴訟의 特色과 實務上의 問題點', 判例月報 제235호, 1990. 4, 16面.

274

의 直接救濟라는 점에서 당연하다고 본다. 이러한 경우에는 가해자가 사용자인 경우에는 保險責任의 原理上 苛酷하다고 할 수 있으나, 보험사업의 주체와 구상관계상 직접적으로 문제가 생긴다고 할 수 없다.

b) 그러나 保險事業의 主體인 勤勞福祉公團이 피해근로자를 위하여 우선적으로 보험급여를 하게 되면, 求償債權의 確保를 위한 대위권을 행사하는 데에서 求償損失金이 발생하게 된다. 또한 가해자를 위한 보험사업자 간에서 스스로 구상범위의 인정범위를 둘러싸고 분쟁이 있기 때문에 求償金請求訴訟이 제기된다. 그 결과 막대한 구상권을 소송비용 및 인력이나 예산이 소요되는 문제점이 발생한다.

産災保險給與의 求償權行使에 있어서 損失金이 발생하는 根本的인 原因는 過失責任과 無過失責任이 경합되는 데에서 기인한다. 이러한 이유로 제3자 등의 재해가 발생하였다는 이유만으로 과실상계 등의 손해배상원리를 적용하다 보면 산재보험급여를 하고 난 후 구상채권을 회수하는 과정에서 손실금이 발생할 수밖에 없다.

이러한 원리에 의하는 경우에는 손해를 발생시킨 가해자의 危險責任을 業務上災害와 경합되었다는 이유만으로 사회보험에 부담하는 결과가 되고 이는 가해자의 위험을 다른 사업주의 保險料負擔으로 전가하는 불합리한 결과를 가져온다.[377] 따라서 현재 산재보험

---

377) 보험급여를 받은 피해자가 제3자에 대하여 손해배상청구를 하고 그 손해 발생에 피해자의 과실이 경합되어 과실상계를 한 후 거기에서 보험급여를 공제하여야 하고 그 공제되는 보험급여에 대하여는 다시 과실상계를 할 수 없다고 할 것이므로 제3자에게 구상하는 범위도 보험급여를 한 전액이라고 할 것이다. 만일 그렇게 하지 아니하고 보험급여액에 대하여

급여와 민사배상을 선택적으로 행사할 수 있는 청구권의 병존방식
을 보완할 필요가 있다.

 d) 구상채권의 발생시마다 비경제적인 소송에 의존할 것이 아니
라 손익상계 시 산재보험급여를 지급한 경우에 손해배상액에서 우
선적으로 공제하도록 하여야 한다.[378] 그러므로 가해자의 위험책임
을 산재보험급여와 민사배상 중 선택적으로 행사할 수 있도록 현행
법과 조화를 이루기 위해서는 민사배상액에서 산재보험급여를 優先
控除하고 난 후 과실상계의 법리 등을 적용하도록 입법적으로 개선

다시 과실상계를 한 금액만을 구상할 수 있다고 한다면 그 급여 중 피해
자의 과실비율에 상응하는 금액에 대하여는 국가의 손해 아래 제3자가
그 배상책임을 면하는 부당한 결과를 가져오기 때문이다(大判 1989. 4.
25, 88다카5041).

378) 손해배상은 손해의 전보를 목적으로 하는 것이므로 피해자로 하여금 실손
해 이상의 이익을 취득하게 하는 것은 손해배상의 본지에 반하는 것으로서
허용될 수 없고, 따라서 피해자가 손해를 입은 것과 동일한 원인으로 인하
여 이익을 얻은 때에는 그 이익은 공제되어야 할 것이다. 그러나 사용자의
불법행위로 인하여 재해를 입은 경우에 피해자가 근로기준법이나 산업재해
보상보험법에 따라 휴업급여나 장해급여 등을 이미 지급받은 경우에 그 급
여액을 일실이익의 배상액에서 공제하는 것은 그 손해의 성질이 동일하여
상호보완적 관계에 있는 것 사이에서만 이루어질 수 있다고 할 것이므로,
피해자가 수령한 휴업급여금이나 장해급여금이 법원에서 인정된 소극적 손
해액을 초과하더라도 그 초과부분을 그 성질을 달리하는 손해의 배상액을
산정함에 있어서 공제할 것은 아니고, 같은 이치에서 휴업급여는 휴업기간
중의 일실이익에 대응하는 것이므로 휴업급여금은 그것이 지급된 휴업기간
중의 일실이익 상당의 손해액에서만 공제되어야 할 것이며, 따라서 이 사건
에 있어서와 같이 피해자가 휴업급여를 지급받은 기간 이후의 일실수입 상
당의 손해액만을 청구하는 경우에는 휴업급여는 피해자가 청구하는 일실이
익과는 관련이 없는 것이어서 공제의 대상이 될 수 없다고 보아야 할 것이
다(大判 1993. 12. 21, 93다34091).

하는 것이 타당하다.

e) 대법원판례는 '불법행위로 인한 손해배상액을 산정함에 있어서 과실상계를 한 다음 손액상계를 하여야 하고, 산재법에 따라 수령한 보험급여액을 逸失收入額에서 스스로 공제한 후 과실상계한 것은 위법'이라고 판시하고 있으므로 입법에 의한 개선이 요구된다.[379]

Ⅱ. 相續權者와 賠償請求權의 同一化

1. 相續權者에 의한 求償權의 法制化

근로자가 제3자의 가해행위나 사업주의 고의, 과실 또는 共同不法行爲로 사망한 경우에 구상권이 행사될 수 있다. 우선 문제가 되는 것은 근로자의 사실상 婚姻關係에 있거나 사망 당시에 부양되고 있던 配偶者로서 민법상 법률혼이나 친족으로 인정되지 못하는 자가 산재보험급여를 수령한 경우이다.

이때에 민법상 상속의 원리에 의하면 상속권자와 수급권자가 일치하지 아니하므로 勤勞福祉公團이 정당하게 求償權을 행사할 수 없는 문제점이 있다. 따라서 구상권의 행사대상이 되는 당사자를 당해 근로자, 그의 법정대리인, 배우자, 자녀, 부모 및 조부모, 손자녀, 기타 사망 당시에 피부양자로 명문화하는 입법적 개선이 필요하다.

---

379) 大判 1996. 1. 23, 95다24340.

2. 損害賠償에 대한 求償金調整機構의 新設

a) 보험급여 및 보상책임의 당사자가 아닌 제3자의 불법원인행위나 무과실책임의 보상원리의 범위 밖에 있는 가해자의 행위에 대하여 피해자가 근로자라는 이유만으로 산재보험에서 위험책임을 인수할 수 없다. 따라서 기업활동과 무관한 위험책임이나 업무와 관련된 무과실책임에 기인하지 아니한 인적손실은 가해자나 그 대리인이 부담하여야 한다. 산재법에서도 이러한 求償權의 不合理性을 고려하여 求償範圍와 대상을 연계하여 효율적으로 조정할 수 있는 방안을 立法化해야 한다. 이러한 문제점을 고려하여 제3자의 가해사건은 경합되는 사항을 제3자의 기관에 조정신청할 수 있는 특별조정제도를 마련할 필요가 있다. 이에 따라 특별조정기구에 손해배상과 산재보험과의 조정을 하여 달라는 조정신청을 하게하고, 이 경우에는 손해배상청구를 포기하는 것으로 하여야 한다. 그러나 처음부터 가해자를 상대로 민사소송을 제기하고자 하는 경우에는 산재보험급여를 신청하거나 특별조정기구에 배상금조정신청을 할 수 없도록 할 필요가 있다.

b) 미국의 경우에는 근로자가 당초부터 산재보상청구를 하지 않았더라도 당해 負傷이 산재보상의 범위에 속하는 이상 사용자에 대하여 다른 Common Law상의 權利는 행사할 수 없으며, 産災補償委員會의 결정이 확정되고 나면 그 결정내용을 당해 사건에 관하여 법원을 羈束하게 된다. 다만, 근로자가 州法에 따라 산재보상 청구자격을 선택할 수 있는 경우에는 그가 실제로 그 청구자격을 갖추

지 않은 이상 Common Law상의 다른 청구권을 행사할 수 있다. 이와 같은 제도는 우리에게도 유익한 모델이 될 수 있다. 따라서 특별조정기구를 설치하여 운영하는 경우에도 조정사항에 불만이 있는 자는 상급기관이나 법원에 이의신청을 할 수 있어야 한다.

c) 또한 조정결정에 따른 배상금액의 재원은 업무상 운전차량의 소유자로부터 갹출하는 방안을 강구하거나, 업무보험회사에 구상금 청구를 할 수 있도록 입법적 개선을 할 필요가 있다. 따라서 업무상 재해를 당한 피재자의 입장에서 안정적으로 보상금 또는 배상금을 받도록 하되, 구상금재원의 손실을 예방하기 위하여 자동차보험 및 민사상 손해배상금과의 조정기구를 제도화하여야 한다.

Ⅲ. 不提訴合意에 대한 假支給 保險給與의 法制化

a) 제3자의 행위로 손해가 발생한 경우에 피해근로자나 그 유족이 불합리하게 合意를 하고 이를 근로복지공단에 통보하지 않으므로 구상권을 행사하는 데 지장을 초래한다. 또한 가해자와 사고 경위 과실 범위의 인정여부, 노동력상실률, 가동가능 기간 등 損害賠償의 算定要素를 둘러싸고 다툼이 있게 되어 求償業務의 複雜性이 초래되고 시간적, 경제적 부담이 가중된다.

b) 따라서 구상업무의 비효율성을 예방하기 위한 개선방안을 설명하면 다음과 같다.

첫째, 구상권관련 산재보험급여의 원인이 발생하면 전액을 지급하지 말고 보험급여의 50%나 과실비율 등의 예정하여 未支給金額을 보류하였다가 구상권의 행사여부에 따라 보험급여의 잔액을 정산하여 지급하는 방법이다. 이때에는 피해근로자나 그 유가족의 생존권을 보장하기 위하여 산재보험급여액의 일정액만을 假支給金의 형태로 지급하고 求償關係가 확정된 후 나머지 보험급여를 지급하는 것을 말한다.

둘째, 特別給與를 이용하여 사업주의 고의나 과실이 있는 경우에 민사배상을 포기하는 현행 제도는 노사간에 손해배상의 산정방법, 과실인정 등에 대하여 쉽게 활용하지 못하고 있으나 이를 개선하여 특별급여제도를 우선적용하고, 이에 대하여 당사자 간에 이의가 있는 경우에 損害賠償請求權을 행사할 수 있도록 하는 방법이다. 이러한 경우에는 불필요한 소송으로 인한 당사자 간의 經濟的·時間的 非效率性을 개선할 수 있다.

셋째, 화재사고나 해난사고 기타 법률은 무과실책임 또는 과실책임을 입법화하고 있고 인적 손실에 대하여 補償基準을 정하고 있거나 민사배상책임을 인정하고 있다. 그러나 업무상 재해와의 관계와 求償權의 免責事由를 불명확하게 함으로써 구상권행사를 둘러싸고 다툼이 제기된다. 이에 대한 구체적 求償關係의 法的 根據가 立法化되어야 한다.

Ⅳ. 訴訟體制上 排他的 保險主義의 選擇

1. 機能面에서의 相互補完性

a) 민법 제750조에 근거하여 他人의 違法行爲로 인하여 權利를 侵害당한 者는 損害賠償을 請求할 수 있고, 근로자의 업무상 부상 혹은 질병에 걸리거나 사망한 경우에 의한 保險給與의 사유가 경합할 때는 재해근로자는 선택적으로 손해를 전보 받을 수 있다. 그러나 피해근로자의 귀책사유와 가해자의 과실을 상계하거나 연령 등 가동가능 기간을 산출해보면 반드시 損害賠償額이 産災保險額보다 많다고는 할 수 없다. 또한 민사소송은 절차상 많은 비용과 기간이 소요되기 때문에 실제적으로 산재법의 입법취지인 신속하고 공정한 補償理念에 背馳하게 된다.[380] 이러한 문제점을 고려하여 근로자나

---

380) 이에 따라 기존의 보험급여 이외에 특별급여제도를 1992. 12. 31 신설하였다. 근로자가 업무상 재해를 입어 신체에 장해가 잔존하거나 사망한 경우 산재보상보험법 제46조 및 제47조의 규정에 따라 보험급여 수급권자가 사업주의 동의를 얻어 민법에 의한 손해배상청구에 갈음하여 장해특별급여 및 유족특별급여를 청구할 수 있도록 한 것이다. 이 경우 특별급여액은 라이프니쯔(Leibniz)방법에 의하여 산정하게 되는 데 비해, 민사상 손해배상액은 대체로 호프만(Hoffman)식 또는 라이프니쯔(Leibniz)식에 의해 산정하는 등의 차이가 있게 된다.
우리나라 산재보상보험법 제48조는 "다른 보상과 배상의 관계"에 대하여 동조 제1항에서 「이 법에 의한 보험급여를 받은 때에는 보험가입자는 동일한 사유에 대하여는 근로기준법에 의한 모든 재해보상책임이 면제된다.」고 규정함으로써 보험급여에 관한 산재보상보험법의 관계를 분명히 하고 있다. 또한 산재보상보험법 제48조 제2항과 제3항에서는 수급권자가 동일한 사유에 대하여 보험급여를 받았을 때에는 보험가입자는 그 금

유족이 근로복지공단에 산재보험급여를 먼저 청구를 하고 그 금액의 한도 내에서[381] 구상권을 대위하도록 하여 근로자를 보호하고 있다. 대법원판례는 보험급여를 지급하지 아니한 이상 장래에 보험급여를 지급할 것이 확정되어 있더라도 이러한 장래의 保險給與額을 그 수급권자에게 지급할 損害賠償額에서 미리 공제할 수는 없다고 한다.[382]

b) 또한 산재법은 ‘동일한 사유’에 대하여 구상을 할 수 있다고 법제화되어 있어 보험급여의 종류나 내용이 손해배상과 상이한 때에는 동법 제54조를 적용하기가 불가능한 문제점이 있다. 물론 損害賠償制度는 精神的 損害에 대한 위자료 등 實損害를 전면적으로 배상하는 것을 목적으로 하기 때문에 보험급여와 중복되지 아니하는 면이 생기는 것은 당연하다.

c) 그러나 손해배상과 산재보험급여는 金錢給與를 본질로 하여 행해지는 경우에 그 기능 면에서 양자가 관련성을 가지지 않을 수 없다.[383] 이것은 손해배상에 있어서는 일실이익의 주된 내용이 임금액으로 되어 있고 산재보험에 있어서도 보험급여가 賃金收入을 기준으로 규정되어 있으며, 또 근로자가 그의 생활을 유지하기 위한 금전적 관계에 있어서는 임금수입의 확보에 의해서만 가능하기 때문이다. 따라서 보험급여의 본질을 손실보상 내지 노동력의 감소나

   액의 한도에서 민법 기타 법령에 의한 손해배상책임이 면제되며, 이와
   반대의 경우에 있어서는 보험급여를 지급하지 아니한다고 규정하고 있다.
381) 大判 1990. 12. 11, 90다5634.
382) 大判 1992. 5. 8, 91다39603.
383) 安西愈, 建設勞動災害의 責任, 淸文社, 1981, 203面.

상실에 대한 보상으로 보는 立法에서나 생활보장으로 보는 입장에서도 산재보험 내에 損害賠償의 觀念이 共存하고 있음을 부정할 수 없다. 그러므로 보험급여나 손해배상의 어느 일방이 행해진 경우 타방에 그만큼의 손해가 감소된 것을 보는 것이다.

d) 보험급여와 손해배상의 관계를 단순히 사업주의 二重負擔의 모순을 조정하는 점에서가 아니라 그 기능면에서의 상호보완성을 인정하는 점에서 조정을 할 필요가 있다. 산재보험급여의 지급 사유는 다양한 원인에 기초하게 되므로 사용자 또는 제3자의 고의나 과실에 의한 경우에 損害賠償請求權을 별도로 행사할 수 있고 이로 인하여 사업주는 이중의 부담에 고통을 받고 있다.

이는 다른 가해자에 의해 발생한 위험을 사회보험방식에 따라 부당하게 보험가입자의 危險責任으로 전가하는 결과가 되어 가해자를 위한 부당한 변제를 하게 되는 것이라고 비판을 받게 된다. 따라서 구상권행사의 대상이 되는 보험사고일지라도 가해자가 산재보험에 가입한 사업장에 속하는 자로서 업무수행 중일 때에는 과실의 한도 내에서 求償關係를 면책시켜야 한다.

e) 그러나 가해자의 고의나 중대한 과실이 있는 경우에는 주의의무를 이유로 구상대상으로 인정하여야 한다. 가해자가 사업주이거나 근로자인가의 신분에 상관없이 사적행위와 관련성이 있는 경우에는 구상관계를 인정하여야 한다.

이때 가해자와 피해자나 유족 사이에 손해배상청구를 둘러싸고 다툼이 있게 되므로 求償關係의 煩雜性이 초래된다. 따라서 산재법에서 원칙적으로 사업주의 배상책임을 부정하고 사업주가 고의나 중대한 과실로 사고를 발생시킨 경우에 한하여 배상책임을 인정하는 입법적 태도를 명시할 필요가 있다.[384]

2. 訴訟節次上 排他的 規定의 立法論

a) 피해근로자가 업무상의 재해에 대하여 사용자를 상대로 산재소송을 제기하였더라도 사용자의 항변으로서 産災補償請求權만을 가지는 근로자임을 주장하여 입증하면 원고의 청구를 배척할 수 있도록 하여야 한다.[385] 사용자가 이와 같은 항변을 하지 않은 경우에는 근로자와 사용자 사이에 근로관계가 나타나 있거나, 피해근로자가 산재보상급여를 실제로 받았거나, 스스로 그의 負傷이 업무에서 초래된 것임을 인정하였다면 손해배상청구는 불인정하여야 한다. 이 경우 근로자와 사용자와의 근로관계는 災害發生時點을 기준으로 하여 판단된다. 따라서 산재법의 입법 시에 보상절차상 불필요한 소송을 줄이기 위하여 배타적 보험주의를 선택함이 필요하다.

b) 독일에서는 원칙적으로 손해배상청구권을 부정하고, 예외적으

---

384) 이와 같은 損害賠償排除方式 또는 産災保險優先主義는 獨逸이나 캐나다 등의 국가에서 실시되고 있다. 다만, 이러한 제도의 시행은 産災保險給與의 수준이 民事賠償額에 육박하는 경우에 더욱 효과적이다. 우리나라의 경우에도 종전과 달리 年金制度가 도입되어 매년 지급수준이 인상되고 수급기간 중 사망 시에는 差額一時金을 지급하는 제도를 마련하고 있다. 다만, 위자료 등과의 차이를 보전할 수 있는 제도를 사업주에게 허용한다면 입법적 활용이 가능하다고 본다.
385) Rowland v. County of Sonoma, 220 Cal. App. 3d 331, 269 Cal. Rptr. 426 등 다수의 판례가 있다.

로 사업주가 고의로 산업재해를 발생시킨 경우에 한하여 인정하고 있다. 프랑스의 경우에는 원칙적으로 산재보험급여를 받을 수 있는 경우에는 일반 법률에 의한 손해배상의 청구를 할 수 없도록 하고, 독일과 같이 예외적으로 사업주의 고의로 재해가 발생한 경우나 제3자에 의한 재해에 한해서만 산재보험급여가 지급되지 않는 한도 내에서 손해배상청구를 허용하고 있다.

c) 미국의 경우에는 초기에는 재해보상법에서 민사배상청구권과 산재보험청구권을 중의 하나를 선택함으로써 양자의 조정을 하도록 되어 있었으나, 1912년 연방최고법원이 강제적 용제를 채택하는 경우에 민사책임을 면책하는 아이오아州補償法을 합헌이라고 판결을 한 것을 계기로 산재보험을 강제로 적용할 수 있게 되었다. 따라서 사업주의 과실에 의한 경우일지라도 피해자는 손해배상을 청구할 수 없는데, 이에 대한 입법조치로서,386) 첫째, Massachusetts州에서와 같이 오직 '근로자는 이 법의 적용을 받음으로써 그의 Common Law상의 권리를 포기한다.'고 규정하거나, 둘째 California州와 Michigan州에서와 같이 '사용자의 책임은 배타적이다' 또는 '다른 여하한 책임도 지지 아니한다.'고 규정하거나, 셋째 New York 州에

---

386) 그러나 이 경우에도 전면적으로 民事訴訟을 금지하는 것이 아니라 사용자가 당해 부상을 사고에 의한(accidental) 것이라고 주장할 수 없으므로 산재법의 排他的 原則이 적용될 여지가 없다거나, 사용자는 자신의 폭력행위로써 당해 부상의 업무관련성을 제외시켰다는 경우에는 허용하고 있다. 이와 같은 고의적 가해의 경우 근로자가 산재보상절차를 선택할 수 있을 것인지가 문제로 되나, 多數의 美國判例는 피해자의 입장에서 보면 예기치 못한 事故性 災害라고 볼 수 있다는 前提下에 근로자는 산재보상청구와 손해배상소송을 선택하여 제기할 수 있다는 입장을 취하고 있다.

서와 같이 구체적으로 '당해 근로자, 그의 법정대리인, 배우자, 부모, 피부양자 또는 근친, 기타 보상청구권이 있는 자에 당해 재해나 사망으로 인한 Common Law 또는 기타 청구권이 배제된다.'고 다양하게 규정하고 있다.387)

d) 따라서 우리나라의 경우에도 산재보험급여를 강제적으로 선택한 경우에는 민사소송을 제기할 수 없도록 하고 다만, 사업주가 산재보험에 가입하지 않았다거나 보험료의 납부를 태만히 한 경우, 제3자의 가해행위로 재해가 발생한 경우에는 민사소송을 예외적으로 선택할 수 있도록 함이 바람직하다. 또한 불법행위로 인한 재해의 경우에는 처음부터 민사소송을 제기하도록 하여 산재보험재정의 건전화를 도모하도록 하여야 한다. 이 경우에도 민사소송을 하지 않고 산재보험급여를 청구한 때에는 특별조정기구에 민사금액에 대한 조정절차를 신청하고 당해 기간 중에는 가지급보험급여를 실시하고, 구상금채권에 대하여는 우선공제를 인정하여야 한다.

---

387) 이 중 둘째와 셋째의 규정은 가장 보편적인 형태의 규정들로서, 이에 따르면 夫婦 일방의 配偶者 喪失로 인한 소송(suits for of wife's or husband's services and consortium), 부모의 未成年 子女 喪失로 인한 訴訟, 기타 被扶養 子女나 出生前 子女, 그리고 근친의 불법생명침해 규정(wrongful death statutes)에 근거한 소송이 모두 금지된다. 그러나 첫째의 규정에 따르면 피해근로자의 부모와 배우자, 그리고 자녀의 소송이 허용되게 된다.

제5장 結 論

a) 본 연구에서 살펴본 바와 같이 기업은 물적인 기계·기구 등 물적 설비와 인적인 근로자의 노동력이 결합되어 생산활동을 하는 것이고, 이러한 과정에서 발생하는 위험책임을 누가 부담할 것인가 하는 문제는 과실책임주의에서 출발하여 오늘날 무과실책임주의로 완화되어 왔다. 그러나 산업발달에 따른 市民法의 基本原理는 여전히 자본주의 사회의 근간을 이루고 있다. 이에 따라 시민법의 원리가 존재하고, 그러한 가운데에 특별히 근로자의 危險責任을 국가가 입법을 통하여 사업주의 共同責任의 社會保險方式으로 전환한 것이다.

b) 産業災害의 原因은 근로자 개인의 고유한 행위나 책임에 기초하여 발생하기보다 오히려 육체적·정신적 노동력을 사업주에 제공하는 과정에서 危險·有害한 環境이나 위험한 作業施設 및 道具, 有害物質의 被暴 등에 의하여 불가피하게 위험에 노출되는 경우가 많다. 손해배상청구에 있어서 피해근로자와 그 유족은 主張證明責任,388) 消滅時效, 過失相計對策 등의 이유에서 종전의 不法行爲責任 외에 사용자의 債務不履行責任을 추궁하기 시작하여 그것을 둘러싼 새로운 법률문제에 관한 논쟁이 제기되고 있다.389) 이러한 논의는 산

---

388) 채무불이행으로서의 안전배려의무위반에 의한 손해배상을 청구하는 피재자 측은 의무의 내용을 구체적으로 특정하고 그 의무위반의 사실을 증명하여야 하고 상대방은 歸責事由의 不存在, 豫見可能性, 回避可能性의 不存在 등을 증명하여야 한다(李尙遠, '産業災害와 使用者의 安全配慮義務 (上)', 人權과 正義 제156호(1989. 8), 69面).

재발생의 規範的 責任構造를 어떻게 파악할 것인가 하는 것에 연구의 실익이 있으나, 보다 중요한 것은 이를 효율적·전문적으로 구제하는 勞動法院의 設立과 勞動專門判事의 養成이 필요하다는 점이다.

c) 산업발전에 따른 다양한 재해의 빈발과 새로운 형태의 각종 사고는 가해자의 과실상계를 어렵게 하고 災害原因의 複合的 競合性은 過失責任을 규명하는 데 어려움이 있어 손해배상의 청구를 어렵게 하고 그 실효성을 반감시켜, 구상권을 행사하는 데 障碍要因이 되고 있다. 따라서 피해근로자나 그 유족은 신속·공정한 보험급여를 하기 위한 산재법의 목적에 비추어 근로복지공단은 제3자의 不法原因을 원칙적으로 배제하고 구상관계상 개선방안을 명문으로 입법화하는 것이 타당하다고 본다.

d) 또한 산재보험급여의 지급사유가 産業災害補償保險法과 民法, 自動車損害賠償保障法 등이 서로 경합되는 경우에 구상권을 행사함에 있어서 일정한 한계가 따른다. 예컨대 建設會社에서 日傭職으로 채용된 근로자가 도로변의 집수정 청소작업을 맡아 일을 하던 중 61세 된 근로자가 졸음운전을 하던 대형트럭의 무단질주로 트럭에 치여 사망한 재해에 있어서 자동차손해배상법에 의하면 피해근로자의 경우에는 과실이 전혀 없을지라도 연령이 높아 일실소득 및 위

---

389) 日本 最高裁는 1975년 2월 25일 육상자위대 팔호주둔지 차량재해사건(최고 75. 2. 25. 판결, 민집 29권, 제2호 143항)에서 어떤 법률관계에 기초하는 특별한 사회적 접촉관계에 있는 당사자 간에 있어서, 안전배려의무를 긍정한 이후 사용자의 채무불이행책임 정착되었지만, 그것을 둘러싼 새로운 법해석 논쟁이 전개되어 오늘에 이르고 있는데, 그 법해석의 논쟁은 현재까지 충분히 法理論上 解明되어 있지 않다.

자료를 산정한다 하더라도 극히 소액을 받게 될 수 있다. 이 경우 稼動可能期間을 經驗則上 2년 내지 3년으로 보고 손해배상액을 산정하는 경우에 손해배상액이 소액이므로 산재보험에서 多額을 지급하였더라도 損害賠償額中 逸失所得額에 국한되어 求償權行使時 산재보험재정에 커다란 손실이 남게 된다.

e) 산재보험은 無過失責任主義와 定率補償方式을 취하고 있는 데 비하여, 손해배상액은 過失責任主義와 稼動可能期間의 산정 등의 변수를 고려하고 過失相計를 하기 때문이다. 따라서 제3자의 가해행위로 인한 손실보상에 대하여 産災補償基準을 우선적으로 적용하는 경우에는 과실책임에 따른 손해배상액을 사후에 상계하는 조정방식이 전환이 필요하다.

f) 근로복지공단이 산재보험급여의 범위 내에서 구상권을 행사하는 것은 당연하나, 실제에 있어서는 損害賠償責任과 産災補償責任의 相異性으로 인하여 구상권행사에 어려움이 있고, 결과적으로 求償金損失이 발생하여 보험재정이 악화되는 요인이 되고 있다. 이와 같은 이유로 오늘날 선진국들은 민사소송의 불합리성과 산재보험의 특성을 고려하여 産災保險의 排他性을 인정할 것인가를 둘러싸고 입법·정책적으로 논쟁을 하고 있다.

g) 이에 따라 본 연구는 産災補償責任의 본질과 保險事故의 對象 및 求償權行使의 대상을 고찰하면서 구상범위 및 구상금액의 산정에 따른 본질을 고찰하였다. 이에 따라 손해배상책임과 비교하여 求償權의 調整領域上 다양한 한계점이 있음을 규명하였다. 독일·미국·영국·프랑스·이탈리아·뉴질랜드·이탈리아 등의 경우에 산

재보상책임과 손해배상책임과 관련하여 이중보상의 금지와 산재보상책임의 초과에 따른 배상책임을 조정함에 있어서 일정한 경우에 損害賠償請求權을 制限하는 立法主義를 택하고 있다.

h) 특히 미국의 경우에는 産災保險優先主義에 따라 産災保險請求權을 인정하고 예외적인 경우에 한하여 損害賠償請求를 허용하고 있다. 그러나 우리나라의 경우에는 산재보험과 민사배상 중 어느 한쪽을 선택하면, 그 한도만큼 다른 한쪽에서 조정을 하도록 하는 평등병존방식을 취하고 있기 때문에 민사배상이 산재보험보다 많을 때에는 그 초과분을 사업주가 배상을 하거나 비급여부분에 해당하는 위자료를 별도로 부담하도록 함으로써 소송이 남발하고 있다. 따라서 우리나라의 경우에도 배타적 방식에 의한 산재보험우선주의로 입법을 개선하여 강제적용을 하고 구상권행사에 따른 損失財源을 보충할 수 있는 장치를 마련해야 한다.

i) 제3자의 가해행위에 의한 구상대상에 대하여는 과실상계 등의 원인에 불구하고 산재보험으로 지급토록 하는 경우에 전액공제를 우선적으로 인정하고, 超過分에 한해서만 求償金의 손해배상을 청구할 수 있도록 하여야 할 것이다.

참고 문헌

Ⅰ. 國內文獻

1. 單行本

權寧星, 寧法學原論, 法文社, 2001.

金俊鎬, 民法講義, 法文社, 1995.

金亨培, 民法學講義, 新潮社, 2000.

金亨培, 債權總論(上), 日新社, 1999.

金相容, 不法行爲法, 法文社, 1997.

金曾漢, 西洋法制史, 博英社, 1963.

金亨培, 勤勞基準法, 博英社, 1993.

______, 勤勞基準法, 博英社, 2000.

金裕盛, 社會保險法, 東星社, 1985.

金壽福, 産業災害補償保險法, 中央經濟社, 2000.

金祐起, 産業災害補償保險法 詳解, 中央經濟社, 1985.

______, 産災保險實務者養成教材(Ⅱ), 勤勞福祉公團, 1995.

______, 産業災害補償保險法, 中央經濟社, 1992.

權龍雨, 不法行爲法, 圖書出版 新陽社, 1998.

郭潤直, 民法總則, 博英社, 1999.

＿＿＿, 債權總論, 博英社, 1999.

＿＿＿, 債權各論, 博英社, 1999.

강창웅 외 7인, 勤勞關係訴訟上의 諸問題(上), 法院行政處, 1987.

강봉수, 災害補償과 損害賠償, 法曹, 1986.

朴相弼, 韓國勞動法, 大旺社, 1989.

文元柱·趙錫璉, 註釋實務 産業災害補償保險法, 法元社, 1990.

石琮顯, 一般行政法(上), 三英社, 2000.

＿＿＿, 一般行政法(下), 三英社, 2000.

申守植, 社會保險論, 博英社, 1978.

林正平, 債權總論, 法志社, 1995.

＿＿＿, 債權各論, 法志社, 1995.

＿＿＿, 家族關係論, 法律文化比較學會, 2001.

李銀榮, 債權總論, 博英社, 1999.

＿＿＿, 債權各論, 博英社, 1999.

李時潤, 民事訴訟法, 博英社, 2001.

申殷周, 民事訴訟法要解, 第一法規, 1995.

李宙興, 損害賠償責任法, 博英社, 1997.

李尙圭, 新行政法論(上), 法文社, 2000.

＿＿＿, 新行政法論(下), 法文社, 2000.

＿＿＿, 新行政爭訟法, 法文社, 2001.

李基秀, 保險法·海商法學, 博英社, 2000.

李相國, 勤勞基準法解說, 中央經濟社, 1997.

李相國, 産業災害補償保險法, 法經出版社, 1995.

______, 産業災害補償保險法, (株)靑岩미디어, 2001.

李相國, 勤勞者派遣의 法律知識, 靑林出版社, 1995.

李景錫, 賠償과 補償의 醫學的 判斷, 眞壽出版社, 1993.

柳至泰, 行政法新論, 新英社, 1995.

崔基元, 保險法, 博英社, 2000.

______, 新會社法論, 博英社, 2000.

沈泰植, 勞動法槪論, 法文社, 1981.

河甲來, 勤勞基準法, 中央經濟社, 1994.

______, 勤勞基準法, 中央經濟社, 2000.

조규상, 産業保健學, 壽文社, 1991.

沈侊道, 內科學(Internal Medicine), 醫界新聞社 出版局, 1993.

소희영·김봉옥, 再活看護, 賢文社, 1994.

池壽鉉, 賠償責任保險論, 保險硏修院, 2000.

黃迪仁, 로마法西洋法制史, 博英社, 1981.

許 營, 韓國憲法論, 博英社, 2000.

韓容植, 勤勞基準法, 螢雪出版社, 1989.

2. 論 文

金致善, 李相德, 李相熙, ‘産業災害補償法制와 法理의 再考 – 比較法制 硏究를 中心으로 –’, 財團法人 韓國勞使發展硏究院, 1995.

金김金普雄, 現代勞動災害補償制度의 構造와 法的 性格, 勞動法과 勞動 政策, 日新社, 1985.

金敎淑, 産災補償法理에 관한 硏究, 釜山大學校 大學院, 博士學位請求論 文, 1988.

金漢柱, 職業病 事件에 있어서 業務와 疾病間의 因果關係에 대한 立證 의 定度, 勞動法律 6월호, 中央經濟社, 1993.

金成煥, 産業災害와 損害賠償에 관한 考察, 勞動法과 社會正義, 政波裵 柄于博士華甲記念論文集, 1994.

金容圭, 韓國社會의 發展과 民事責任의 變遷, 法大論叢(慶北大學校法政 大學, 第11集), 1974.

金容漢, 民法上 無過失責任, 司法行政, 1969년 9월호.

金顯泰, 現行法上의 無過失責任制度를 論함, 考試界, 通卷 88號(제9권제 6호), 1964.

金基洙, 無過失責任論과 民法의 規定, 새法政, 通卷 第3號(제1권 제3호), 1971.

金裕盛, 通勤途中의 災害, 서울大學校, 法學 第27卷 第4號, 1986.

權景述, 業務上 災害에 있어서 補償責任과 賠償責任에 관한 硏究, 勞使 問題硏究院, 昌原大勞使問題硏究所, 1992.

金洙福, 過勞死의 業務上 認定, 勞動法律12月號, 中央經濟社, 1991.

金永文, 産業災害補償保險法上의 求償權, 勞動法學 제10호(2000. 8).

吉基鳳, 過勞死의 法律的 考察, 勞使情報 第40號, 1993.

文榮漢, 우리나라 災害補償制度에 관한 考察, 勞動 第5號, 勞動協, 1980. 8.

孫京鎬, 韓國의 産業災害補償制度의 變形過程과 運營實態, 行政探究報
    告, 勞動部 企劃管理室, 1968.

申吉秀, 職業病의 槪念 및 豫防, 勞務管理 1月號, 勞使新聞社, 1992.

吳鍾翰, 美國 産災補償制度의 歷史的 展開와 現況, 勞動法硏究 제4호,
    圖書出版 진원, 1994.

尹完洙, 産業災害에 대한 私法上의 責任-第3者 被害救濟를 中心으로,
    檀國大學法學博士學位論文, 1985.

李達杰, 過勞死에 관한 考察, 裵炳于博士華甲紀念論文集, 志學社, 1994.

李乙珩, 韓國의 産業災害豫防과 補償의 法理, 崇實大學校論文集, 社會科
    學篇, 제13호.

李相德, 李允宰, 高錫俊, 李相熙, 勞動關係社會保險 諸法令의 統合化에
    관한 硏究, 韓國勞動硏究院, 1995.

李相國, 業務上 疾病의 類型과 法的 判斷에 관한 考察, 仁齊林正平敎授
    華甲記念論文集, 2001.

______, 通勤災害의 法理에 관한 硏究, 勞動法學 弟6號, 韓國勞動法學會,
    1996.

李尙遠, 許容된 危險과 勞動部의 自己 安全義務, 判例月報, 1990. 9.

______, 産業災害訴訟에 있어서의 法理構造에 관한 몇 가지 問題-企業
    責任論, 作爲義務 그리고 安全配慮義務-, 法曹(1989. 12).

李敎林, 大法院 判例를 中心으로 본 業務上 災害, 司法行政, 1993. 9.

李圭逸, 作業環境管理와 職業病, 勞使新聞社, 1992.

李太載, 民事責任의 變質에 관한 研究, 法大論叢(慶北大學校法政大學, 第12集), 1974.

______, 不法行爲의 本質, 民法論選(下), 東亞學研社, 1982.

李鎬俊, 産災·職業病에 대한 使用者의 民事責任論－不法行爲責任構成 과 債務不履行責任構成의 比較, 國際化時代의 勞動法의 課題(佳 山 金致善博士古稀記念論文集), 博英社, 1994.

崔相鎬, 安全配慮義務法理에 관한 研究, 한터 李喆原敎授華甲記念 論文 集, 1993.

沈重濱, 民法上의 使用者賠償責任에 관한 考察, 順天大學論文集, 第2集, 1983.

洪天龍, 우리나라에 있어서의 製造物責任法理의 構成, 現代民法論, 考試 院, 1982.

3. 기타 자료

高麗大學校 企業經營研究所, '保險料率 決定方式等 産災保險制度發展方 向研究', 勞動部, 1988.

韓國法制研究院, 國內立法意見調査 95-2, 行政審判法의 改正方向, 1995.

勞動部, 學術用役 研究結果 報告書, '産災保險料率例示表의 合理的 改善 方向', 勞動部, 1993.

勞動部, 世界各國의 産災補償制度, 1985.

勞動部, 分任硏究報告書, 勞動硏究院, 1993.

勞動部, 産災保險15年史, 1981.

동녘편집부, 産業災害의 認識, 동녘, 1985.

勞動部, 勞動部飜譯 84-2, 日本의 民事損害賠償과 勞災保險給付와의 調整, 1984.

勞動部, 産災保險政策資料 91-2, 新·勞災保險財政構造와 理論, 1991.

勞動保險局, 産災保險政策資料 95-2, 日本의 勞災補償制度, 1995.

勞動部, 保險管理飜譯 86-1, '世界各國의 産業災害補償保險制度', 1986.

國會事務處 立法調査局, 立法參考資料 第270號, 主要國의 産業災害對策, 1990.

韓國基督敎, 社會問題硏究所, ILO 條約과 各國의 勞動條件, 民衆社, 1985.

Ⅱ. 外國文獻

1. 東洋文獻

近藤齊序, 勞災保險腦·心臟疾患の 認定と 事例, 勞動基準調査會, 平成 6年.

______, 勞災保險と 自賠保險調整の 手引, 勞務行政硏究所, 平成 6年.

岡村親宜, 過勞死と 勞災補償, 勞動旬報社, 1991.

吉西信夫, 個別的 勞動關係の 法理, 成文堂, 1991.

298

堺谷勝治序, わかりやすい 業務上 疾病の 認定, 勞務行政研究所, 平成 6年.

保原喜志夫, 勞動補償責任の 法的 性格, 現代勞動法講座 第12卷, 日本勞
　　　　動法學會, 1983.

上畑鐵之丞, 過勞死の 研究, 日本ブランニングセンター, 1993.

________, 過勞死の 研究, 日本 スランニンター, 1993.

林迪廣, 災害補償責任の 法的性質, 新勞動法講座 第8卷, 有斐閣, 1973.

______, 勞災補償責任の 法的 性質, 法律學の 爭點シリスワ 勞動法の爭
　　　　點, シュリスト增刊, 1979.

______, 社會保障法講義, 法律文化社, 1980.

安西愈, 建設勞動災害と 發注者の 責任, 勞動基準調査會, 平成 6年.

窪田準人, 災害補償の 今後の 問題, 現代勞動問題講座 第6卷, 有斐閣, 1972.

中村博, 通勤災害の 理論と 實際, 勞動法令協會, 1974.

柵田洋一, 通勤災害と めじゐ 社會理論, 現代勞動講座 第12卷, 總合勞動
　　　　研究所, 1983.

荒木成之, 社會保障法, 靑林書院新社, 1979.

_______, 勞災補償法의 研究, 綜合勞動研究所, 1981.

_______, 勞災補償の 生活保障理論, 學會誌勞動法 第19號, 1981.

_______, 勞災補償法の 研究, 總合勞動研究所, 1981.

日本勞動省勞動基準局, 業務災害及ひ 通勤勞災害認定の 理論と 實際,
　　　　勞動法令協會, 1991.

日本勞動省安全課編, 勞動災害を活かす, 中央勞動災害防止協會, 昭化 63年.

財團法人 勞災ケアセンター編, 勞災重度障害者の 介護と 授護, 勞動基

準調査會, 平成 6年.

2. 論 文

岡村親宜, 過勞死と 勞災認定, 季刊勞動法 第166號.

保原喜志夫, 通勤途上 災害, シユリスト 增補勞動法の 爭點, 有斐閣, 1990.

______, スランスにおけゐ 通勤途上 災害の 補償, シユリスト 第518號, 有斐閣, 1972.

上畑鐵文丞, 多發する 管理職の 過勞死と 勞災認定, 季刊勞動法 第124 號.

上畑鐵文丞, 多發する 管理職の 過勞死と 勞災認定, 季刊勞動法 第124號.

西村建一郎, クィセストの 經腕 症候群と 業務起因性, シユリスト 第18號.

______, トィツ 勞災保險法におけ 通勤災害の 補償, シユリスト No.518, 總合勞動硏究所, 1983.

深山喜一郎, 業務上・外の 認定, 勞動法大系 第5卷, 有斐閣, 1968.

林野勝, '業務上・外の 認定基準', シユリスト勞動法の 爭點, 1990.

顔無和人, 災害-補償の 法理, 日本勞動法學會紙 第13號.

良永彌太郎, 過勞死問題の 勞動法的 側面, 季刊勞動法 第153號.

佐藤進, 勞災事故と 補償制度の 保章をの 課題-勞動法の 解釋理論, 有 泉亨先生古稀記念論文集, 有斐閣, 1976.

佐藤眞, 業務上疾病の 認定, 勞務行政硏究所, 平成 6年.

平田秀光, 勞動災害にける 安全保護義務再論(一), 勞動判例(第295號), 4面.

Ketton, R. E., 補償에 관한 諸原理, 松浦以律子, シュリスト No.691, 1979.

Uehata, T., Long Working hour sand occupational stressrelated cordio vascular attacks among middleaged workers in Japan, J Humun Ergol, 20, 1991.

Ⅲ. 西歐文獻

Arthur Larson, The Law of Workmen's Compensation, Vol. 1, New York, 1993.

Chion, Patrick. J & Castagnera, James. Ottavio, Employment And Labor Law, West Educational Publishing Co., Ohio, 1999.

Dalton, A. J. P., Safety, Health and Environmental Hazards at the Workplaces, Cassell, 1998.

Deutsch, Erwin. Unerlaubte Handlung, Schadensersatz un Schmerzensgeld, 2. Aufl. München, 1993.

Dulckeit, Schwarz. Wardstein, Römisch, München, 1995.

______, Rechtsgeschichte, München, 1995.

Feldacker, Bruce. S. Labor Guide To Labor Law. The third Edition, Prentice Hall, Inc. Englewood cliffs, New Jersey, 1990.

Grimaldi, John. V & Simonds, Rollin. H, "Safety management", Richard D. Irwin, Inc., 1975.

Gilbert, Neil & Specht. Harry, emensions of social welfare policy, prentice Hall Inc, New Jersey, 1974.

Hood, Jack, B & Hardy, Benjamin. A & Lewis, Harold. S. Workers' Compensation and Employee Protection Law, West Publishing Co., 1990.

Jhering, R. Von, Das Schuldmoment in römischen Privatrecht, Berlin-München, 1867(1975. 1999).

Kaser, M. Römisches Privatretht, München, 1981.

Little, Joseph. W & Eaton, Thomas. A & Smith, Gary. R, Workers' Compensation, Cases and materials, Third Edition, West Publishing co., St. Paul. Minnesota, 1993.

Malone, W. S. & Plant, M. L. & Little, J. W. Worker's Compensation & Employment Rights. West Publishing Co., St. Paul. Minnesota, 1982.

Patterson, Edwin W, Essentials of Insurance Law, 2nd ed., McGrawHill Book Co., New York. 1957.

Rejda, G. E, Social insurance and Economic Security, prentice Hall Inc, Englewood cliffs, New Jersey, 1976.

Söwllner, A. Arbeitsrecht, Köln-Mainz, 1989.

ABSTRACT

A Study on the indemnification Right
of industrial Accident Compensation Insurance

Today the law on the industrial accident compensation in-
surance takes an important role as one of the social security
systems securing the existence right of a victim and his family in
the case of his injury, disease, physical defect, and death in the
industrial fields. This industrial accident compensation insurance is
a kind of social insurance, and protects a victim and his family
by changing the employer's liability on danger into the social
insurance. Therefore, it is a compelling and responsible public
insurance different from the common insurances. In addition, it
makes up for the loss of labor power on the basis of the no-fault
liability regardless of whether a laborer suffers from a disaster due
to his carelessness or the external causes such as dangerous and
poor working surroundings.

However, since the insurance company pays the industrial
accident compensation insurance on the ground of the insurance

collected from the employer, the limit and extent of insurance are fixed and the compensation level is lower than the civil indemnity. In due consideration of the characteristic of the social insurance, it is desirable to extend the object of payment and escalate the amount in the industrial accident compensation insurance. But in order to maintain the sound insurance finance, it is necessary to exclude the external dangerous factors deviated from the basis of the industrial accident compensation insurance. Therefore, the indemnification right in the industrial accident compensation insurance law is the very system which distinguishes compensation liability for damages caused by an assailant and places the industrial accident compensation liability occurred within the range of the danger liability of the employer.

Moreover, it is possible to claim the compensation of damages in case of the occurrence of the industrial accident related with illegal behaviors of the employer, colleagues, or a third party, but there remains some room for later discussion to limit the range of the assailant to the third party except the employer and colleagues. Because the employer took out the industrial accident compensation insurance and paid the insurance money as a means of securing only the danger liability occurring in his own industrial field.

The objective of this research is to preserve the industrial accident compensation insurance finance soundly by distinguishing the compensation liability the an assailant from the industrial accident compensation liability of the employer clearly, and to decrease excessive and inefficient suits as long as there is no disadvantage of the victim and his family in the course of the action of the indemnification right.

Therefore, it is necessary to investigate background theories before the establishment of the industrial accident compensation liability such as the accident liability, the danger liability, and the no-fault liability and the formative factors of the industrial accident compensation liability. In addition, in order to investigate how the indemnification right is acted in the industrial accident compensation insurance, it is necessary to examine the jurisprudential cause and effect in various kinds of accidents such as car accidents, train accidents, airplane accidents, ship accidents, explosion of harmful materials, and violence. To achieve this goal, I'd like to ascertain the limit of the indemnification right action related with the industrial accident compensation insurance and the problem of the indemnity loss comparing the industrial accident compensation liability with the civil compensation liability on the difference of no-fault liability in the accidental offense and the fault offset. And I investigate the range of the industrial accident compensation insurance payment and the indemnification right, the benefit and medical fee, and the period of operation and the fault offset considered in the calculation of the indemnification payment. Furthermore, I introduce foreign examples related with the civil compensation and the mediation method of the industrial accident compensation insurance to mediate the problem of the indemnification right, and investigate the legislative attitude limiting the employer's protesting right as well as permitting the exclusionism of the industrial accident compensation insurance and limiting the compensation claim. As a result, I'd like to investigate the legislative deficiency in the industrial accident compensation insurance law, and propose several improvements such as the priority of the insurance payment in the action of the indemnification right, the legislation of the delegation of the indemnification right and the mediation structure, the establishment of the temporary insurance payment, and the exclusive principle of insurance.

In conclusion, since the loss caused by the action of the indemnification right results in the mediation problem of the indemnification right due to the difference of the industrial accident compensation insurance law regulating the principle of civil law and no-fault liability on the basis of the fault liability, it will be efficient to improve systematically through the legislative improvement.

· 저자 ·

李相國

· 약 력 ·

법학박사, 한국산업법학연구원 대표
단국대학교대학원 법학과 졸업
제3회 공인노무사 합격(1991년)
노동부지방노동위원회 심판위원
노동부 공인노무사 시험위원
한국노동교육원 객원교수(노동법)
동아대학교대학원 법학과 겸임교수
단국대 및 숭실대 노사대학원 강사
한국노동법제연구소 노동팀장

· 주요논저 ·

「통근재해의 법리에 관한 연구」
「징계권행사에 관한 법적 고찰」
「노동쟁송제도의 국제적 비교에 관한 연구」
『근로기준법』
『산업재해보상보험법』
『근로자파견의 법률지식』
『징계권행사의 법률지식』
『노동법(Ⅰ, Ⅱ)』
외 다수

· 연락처 ·

02) 588-5676
www.sknosa.com

● 산재보상책임과 구상권의 행사

· 초판 인쇄	2006년 1월 5일
· 초판 발행	2006년 1월 5일
· 지 은 이	이상국
· 펴 낸 이	채종준
· 펴 낸 곳	한국학술정보㈜

경기도 파주시 교하읍 문발리 526-2
파주출판문화정보산업단지
전화 031) 908-3181(대표) · 팩스 031) 908-3189
홈페이지 http://www.kstudy.com
e-mail(e-Book사업부) ebook@kstudy.com

| · 등 록 | 제일산-115호(2000. 6. 19) |
| · 가 격 | 30,000원 |

ISBN 89-534-4427-6 93360 (Paper Book)
　　　 89-534-4428-4 98810 (e-Book)